Sex als Gebet

Titel der Originalausgabe: Finding God through Sex
Copyright: © 2005 David Deida
Published by: Sounds True, Inc. Boulder, USA

David Deida: Sex als Gebet
Projektmanagement: Marianne Nentwig
Übersetzung: Daniela Schenker
© J. Kamphausen Verlag &
Distribution GmbH, Bielefeld 2012
info@j-kamphausen.de

Lektorat: Hendrik Bönisch
Covergestaltung und Satz: Wilfried Klei
Umschlagmotiv:
© shutterstock – Nestor Nuci
Druck & Verarbeitung:
Westermann Druck Zwickau GmbH

www.weltinnenraum.de

1. Auflage 2012

Bibliografische Information der Deutschen Nationalbibliothek
Die Deutsche Nationalbibliothek verzeichnet diese
Publikation in der Deutschen Nationalbibliografie;
detaillierte bibliografische Daten sind im Internet
über **http://dnb.d-nb.de** abrufbar.

ISBN 978-3-89901-442-6

Dieses Buch wurde auf 100% Altpapier gedruckt und ist alterungsbeständig.
Weitere Informationen hierzu finden Sie unter www.weltinnenraum.de

DAVID DEIDA

Sex als Gebet

Leitfaden
für Frauen und Männer
zu ekstatischer Liebe
und Leidenschaft

Vorwort von Ken Wilber

Übersetzung aus dem Amerikanischen
von Daniela Schenker

Wichtiger Hinweis

Bitte lesen!

Auch wenn die Übungen, Disziplinen und Informationen für jeden hilfreich sind, haben weder Autor noch Verlag die Absicht, konkrete medizinische, psychologische, emotionale, sexuelle oder spirituelle Ratschläge zu geben. Genauso wenig ist das Buch als Diagnose, Rezept, Empfehlung oder Behandlung für irgendein spezifisches medizinisches, psychologisches, emotionales, sexuelles oder spirituelles Problem gedacht. Jeder Mensch hat einzigartige Bedürfnisse, auf die dieses Buch nicht im Einzelnen eingehen kann. Jeder sollte erst nach Rücksprache mit einem zugelassenen, qualifizierten Arzt, Therapeuten oder anderen kompetenten Spezialisten mit einem Behandlungs-, Präventions-, Heilungs- oder allgemeinen Gesundheitsprogramm beginnen. Jeder, der an einer Geschlechtskrankheit leidet oder dessen Geschlechtsorgane oder dessen Prostata lokal von einer Krankheit betroffen sind, sollte einen Arzt und einen qualifizierten Sex-Yoga-Lehrer zurate ziehen, bevor er die hier beschriebenen Sexualmethoden ausprobiert.

Vorwort

von Ken Wilber

Gott durch Sex finden? Warum auch nicht? Das einzig Erstaunliche an dieser Frage ist zunächst, dass sie überhaupt jemals seltsam geklungen hat. In vielen der größten Weisheitstraditionen der Welt – und vor allem in deren Reifephasen – wurde Sexualität als absolut höchster Ausdruck von Spiritualität betrachtet und als Mittel, um die spirituelle Verwirklichung voranzubringen. Schließlich werden wir in der ekstatischen Umarmung der sexuellen Liebe vom Krampf des getrennten Selbst befreit und weit über uns selbst hinausgetragen. Wir gehen zumindest vorübergehend die zeitlose, raumlose und glückselige Vereinigung mit der wundersamen Geliebten ein: Und welch bessere Definition von spiritueller Befreiung soll es denn noch geben? Wir alle schmecken Gott, schmecken Göttin und den reinen Geist in diesen Augenblicken der sexuellen Verzückung; und weise Männer und Frauen haben diese Verzückung immer genutzt, um die tiefsten Geheimnisse des Geistes zu enthüllen.

David Deida ist solch ein Weiser, der mit zahllosen Männern und Frauen gearbeitet und sie darin unterstützt hat, die sexuelle Begegnung zu nutzen, um die eigene tiefe spirituelle Verwirklichung zu fördern. Auf den folgenden Seiten wendet er sich direkt an die männlichen und weiblichen Prinzipien in jedem von uns und schildert genaue Beispiele und Praktiken, die uns durch unsere geschlechtliche Existenz und in die riesige Weite des strahlenden Geistes hineinführen, der weder männlich noch weiblich, sondern einfach frei und vollkommen ist.

Falls du einer bestimmten Religion angehörst, dann ist das in Ordnung; und falls nicht, dann ist das ebenfalls in Ordnung. Ich weiß aus guter Quelle, dass der Geist keiner bestimmten Kirche angehört, sondern im tiefsten Teil deines ganz eigenen Herzens wohnt – und zwar jedes Mal, wenn du liebst. Dieses Buch handelt davon, diese Liebe in eine solch schmerzhafte Glückseligkeit hinein zu erlösen, dass du voll in der Umarmung des Göttlichen selbst aufgehen wirst, irrsinnig strahlend in die Unendlichkeit, sogar im Hier und Jetzt.

Davids Sprache ist ein Vorbild sinnträchtiger Spiritualität; sie lockt uns aus unserer Engstirnigkeit heraus, hinein in den unendlichen Raum des reinen Gewahrseins und jenseits der kleinen Freuden und großen Schrecken, die das lieblose Selbst definieren. Lass diese Sprache in dein Sein eindringen, lass den Reichtum deines Herzens sich in die liebenswürdigen Einladungen entfalten, folge dieser Strömung der spirituellen Glückseligkeit, die dich zu deinem eigenen ursprünglichen Antlitz tragen wird, und entschwinde in diesem strahlenden Licht, das deine eigene wahre Natur ist. Die Geheimnisse dazu stehen auf den nächsten Seiten – lass das leidenschaftliche Abenteuer der sexuellen Spiritualität nun beginnen ...

Du kannst die nachfolgenden Texte gemeinsam mit einer Partnerin oder einem Partner lesen oder alleine experimentieren, wobei du dem Ratschlag von Woody Allen folgst: „Sag nichts gegen Selbstbefriedigung, denn es ist Sex mit jemandem, den ich liebe." Auf jeden Fall gehören die Entdeckungen, die auf dich warten, zu den wunderbarsten, die überhaupt existieren. Jener Strom der Sexualität ist direkt bei Gott eingestöpselt. Und wenn du diesen Strom einmal aufgespürt hast, dann wirst du nie wieder derselbe Mensch sein. Und du wirst David Deida danken müssen.

Ken Wilber
Boulder, Colorado

Anmerkung

Für meine Leserinnen und Leser

Unsere tiefste Natur, unser wahrer Geist, ist von Liebe und grenzenloser Freiheit erfüllt. Wenn wir die Verbindung zu unserer Fülle verlieren, beginnen wir, uns nach dem zu sehnen, was zu fehlen scheint. Das Weibliche in uns sehnt sich nach tieferer Liebe und versucht, eine intime Beziehung, Familie oder Freunde zu finden. Das Männliche in uns kämpft um größere Freiheit und versucht, diese über finanzielle, kreative oder politische Herausforderungen zu erreichen.

Und doch fühlt sich unser Leben häufig unbefriedigend an, weil wir nach einer Freude suchen, die nur in Erscheinung treten kann, indem wir sind, wer wir sind – und zwar vollkommen und in aller Tiefe. Das Weibliche wächst spirituell, indem es lernt, als Liebe zu leben, anstatt auf sie zu hoffen. Das Männliche wächst spirituell, indem es lernt, als Freiheit zu leben, anstatt darum zu kämpfen.

Diese beiden sexuellen Wege sind zwar unterschiedlich, führen jedoch zur gleichen spirituellen Glückseligkeit. Nirgendwo ist das offensichtlicher als bei der Umarmung von Liebenden, deren Spiel der sexuellen Unterschiede zur Vereinigung in glückseliger Einheit führt. Und das geht sogar „Oh mein Gott!" über die Lust hinaus. Daher beginnt jedes Kapitel in diesem Buch mit einer eindeutigen sexuellen Vignette, die beschreibt, wie sich die Einheit des Geistes durch die Zweiheit des Fleisches erkennen kann.

Weil sich mehr Frauen als Männer mit dem weiblichen Weg identifizieren, tragen bestimmte Abschnitte in diesem Buch die Überschrift „Für sie". Diese Passagen sind dem Weiblichen in uns allen gewidmet, genauso wie den Partnern oder Partnerinnen, die in einer heterosexuellen oder homosexuellen Beziehung mehr den weiblichen Part einnehmen. Die Abschnitte mit der Überschrift „Für ihn“ sind dem Männlichen in uns allen gewidmet, genauso wie dem maskulinen Part in jeder beliebigen Partnerschaft.

Wenn wir diese eigenständigen Wege des Wachstums verstehen, enthüllen sich deren Unterschiede als Gaben der Leidenschaft, die voll und ganz erweckt werden können, während wir durch Sex das Göttliche finden.

TEIL 1

Hingabe

Tief im Herzen suchen wir alle nach Wegen, um Liebe zu geben und zu empfangen. Es ist eine ewige und echte Suche. Uns als Liebe zu öffnen und als diese Freiheit zu leben verkörpert unsere ursprüngliche Bestimmung. Jeder von uns muss seinen ganz eigenen Weg finden, um gemäß der Wahrheit seiner Seinstiefe zu leben. Welchen Weg wir auch immer einschlagen – wir werden feststellen, dass die Liebe der einzige Weg ist, der nicht geringer als Gott, nicht geringer als die Wahrheit oder unser tiefstes Bedürfnis und göttliches Potenzial ist.

Wir können diese Entwicklung der vollkommenen Freiheit – die darin besteht, als der Fluss der Liebe zu leben – bei der sexuellen Vereinigung kultivieren. Zu lernen, wie man Sex hat, um das eigene tiefste Wesen zum Ausdruck zu bringen, ist so, als würde man lernen, Golf, Tennis oder Geige zu spielen. Natürlich hat man gute und schlechte Tage. Manchmal gleicht der Liebesakt der Vollendung überhaupt, bei der Genitalien, Herz und Verstand voll im Einklang schwingen. Dann wiederum gibt es Zeiten, in denen Sex keinen richtigen Fluss entstehen lässt und von Ängsten oder Konflikten belastet wird. Dessen ungeachtet gibt es kein Versagen, denn jeder Augenblick ist ein Lernprozess und jedes Verschließen eine Gelegenheit, um zu lernen, wie man sich in Liebe öffnet.

Liebe können wir also üben. Die Praxis der Liebe besteht im Sein und im Ausdruck deines tiefsten Herzens, ungeachtet deiner religiösen Überzeugung oder deiner spirituellen Methode. Wenn du während des sexuellen Akts keine Liebe einfließen lässt, dann reduzieren sich deine Stöße und Umarmungen auf einen bloßen animalischen Hunger oder ein persönliches psychoemotionales Bedürfnis. Für manche Menschen ist Sex ein relativ verlässlicher Weg, um vergnüglich zu rammeln und Knurrlaute von sich zu geben, den Stress durch orgastische Zuckungen aufzulösen und dann einzuschlafen. Für andere wiederum ist Sex ein Hoffen auf die Zuneigung ihres Partners, ein Ritual für Sicherheit und vertraute Wärme.

Jenseits solcher Gewohnheiten ist Sex etwas Frisches, Lebendiges und Unendliches. Sex ist eine Kunstform, ein Gebet, ein Weg der Kontemplation und Kommunikation in unendlicher Liebe – nackt, furchtlos, ursprünglich und vollkommen offen. Sex ist eine Möglichkeit, dieses Mysterium der Liebe durch die Musik deines Körpers zum Ausdruck zu bringen.

Um diese Art von Sex zu lernen, ist keine übermäßig gefühlsbetonte oder sentimentale Herangehensweise gefragt. Vielmehr sollte man das Ganze so konkret in Angriff nehmen, als ob man Klavierspielen lernte. Zuerst erscheint dir das Musizieren praktisch unmöglich. Deine Finger wollen sich einfach nicht so bewegen, wie du das willst. Deshalb gibt dir dein Klavierlehrer Tonleitern und Fingerübungen als Hausaufgabe, die du ständig wiederholen musst. Du übst und kämpfst, machst Fehler und lernst.

Bald stellst du fest, dass du Musikstücke mühelos beherrschst, von denen du nie gedacht hättest, dass du sie jemals spielen könntest. An einem gewissen Punkt – nämlich wenn du entspannt genug und zu einem transparenten Beförderungsmittel geworden bist, durch das hindurch sich der kreative Geist bewegen kann – beginnt die eigentliche Musik durch die Töne zu dringen, die du gerade spielst.

Eine profunde Tiefe der Bedeutung und des Erkennens, vielleicht sogar etwas Heiliges und im Wesentlichen Unbeschreibliches beginnt durch deine Finger, die Klaviertasten und das Herz des Zuhörers zu fließen. Eines Tages stellst du dann fest, dass du mit deiner Art des Klavierspiels eine unaussprechliche Gefühlstiefe aus deinem Herzen in das Herz deines Zuhörers überträgst. Das Genie deines tiefen Wesens und der Fluss der göttlichen Liebe beginnen sich zu entfalten, egal wie schlicht deine Technik ist.

Man kann einem Affen das Klavierspielen beibringen. Ein Roboter kann programmiert werden, damit er aus seinem digitalen Gedächtnis heraus durch das Drücken der Tasten ein einfaches Liedchen ertönen lässt. Ein Musiker mit Herz erzeugt jedoch nicht einfach nur Töne, sondern lässt eine Bedeutungs- und Gefühlstiefe entstehen, die über die Mechanik des korrekten Tastenanschlags hinausgeht. Der Geist der Musik enthüllt sich durch das Medium der persönlichen Darbietung.

Irgendwie wird über die musikalische Darbietung eine tiefere, mit Worten nicht beschreibbare Bedeutung übertragen. Und egal wie schlicht die Musik auch sein mag: Sie lässt beim Zuhörer Tränen des Erkennens aufsteigen, ein freudiges Lächeln entstehen, und sie öffnet sein Herz.

Und so kann es auch beim Liebemachen geschehen. Abgesehen davon, dass das Klavier, auf dem du spielst – dein Liebhaber –, zugleich auf dir spielt.

Wenn du niemals tiefe sexuelle Liebe erlebt hast, dann wirken meine Worte hier vielleicht wie Geschwafel, unsinnige Äußerungen, die auf nichts hinweisen. Die meisten Menschen sind jedoch zumindest einen Augenblick lang von einer Offenheit beehrt – vielleicht sogar aufgerüttelt oder erweckt – worden, die über ihre Wahrnehmung eines begrenzten Selbst hinausging und eine vollendete Einheit des Seins offensichtlich oder sichtbar gemacht hat. Diese unverhofften Augenblicke der Gnade können beim Sex auftauchen – oder bei der Meditation, im Gebet, beim einfachen Sitzen allein oder sogar beim Autofahren, beim Stillen oder bei einem Spaziergang. Dieses Buch ist ein Leitfaden dafür, diese erwachte natürliche Fähigkeit zur Offenheit und Einheit beim Sex bewusst zu pflegen und weiterzugeben.

Warum sollte man diese natürliche Fähigkeit zur Offenheit beim Sex praktizieren? Weil für die meisten Menschen – ungeachtet ihrer Erleuchtung in anderen Lebensbereichen – ihr Sexual- und Gefühlsleben beschwerlich bleibt. Für die meisten Menschen ist Sex einer der lustvollsten und frustrierendsten Bereiche ihres Lebens. Ein verborgener Winkel, in dem sie ihre peinlichen Geheimnisse und verbotenen Träume aufbewahren. Im Allgemeinen gehört das Sexleben eines Menschen zu den am wenigsten beleuchteten Aspekten seines Seins, und selbst Männer und Frauen, die körperlich gesund, finanziell erfolgreich und spirituell bewusst sind, haben häufig ein kompliziertes und beschwerliches Sexleben.

Wenn du dich sexuell entwickelst und wächst, bist du in der Lage, deine Komplikationen und Geheimnisse, die praktisch bei jedem existieren, anzunehmen und durch sie hindurch zu musizieren. Emotionale Höhen und Tiefen sowie sexuelle Macken und Launen sind keine Hindernisse, sondern sie stellen ein einzigartiges Instrument dar, auf dem die allmächtige Musik der Liebe gespielt wird. Der Zustand deines Instruments – die Geschichte deines emotionalen und sexuellen Schmerzes, deiner Wünsche und Widerstände – wird irrelevant, während dein Herz und das Herz deines Liebhabers in der Tiefe dahinschwinden, die durch euer Lieben entstanden ist. Eine gezupfte Fiedel in den Händen eines wahrhaft inspirierten Musikers berührt das Herz stärker als eine Stradivari in den Händen eines Heuchlers.

Der Missklang unseres Sexuallebens entsteht nicht so sehr durch unsere persönliche Geschichte oder den Zustand unserer „Fiedel", sondern im weiteren Sinne infolge unseres Mangels an inspirierter Praxis und Tiefe. Als Teenager werden uns unsere genitalen Instrumente ohne wirkliche Anleitung übergeben – sogar ohne jegliche herausragende Exempel der vollendeten Kunst eines höheren Liebhabers. Und wir mühen uns dabei ab, unsere sexuelle Melodie so gut wie möglich hinauszuplärren. Gewöhnlich endet die Entwicklung unserer sexuellen Tiefe und Fähigkeiten in einem frühen Alter – so wie bei unseren Eltern –, und wir enden damit, immer und immer wieder das gleiche einfache Liedchen zu spielen, bis wir zu alt sind, um uns noch damit beschäftigen zu wollen.

Aber wie können wir weiter wachsen und offenherzige Wunder durch die Musik unserer sexuellen Kunstfertigkeit übertragen? Die einzige und wichtigste Fähigkeit, die wir lernen müssen, ist die Praxis der Liebe, Offenheit oder Hingabe – dies sind einfach unterschiedliche Bezeichnungen für Einheit, ungehindertes Fühlen oder freies Sein, die Quelle aller wahren Inspiration. Du kannst verschiedene Techniken der Atemkontrolle und des Beckenspektakels praktizieren, bis sich bei dir die Haut abschält, aber du wirst keinen einzigen Moment der authentischen sexuellen Ekstase genießen, ehe du nicht dazu bereit bist, deine Begrenzungen loszulassen und dich über deinen Widerstand hinaus in die Ehrfurcht der Liebe hinein zu öffnen. Ein Musiker mit empfindungslosem Herzen ist überhaupt kein Musiker – und das trifft auf einen Liebhaber doppelt zu. Wie schaffst du es denn dann, dich mitten im Sex voll als Liebe zu öffnen?

1
GIB ALLES HIN

Ich lag auf ihrem nackten Körper. Sie wollte Sex. Sie war es, die damit angefangen hatte. Aber so richtig voll dabei war sie nicht. Ihr Körper wirkte leblos. Ihre Augen wirkten wie dauergeöffnete Puppenaugen, seicht und blicklos. Ich hatte das Gefühl, mit einer Frau Sex zu haben, die sich schützend hinter einer Plastikhaut verbarg, wobei ihr Fleisch unbewohnt blieb.

Ich war frustriert. Ich wollte sie fühlen. Ich wollte spüren, wie sie sich mir öffnete. Ich wollte, dass sich unsere Herzen öffneten, damit unsere sexuelle Verbindung frei von Vortäuschungen war und die rohe Liebe in die Liebe hineinschwappte, ungeschützt und vertrauensvoll. Ich wollte mich vollkommen in der Liebe gehen lassen. Aber sie hatte dichtgemacht, und ich begann, mich ebenfalls zu verschließen.

Ich weiß nicht, was der Auslöser war, aber plötzlich entspannte sie sich. Irgendwie hatte sie sich an die Liebe erinnert, und sämtliche Widerstände verpufften. Ohne etwas zu verbergen, sah sie mir in die Augen, und ich spürte ihre Tiefe. Sie gebrauchte ihre Haut nicht länger als Schutzschild, sondern war zu einer vollkommenen Verkörperung der Liebe geworden. Ihre Brüste schienen weicher zu werden und mich näher an ihr Herz heranzulassen. Ihre Vagina zog mich tief nach innen, auch wenn ich ihrer Verschlossenheit zuvor Widerstand geleistet hatte. Ihre Offenheit schien nun grenzenlos, und jetzt war ich es, der das Gefühl hatte, unserer Liebe eine Grenze zu setzen.

Wir übten uns weiter darin, uns zu öffnen. Im Laufe der Zeit lockten mich ihre Schönheit, Liebe und Hingabe an meiner Angst vorbei in sie hinein und durch sie hindurch – und schließlich in die Tiefen der Liebe selbst hinein. Unser Atem und unsere Körper verschmolzen miteinander. Ich ließ alles in sie hinein los, und sie öffnete sich so weit, dass wir beide in der Liebe verschwanden, so wie ein Wasserwirbel, der in den Ozean selbst hineinmündet.

Das Wort „Hingabe" wird oft als Aufgeben, Schwäche und Eingeständnis einer Niederlage interpretiert. Es ist durchaus möglich, diesen Begriff so einzusetzen, aber wir werden ihn hier auf andere Art und Weise verwenden. Hingabe bedeutet, den eigenen Widerstand gegen die völlige Öffnung dessen, wer du bist, aufzugeben. Das bedeutet, die Anspannung des kleinen Wirbels, der du zu sein glaubst, aufzugeben und die tiefe Kraft des Ozeans zu erkennen, der du wirklich bist. Es bedeutet, sich emotional oder körperlich grenzenlos zu öffnen, sodass du weit über jegliche mögliche beschränkende Wahrnehmung deines Selbst hinaus entspannt verweilen kannst.

Hingabe bedeutet Liebe ohne Grenzen. Es bedeutet, deinen Schutzpanzer zu lockern, damit dein Liebhaber deinen Wesenskern spüren kann – authentisch, unverdeckt und unverteidigt. Deine Muskeln entspannen sich. Dein Atem wird sanft und voll. Dein Körper und dein Herz sind bereit, sich deinem/deiner Geliebten zu öffnen. Falls du verletzt bist, dann bist du zwar verletzt, aber auf jeden Fall übst du dich darin, offen und in der Fülle zu bleiben – so wie der Ozean. Hingabe ist das Tor zu tiefstmöglichem Sex.

Für ihn

Nichts macht deine Frau mehr an als deine wahre Präsenz. Sie will spüren, dass du bei ihr bist. Nicht abgelenkt oder innerlich zwiegespalten, wobei deine eine Hälfte ein Basketballspiel im Fernsehen gucken will und die andere Hälfte sich beeilt, einen Orgasmus zu haben. Sie will spüren, dass dein Bewusstsein frei und klar ist, sie will dich in ihrem ganzen Körper spüren, nicht nur deinen Penis, deine Hände und Augen.

Deine Frau reagiert so sensibel auf deine Präsenz – oder den Mangel an Präsenz –, wie du auf die Schönheit ihres Strahlens reagierst. Sie erlaubt sich die völlige Hingabe nur, wenn sie spürt, dass du vollkommen präsent bist. Sie spürt tatsächlich die Kraft deiner starken, ganzkörperlichen Präsenz, so als würde diese ihren Körper durchdringen und ihn öffnen.

Sie kann deinen Geist spüren: Ist er eine aufgewühlte Pfütze oder ein tiefer Ozean? Sie kann deinen Atem wahrnehmen: Ist er flach und angespannt oder von Lust und Kraft erfüllt? Sie kann deinen Körper spüren: Ist er verkrampft und benötigt eine schnelle Ejakulation oder ist er entspannt, lebendig und bereit, mit ihrem Körper zu verschmelzen? Wenn dein Geist, Atem und Körper voll und ganz präsent sind, dann kannst du wirklich bei ihr sein. Und ihr Herz wird bereit sein, sich vertrauensvoll mit deinem Herzen zusammen zu öffnen.

Übe, mit deinem Herzen in deine Frau hineinzuspüren, so als würdest du sie mit deinem Penis spüren: sanft, tief, gnadenlos liebevoll. Wenn deine Liebe Einzug in ihr Herz hält, dann kann sich deine Frau darin üben, sich deinem Eindringen hinzugeben, der greifbaren Intensität deiner maskulinen Liebe. Im Laufe der Zeit wird sie lernen, zu vertrauen und sich selbst mehr und mehr der Kraft deiner unerschütterlichen und liebevollen Präsenz zu öffnen.

Für sie

So wie du die bewusste Präsenz deines Mannes ersehnst, so wünscht er sich deine energetische Offenheit. Deine sexuelle Reaktion und Empfänglichkeit – dein Stöhnen, Sich-Winden und die Orgasmen – locken ihn aus seiner trockenen Welt der Angst heraus hinein in die strahlenden Farben der Herzenshingabe. Wenn er ein Mann mit einer männlichen Essenz ist (egal ob es sich um einen Mann oder eine Frau handelt, diese Menschen identifizieren sich häufiger mit ihren inneren männlichen als mit ihren weiblichen Gaben), dann ist sein Leben mehr oder weniger des weiblichen Glanzes beraubt. Du bist die weibliche Energiequelle seiner Wahl, die die Lebenskraft an sich darstellt. Er möchte im warmen Meer deiner Wellen baden, die süßen Trauben deiner Lippen und Brustwarzen kosten und die Beben und Erschütterungen deiner uneingeschränkten Lust vernehmen.

Vortäuschen gilt nicht. Dein Körper muss wahrlich lusterfüllt sein, wenn du dir die volle Präsenz deines Mannes wünschst. Sein Bewusstsein und deine Energie verstärken sich gegenseitig. Er will das helle Licht in deinen Augen sehen. Er will spüren, wie dein weicher Körper bebt, sich hebt und senkt und sich in einer Weise öffnet, von der sein männliches Prachtstück nur zu träumen wagt. Er möchte in Ehrfurcht vor deiner emotionalen Hingabe und deinem tiefen Vertrauen erstarren.

Natürlich musst du seine vollständige Präsenz spüren, bevor du deinen Schutzschild fallen lässt und dein Herz und deinen Körper öffnest. Dies ist ein Lernprozess, der Schritt für Schritt erfolgt. Er lernt, präsenter zu sein, und du lernst, dich mehr zu öffnen. Deine Offenheit zieht ihn mehr in dich hinein, und du spürst ihn noch vollkommener im Herzen. Er entspannt sich von seinen Ängsten und dringt mit mehr Liebe in dich ein, und du lässt deine Ängste ebenfalls los und empfängst ihn noch vollkommener. Schließlich gebt ihr euch einander so uneingeschränkt hin, dass weder Schutzschilde noch Zurückhaltung existieren. Sex ist zu grenzenloser Liebe geworden.

Aber bis dahin ist die Liebe deines Mannes wahrscheinlich in seinem Kopf gefangen. Er weiß, dass du ihn liebst. Du weißt, dass er dich liebt. Aber sein Körper ist nicht in der Lage, es ganz zu zeigen. Übe als Erstes, ihn mit deinem Körper von seinem Kopf in seinen Körper zu ziehen. Die weibliche Schönheit deines Körpers – dessen Fähigkeit, in uneingeschränkter und herzverbundener Lust zu fließen – ist für deinen Mann unwiderstehlich attraktiv. Wenn er einmal in seinem Körper ist, dann locke ihn mit deinem Herzen in sein eigenes Herz hinein. Die Offenheit deines Herzens – voll ausgedrückt durch dein Stöhnen, deine Worte und Tränen – tritt mit seinem Herzen in Resonanz und bewirkt die Öffnung.

Es kann einige Zeit dauern, bis sich sein Herz und sein Körper so vollkommen öffnen wie dein Herz und dein Körper, aber letztendlich liebt er dich körperlich, um Liebe zu machen. Ziehe ihn in der Zwischenzeit weiter in die Hingabe hinein, indem du ihn mit der Tiefe deiner Hingabe überraschst. Schlinge ihn über deine Vagina in dein Herz hinein. Strecke deine Gliedmaßen lustvoll aus – wie die Lichtstrahlen, die von der Sonne ausgehen. Lass deinen Bauch und deine Brust weich werden, um den Körper deines Mannes in deinem Körper zu empfangen. Drücke deine Liebe durch lustvolles Keuchen aus. Zeige ihm mit deinem Körper, deinem Atem und mit deinen Gefühlen, wie stark du ihm vertraust. Wenn er ein guter Mann ist, wird er auf die Gelegenheit eingehen und lernen, der Fülle deines Vertrauens mit der Tiefe seiner Präsenz zu begegnen.

2

Gib dich durch etwas hin, aber ergib dich nicht

Ein paar Stunden zuvor hatte sie etwas gesagt, das mich verletzt hatte, und jetzt lagen wir miteinander im Bett. Abgesehen davon, dass ich mich verletzt fühlte, war ich jetzt sogar noch wütend auf sie. Ein Teil von mir wollte sich in sie hineinzwängen und ihre Schwäche spüren. Vor allem mir selbst wollte ich beweisen, dass ich stärker war als sie und tun konnte, was auch immer ich wollte.

Natürlich konnte sie meine feindliche Gesinnung spüren. Mit verschränkten Armen lag sie verärgert da, ihr Körper war steif und ihr Gesicht emotionslos. Ich war wohl der Mistkerl, und sie wollte nichts mit mir zu tun haben.

Unter meinem Panzer aus Wut begann meine Verletzung zu eitern. Ich knirschte mit den Zähnen und blickte sie mit zusammengekniffenen Augen an. Sie war mir gegenüber emotional und körperlich verschlossen, und ich konnte ihr keine Vorwürfe machen.

Aber dann gab ihr Körper überraschenderweise nach. Sie drehte sich herum und sah mir in die Augen. Es wirkte so, als ob sie nicht mehr vor meinem Ärger haltmachte, sondern durch ihn hindurch in mein schmerzendes Herz hineinspürte. Sie war nicht mehr verstimmt wegen meines Ärgers und begann, meine Verletzung anzunehmen. Ihre Augen waren feucht und empfänglich, und ihr Atem war voll und stark. Sie fasste mich an und zog mich enger an sich heran.

Sie liebte mich. Bewegte sich mit mir. Atmete mit mir. Durch meinen Ärger hindurch wirkte ihre Liebe aktiv sättigend, so wie die Wärme eines heißen Bades einen verspannten Muskel umhüllt, durchdringt und entspannt. Ich konnte fühlen, wie ihre Liebe die Bedürftigkeit meines Herzens erreichte. Meine Wut begann dahinzuschmelzen.

Ihre Liebe magnetisierte die meine. Meine Verletzung gelangte an die Oberfläche, und ein paar Tränen rollten über meine Wangen. Ihre Offenheit, ihre Kraft und ihre Bereitschaft, mein Herz zu spüren, führten mich durch meine Wut hindurch. Zuvor wollte ich sie bestrafen, weil sie mich verletzt hatte. Nun wollte ich nur lieben.

Ich hielt ihren Körper fest an meinen, liebte sie und sie empfing mich ohne Einschränkungen. Der letzte Rest meiner Wut wurde angesichts der Kraft ihrer Liebe demütig. Sie öffnete sich meinem Herzen total und schenkte der Stelle Liebe, die zuvor von ihren Worten verletzt worden war. Durch ihre Entscheidung, sich zu öffnen und Liebe zu geben, anstatt sich zu verschließen und zu verteidigen, wandte sich mein Herz von der Feindseligkeit ab und ging ins offene Vertrauen.

Übe dich darin, dich weder deinen eigenen Ängsten noch den Wünschen eines anderen hinzugeben, sondern unmittelbar der Liebe. Gib dein Bestes, um durch deinen eigenen Widerstand wie auch den deines Partners hindurchzuspüren. Hinter all den widersträubenden Emotionen liegt das Motiv der Liebe. Jeder emotionalen Aktion und Reaktion unterliegt der Wunsch, Liebe zu geben und zu empfangen, und dazu gehören auch die Verletztheit und Wut in dir selbst und in deinem Partner.

Egal um welche Emotion es sich handelt – Wut, Angst, Verschlossenheit –, spüre durch sie hindurch, atme durch sie hindurch, entspanne durch sie hindurch: in die Liebe hinein, die sich dahinter befindet. Und dann gib dich dieser Liebe aktiv hin. Öffne dich als diese Liebe. Verstärke die Liebe, indem du liebst.

Bei der wahren sexuellen und spirituellen Hingabe geht es nicht darum, dich dem anzupassen, was deinem Partner Befriedigung verschafft. Noch geht es darum, dich deinen eigenen momentanen emotionalen Bedürfnissen hinzugeben. Bei der wahren Hingabe geht es darum, dass ihr euch durch eure sekundären Bedürfnisse entspannt und das ursprüngliche Bedürfnis verstärkt, nämlich grenzenlose Liebe zu geben und zu empfangen.

Für ihn

Das Herz und die Genitalien einer Frau sind normalerweise innig miteinander verbunden. Wenn sich das Herz einer Frau einem Mann wahrhaft öffnet, dann tun das auch ihre Genitalien, und wenn sie sich einem Mann sexuell öffnet, dann öffnet sie sich auch emotional. Für die meisten Frauen bilden emotionale, sexuelle und spirituelle Offenheit alle einen Teil der gleichen und einzigen Geste des Vertrauens, der Entspannung und der Liebe. Tatsächlich sind für viele Frauen ihre tiefsten sexuellen Erfahrungen zugleich ihre tiefsten spirituellen Erfahrungen.

Aus diesem Grund ist „sportlicher“ Sex oder Sex nur zum Vergnügen mit zufällig ausgewählten Fremden für die meisten Frauen nicht besonders attraktiv. Die meisten Frauen öffnen sich beim guten Sex emotional – und sie wollen sich nicht einfach irgendjemandem öffnen. Andererseits ist das auch der Grund, warum eine Frau dazu neigt, sich in jemanden zu verlieben, mit dem sie hingebungsvollen Sex hat: Ihr Herz öffnet sich zusammen mit ihrer Vagina und sie empfindet die Liebe für den Mann, mit dem sie zuletzt großartigen Sex hatte.

Wenn eine Frau lernt, sich sexuell hinzugeben, dann lernt sie auch, sich durch ihre Emotionen zu öffnen und die darunter liegende Liebe

– von dir und von ihr – zu spüren. Egal was du an der Oberfläche empfindest, tief im Inneren möchtest du grenzenlose Liebe geben und empfangen, genauso wie sie. Unter deiner Wut und Scham kann sie dein tiefes Herz spüren. Sie kann ihr eigenes tiefes Herz unter ihrer Verletzung und Scham spüren. Wenn eure gegenseitige Praxis der Hingabe wächst, seid ihr beide in der Lage, euch auch als Liebe hinzugeben und diese zu verstärken – und das sogar inmitten von Langeweile, Schmerz und Emotionen, die sich an der Oberfläche bewegen. Um sie darin zu unterstützen, denke daran, dass ihre Vagina und ihr Herz direkt miteinander verbunden sind: Deshalb gehe mit ihrer Vagina so um, wie du mit ihrem Herzen umgehen würdest und umgekehrt.

Für sie

Wenn dein Liebhaber den meisten Männern gleicht, dann sind Herz und Genitalien bei ihm nicht miteinander verbunden. Er hat Sex gelernt, während er völlig emotionslos als Teenager alleine im Zimmer masturbiert hat. Für ihn ist Liebe etwas, das in seinem Herzen geschieht. Sex ist etwas, das mit seinem Penis geschieht. Die meisten Männer finden es daher ganz einfach, das eine ohne das andere zu genießen, was sich in der Beliebtheit von Sexmagazinen und Prostitution widerspiegelt.

Habe Geduld mit deinem Mann. Für einige Männer kann es jahrelange Übung bedeuten, bis die tiefe Verbindung zwischen Herz und Genitalien entsteht, die für dich ganz natürlich ist und überhaupt keine Mühe erfordert. Bevor er lernt, beides miteinander zu verbinden, wird seine Energie eher zum einen oder zum anderen wandern. Wenn sein Herz erfüllt ist, erschlaffen seine Genitalien vielleicht. Wenn sein Penis pulsiert, vergisst er vielleicht sein Herz. Manche Männer ziehen es tatsächlich vor, Sex mit Frauen zu haben, die sie nicht lieben. Auf diese Art und Weise können sie sich darauf konzentrieren, großartigen Sex zu haben, ohne sich zur Liebe zu verpflichten. Das mag für die meisten Frauen sehr seltsam klingen, denn für sie sind Liebe und Sex eine einzige Bewegung.

Wenn du spürst, dass er Sex mit dir hat, ohne dich zu lieben, dann verschließe dich nicht. Während Sex für dich aus der Liebe heraus erwächst, erwächst Sex für ihn aus körperlicher Anziehungskraft und Stimulation – es kostet ihn Mühe und Übung, damit er lernt, sein Herz beim Sex offen zu halten. Für dich mag es sich so anfühlen, als würde er emotional dichtmachen. Wenn du nachfragtest, würde er sagen, dass er den Sex einfach genossen habe. Anstatt anzunehmen, dass er dich ablehnt oder sich emotional verschließt, kannst du davon ausgehen, dass er sich in den körperlichen Wahrnehmungen der Sexualität verloren hat.

Hilf ihm zu lernen, sein Herz mitten im Sex zu spüren. Das fällt dir wahrscheinlich leichter als ihm. Mit etwas Übung kann er lernen, sich nach und nach genauso tief wie du der Liebe hinzugeben. Gehe ihm als Beispiel körperlicher Ekstase voran, die mit emotionaler Offenheit verknüpft wird – und zwar immer und immer wieder. Gib ihm die Gelegenheit zu üben, Herz und Genitalien miteinander zu verbinden, ohne damit konfrontiert zu sein, dass du verletzt bist, wenn er sich emotional verschließt. Wahrscheinlich ist er sich dessen nicht einmal besonders bewusst, dass er sich als Erstes emotional von dir abgeschnitten hat.

3
Gib dich nur der Liebe hin

Als wir uns liebten, begann ich, zart an ihren Brustwarzen zu saugen. Ich umschloss ihre Brüste mit meinen Händen und bedeckte sie über und über mit Küssen. Ich kehrte wieder zu ihren Brustwarzen zurück und biss gerade so fest hinein, dass sie ganz verrückt wurde.

Sie begann, sich unter mir zu winden und aufzubäumen. Ihre Augen waren geschlossen. Dann warf sie mir einen verstohlenen Blick zu. Sie kreischte auf und presste sich an mich, zog meinen Kopf an ihre Brüste und rieb mit ihrer Klitoris an meinem Schambein, wobei sie kurz und schnell atmete.

Ihre Empfänglichkeit war sexy, wirkte aber seicht, so als hätte sie sich in ihren Sinneswahrnehmungen verloren. Sie hatte keinerlei Verbindung mehr zu mir und schien sich in der Stimulation ihrer Nervenenden verborgen zu haben. Sie war in ihrer eigenen Lust verschwunden. Für meine Liebe war sie überhaupt nicht präsent.

Einen Augenblick lang wurde ich langsamer und hörte auf, ihre Brüste zu erregen. Ich drückte meinen Bauch und meine Brust an sie und ließ meinen Atem voller werden, ich spürte sie mit meinem Atem, so als würde ich durch ihren Körper hindurch tief in ihr Herz atmen. Bald verband sie sich wieder mit mir, und wir begannen, gemeinsam zu atmen. Als sie ihre Augen öffnete, schauten wir einander tief in unser Innerstes. Über unseren Atem und unsere Blicke zogen wir unser Gefühl tiefer in unser Lieben hinein.

Als unsere Herzen in ihrer vollsten Verbindung erblühten, fing ich wieder an, ihre Brüste zu küssen.

Nach und nach verlangsamte ich die Intensität des Küssens und Beißens, aber dieses Mal begleitete sie mich dabei und verbarg sich nicht hinter den verschlossenen Türen ihrer Lust. Während ich ihre Brüste liebkoste und ihre Brustwarzen streifte, bog sich ihr Rücken. Der Laut, der aus ihrem Mund drang, war kein Gequieke oberflächlicher Lust, sondern ein Stöhnen tiefer und hinreißender Liebe. Ihre Augen, ihr Herz, Bauch und Atem blieben mit meinem verschmolzen. Ihre Gefühlsintensität war nun wie ein Kanal, über den wir beide noch tiefer in die Offenheit der Liebe hineingleiten konnten.

Gib dich nie einer Sache hin, die geringfügiger ist als die Liebe. Selbst die körperliche Lust an sich ist es nicht wert, dass man sich ihr hingibt. Stattdessen solltest du dich durch sie hindurch hingeben und von ihr geöffnet werden, in eine Liebe hinein, die noch tiefer reicht. An körperlicher Lust ist sicherlich nichts falsch. Vermeide sie nicht. Lass zu, dass die völlige körperliche Ekstase in deinem Herzen in Wellen aus Licht erblüht. Unterdessen gibst du dich durch die Sinneswahrnehmungen deiner aufbrechenden Blüten und tanzenden Kräuselwellen hindurch der Liebe hin. Keinerlei fleischliches Vergnügen an sich kommt der Liebe gleich.

Zum sexuellen Wachstum gehört die Übung, Lust und Verlangen zu steigern, während wir uns offen Stück für Stück als grenzenlose Liebe und Freiheit hingeben. Wenn du dich aber in der Lust verlierst, ohne dich auch noch als Herzraum zu öffnen, wirkt die Lust bei dir wie eine Beschränkung. Du wirst auf einen Augenblick der Sinneswahrnehmung reduziert und damit zu einem einsgerichteten Lustmonster.

Gib dich immer der größtmöglichen Liebe hin. Wenn du dich etwas Geringerem hingibst, dann bedeutet das letztendlich Schmerz. Nur die Liebe kann dein tiefstes Verlangen stillen. Alle geringeren Emotionen und Gefühlswahrnehmungen sind nur ein Ersatz für die grenzenlose Liebe. Sich ihnen hinzugeben, ist so, als würde man eine juckende Stelle kratzen, was das Ganze nur noch verschlimmert. Die einzig wahre Heilung besteht darin, sich total der Liebe und sich selbst als Liebe hinzugeben – das ist die Freiheit des offenen Seins.

Vielleicht fühlst du dich beispielsweise von deinem Liebhaber angenommen, selbst wenn du fett, dünn oder schulderfüllt bist oder dich nicht ausstehen kannst. Aber bleib dort nicht stehen, indem du dich bloß dem Gefühl des Angenommenseins hingibst. Spüre dich vielmehr durch das Gefühl der persönlichen Akzeptanz hindurch, hinein in die tiefste Wahrnehmung des offenen Seins, zu der du fähig bist. Entspanne dich als diese Liebe oder Offenheit. Schließlich wird es viele Momente geben, in denen dich dein Liebhaber aus dem einen oder anderen Grund nicht so annimmt, wie du bist. Weder Akzeptanz noch Zurückweisung halten lange an.

Nur die Liebe selbst, die Offenheit des Seins, entspricht immer der Wahrheit deines tiefsten Herzens. Liebe ist immer da, so lebendig wie dein Kern. In jedem Augenblick kannst du dich daran erinnern, sie wahrzunehmen, dich als sie zu öffnen und sie zu geben. Aber das erfordert Übung.

Übe dich also darin, dich dieser tiefen Liebe hinzugeben und diese tiefe Liebe zu sein. Halte nicht kurz davor an und lasse dich nicht auf ein mittelmäßiges Gefühl der emotionalen Akzeptanz ein. Akzeptanz ist in Ordnung, aber übe, dich den ganzen Weg hindurch in den grundlegenden Fluss der Liebe hineinzuspüren, der sogar dem Wunsch nach Akzeptanz zugrunde liegt.

Dein Liebhaber mag deine Brüste lecken oder so hingebungsvoll an deinen Genitalien saugen, dass du das Gefühl hast, dass er dich verehrt oder sogar anbetet. Gib dich nicht bloß diesem Gefühl der Verehrung hin, denn selbst ein zufälliger Biss kann deinen kostbaren Augenblick als genitale Gottheit zerstören. Um die unvermeidlichen Zyklen des emotionalen An- und Abschwellens frei durchleben zu können, musst du lernen, dich als Offenheit der tiefen Liebe hinzugeben, selbst wenn du dabei das Gefühl hast, angenommen oder abgelehnt zu werden.

Dein Liebhaber bzw. deine Liebhaberin mag dir geben, was du schon immer gewollt hast, aber wenn du dich nur in Dankbarkeit verlierst, dann bist du wie ein Kind an seinem Geburtstag, das im Bann des Glanzes seiner Spielzeuge erglüht, weil es sich der Elternliebe für immer sicher ist. Aber Eltern sterben, und Spielzeuge werden alt. Die Liebe selbst, die offene Hingabe deines Herzens als freies Gefühl, ist das einzige Heiligtum, das von der Zeit unangetastet bleibt. Wenn du dich etwas Geringerem hingibst, so lustvoll oder erfüllend es augenblicklich sein mag, dann kettest du dich an unvermeidliches Leiden.

Für ihn

Deine Frau wird dazu neigen, sich dem Niveau deines sexuellen Tiefgangs anzupassen. Wenn sich dein Gewahrsein darauf reduziert, dich auf die Brüste deiner Frau zu konzentrieren, dann wird ihr Gewahrsein das Gleiche tun. Wenn du dich fühlen möchtest, als seiest du ein „braver Junge", indem du deiner Frau Lust bereitest, dann wird sie entsprechend das Gefühl haben, ein „braves Mädchen" zu sein, indem sie ihren Mann befriedigt. Der Grund für euren Sex wird von Moment zu Moment über die Tiefe eurer sexuellen Verbindung bestimmen. Zumeist ist es der Mann, der beim Sex die Tiefe bestimmt, während die Partnerin die Fülle der Energie vorgibt.

Wenn du Sex haben willst, um tiefer zu gehen, dann lenke deine Aufmerksamkeit von der sexuellen Oberflächlichkeit zu den Tiefen des freien Gefühls. Wenn du feststellst, dass deine Aufmerksamkeit bei ihren Brüsten innehält, dann entspanne deinen Fokus in zwei Schritten. Erweitere erstens deine Aufmerksamkeit wie ein Flutlicht, das die gesamte Szene ausleuchtet. Nimm nun alles wahr: den Duft der Luft, die Stellung ihrer Füße, den Rhythmus ihres Atems.

Vertiefe zweitens deine Fähigkeit, in deine Frau hineinzuspüren. Tue dein Bestes, um die Emotionen deiner Geliebten und den Energiefluss in ihrem Körper zu spüren. Versuche, ihre innersten Geheimnisse wahrzunehmen, die tiefsten Kammern ihres Herzens. Höre nicht auf, ihre Brüste zu genießen, sondern vertiefe einfach nur dein Gewahrsein, damit auch du viel mehr spürst. Auf diese Art und Weise beginnst du, die sexuelle Tiefe zu kultivieren.

Für sie

Du kannst Sex nicht tiefer werden lassen, wenn dein Liebhaber nicht bereit ist mitzugehen. Einerseits schaltet ein Mann ab, wenn eine Frau seinen sexuellen Fähigkeiten nicht vertraut. Andererseits wird er nicht mal Lust auf Sex verspüren, wenn du keinen Spaß zu haben scheinst. Dein Mann könnte die Tiefe eurer gemeinsamen sexuellen Erfahrung verhindern, aber wahrscheinlich wirst eher du es sein, die die sexuellen Freuden einschränkt: Die Lust ist nämlich die Domäne des Weiblichen.

Nehmen wir an, dass dein Mann deine Brüste liebkost. Das genießt du wirklich. Er macht dich sogar verrückt damit, wie er an ihnen saugt, sie leckt, küsst, kneift und liebkost. Soll er doch dafür sorgen, wie tief der Sex geht. Erlaube dir, wild vor Lust zu werden. Lass zu, dass dein Körper genüsslich wogt. Denke nicht darüber nach, ob du dich auf dieses oder jenes konzentrieren solltest. Lass dich in der Lust gehen, aber erinnere dich dabei an die Liebe.

Spüre das Kribbeln und die Wellen – und öffne dein Herz. Spüre die Fürsorge und Sensibilität deines Mannes – und öffne dein Herz. Jaule, kreische, erzittere – und öffne dein Herz. Lasse deinen Mann üben, diese sexuelle Begegnung zu vertiefen, während du dich darin übst, deinem Körper zu erlauben, Lust zu empfangen, mit der Lust zu fließen und Lust zu zeigen, wobei du dich darin erinnerst zu lieben. Die Offenheit der Liebe ist eine Einladung, die Tiefe noch tiefer werden zu lassen.

Tiefe ohne Lust bedeutet zu viel Ernsthaftigkeit für großartigen Sex. Und genau das geschieht, wenn dein Mann selbst versucht, dem Sex mehr Tiefe zu verleihen. Er versucht herauszufinden, „wie er es machen soll“. Er setzt sich wirklich dafür ein, alle eure sexuellen Probleme gemeinsam zu lösen und etwas Wichtiges geschehen zu lassen. Währenddessen nimmst du wahr, dass es nicht fließt und es ihm an Humor fehlt. Auf der anderen Seite bedeutet Lust ohne Tiefe, dass Sex zu frivol wird, um großartig zu sein. Und genau das geschieht, wenn du vor lauter Lust wild wirst, ohne dich auch in Liebe zu öffnen und die Kraft der tiefen Präsenz deines Liebhabers zu empfangen.

Großartiger Sex ist von Glückseligkeit und Tiefe zugleich erfüllt, er ist lustvoll und tiefgründig. Lass deinen Mann sich darin üben, euer gemeinsames sexuelles Spiel mit Tiefe zu erfüllen. In der Zwischenzeit übst du dich darin, dich in die natürliche sexuelle Glückseligkeit deines Körpers zu entspannen, während du dein Herz in Liebe öffnest. Dein Mann muss über sich selbst hinausgehen: Sexuelle Ekstase und emotionale Offenheit, die sich über deinen sich windenden Körper ausdrücken, sind für deinen Mann attraktiver als seine eigene Lust.

4
GIB DICH JENSEITS DER EMOTIONEN HIN

Inmitten des Liebesaktes begann sie, zu mir zu sprechen: „Ich liebe dich. Ich bin für immer dein. Nichts kann uns trennen.“

In diesem Augenblick stimmte das auch. Wir waren Liebe – und wir waren ewig. Nichts konnte uns trennen, da wir eins waren. Aber ich konnte auch ihre emotionale Bedürftigkeit spüren. Ich konnte ihren Wunsch nach Sicherheit spüren, der sich vom Rande her einschlich. Ihr Geständnis war echt genug, aber es war von Hoffnung gefärbt. Und unter der Hoffnung auf ein „Für-immer“ lauerte die Angst des Verlustes – in ihr und in mir.

Gerne wollte ich in ihrem Liebesgeständnis schwelgen. Ich wollte das Gefühl haben, dass sie mir gehörte. Dass sie sich mir ein für alle Mal hingegeben hatte. Und obwohl es in diesem Augenblick wirklich stimmte, waren ähnliche Dinge bereits zuvor gesagt worden und hielten nicht für immer an. Als Liebesgeständnis in diesem Augenblick war es wahr und wunderschön. Aber als Hoffnung war es eine Lüge. Wir besaßen einander nicht, und es würde auch nie so sein. Unsere Liebe war genauso zerbrechlich wie unsere Ängste groß waren. Es brauchte nur einen schmerzlichen Augenblick des emotionalen Kollabierens, und wir würden auseinanderbrechen. Vielleicht nur für einige Stunden oder Tage. Vielleicht für immer.

In diesem Augenblick unseres Liebeaktes konnte ich beide Wahrheiten spüren. Die Wahrheit, dass wir uns einander als ewige Liebe geschenkt hatten. Und auch die Wahrheit, dass wir einander jederzeit verlassen konnten, weil wir uns entweder emotional verschlossen oder auf einen besseren Intimpartner trafen – im unvermeidlichen Fall des Todes oder einfach weil wir von einem frischen Stück Arsch oder Schokoladenkuchen abgelenkt wurden.

Sich der Wahrheit unserer Liebe hinzugeben, bedeutete Glückseligkeit. Vermischt mit dieser Liebe gab es jedoch das Bedürfnis, sich zu versichern, dass es anhalten würde. Die wahre Liebe wurde von Angst durchmischt. Als ich ihr in die Augen sah und in ihren Körper hineinspürte, begann ich wahrzunehmen, dass wir mehr auf das Sicherheitsbedürfnis zudrifteten. Wir begannen, uns an dem emotionalen Bedürfnis, geliebt zu werden, festzuhalten, anstatt uns der offenen Geste des Seins und des Liebegebens hinzugeben.

Ich übte, mein eigenes Bedürfnis nach ihr zu erkennen, und so gut ich konnte, spürte ich durch ihre Bedürftigkeit hindurch. Ich spürte durch meine eigene Bedürftigkeit hindurch. Auch wenn ein Teil von mir sie auf ewig besitzen wollte, konnte ich erkennen, dass dieser Teil von mir wirklich von Angst geprägt war. Ihre Bewunderung milderte meine Angst und gab meinem Selbstwertgefühl Auftrieb. Ihre Unsicherheit und Bedürftigkeit bestätigten mich stärker darin, dass sie mir gehörte. Diese Dynamik war keine Liebe, sondern eine emotionale Bindung.

Indem ich diese Bedürftigkeit erkannte und durch sie hindurchspürte – auch wenn wir beide gerade in sie hineinglitten –, war ich in der Lage, die Kraft der wahren Liebe wiederzuentdecken, sie zu verstärken und mich ihr hinzugeben. Ohne ein Wort zu sprechen, begann meine authentische

Präsenz in der Liebe mit ihr in Resonanz zu treten, sodass sie nicht mehr mit sentimentaler Bedürftigkeit, sondern mit einer Hingabe schwang, die tief aus dem Herzen kam.

Ihre Hingabe galt nicht mir als separater Person, sondern der Liebe, der wir uns durch die Praxis unserer Beziehung öffneten. Unsere Aufmerksamkeit verlagerte sich von der Hoffnung auf unsere gemeinsame Zukunft zu unserer jetzigen Tiefe der Liebe, die immer die Wahrheit unseres ganzen Seins darstellt und tief in unserem Herzen intuitiv erkannt wird.

Versuche, die Momente zu erkennen, in denen du dich etwas Geringerem hingibst als deiner tiefsten Wahrheit. Oft kann eine Emotion so angenehm sein, dass du lange Zeit damit verbringst, in der Annehmlichkeit und der falschen Wahrnehmung von Sicherheit zu schwelgen, die dir diese Emotion vermittelt. Vielleicht ist es das persönliche Liebesbedürfnis deines Liebhabers, das ihn dazu veranlasst, etwas zu tun oder zu sagen, was dich dann an deine Bedürftigkeit fesselt. Dein Liebhaber kennt deine Schwächen. Er spürt dein Bedürfnis, geliebt zu werden, und weiß einfach, was er sagen oder tun muss, damit du dich kraftvoll, verehrt oder getröstet fühlst von der Liebe, die du schon immer haben wolltest.

Normalerweise macht das dein Partner nicht absichtlich. Es ist einfach eine automatische emotionale Anpassung: Die Bedürfnisse deines Partners verbinden sich mit deinen Bedürfnissen, und dann hakt ihr ineinander ein. Plötzlich wirst du auf eine Art und Weise behandelt, die dir das Gefühl vermittelt, unbesiegbar und dir deiner Liebe gewiss zu sein. Oder vielleicht fühlst du dich auf einmal vollkommen sicher, sogar wie ein Kind – eingekuschelt in die zugesicherte Liebe deines Partners – sie wird dir zugesichert, weil dich dein Partner genauso braucht wie du ihn.

Beziehungen, die auf dem Bedürfnis beruhen, geliebt zu werden, sind immer Beziehungen, die auf Angst begründet sind, denn möglicherweise werden deine Bedürfnisse nicht erfüllt. Selbst in den Momenten, in denen du dich total geliebt fühlst, gibt es einen anderen Teil in dir, der Angst hat, diese Liebe zu verlieren. Erkenne deine Momente der emotionalen Bedürftigkeit, spüre sie voll und ganz und gib dich hin als Mensch, der die vollste Liebe schenkt.

Gib so uneingeschränkt und vollkommen Liebe, dass du im Geben verschwindest, als Liebe existierst, anstatt in der Hoffnung auf Liebe Sex zu haben. Du bist Liebe. Das ist deine Wahrheit. Alle anderen sexuellen Ausdrucksformen sind kleiner als diese Wahrheit, egal wie lustvoll oder emotional befriedigend sie sein mögen.

Für ihn

Unter sexuellen Gesichtspunkten besteht die Schwäche der Frau darin, dass sie sich gern besonders fühlen möchte. Ihre Pubertätshormone begannen inmitten eines emotionalen Fantasielebens zu strömen, in dem ihre Version von Prinzen und Prinzessinnen, Einhörnern, gequälten Mädchen, weißen Rittern und die Hoffnung auf die Liebe ihres Vaters existierten.

Als junges Mädchen war ihr sexuelles Bedürfnis wahrscheinlich vermischt mit ihrem emotionalen Bedürfnis, sich von ihrem Intimpartner geliebt zu fühlen, ja sogar für ihre besonderen Eigenschaften verehrt zu werden. Als Erwachsene bleibt ihr Wunsch nach persönlicher Liebe – romantischer Liebe – weiter mit ihrem sexuellen Bedürfnis verflochten. Um sich jenseits von mittelmäßigem Sex bis zur tiefsten Glückseligkeit der Liebe zu entwickeln, kann sie lernen, über das Ausmaß ihrer persönlichen Beziehung hinaus zu lieben.

Deine Frau verliert sich wahrscheinlich in den emotionalen Fantasien von einem Mann, der sie vor der Einsamkeit rettet und dafür sorgt, dass sie sich als etwas Besonderes fühlt. Sie verwechselt die romantische persönliche Liebe mit der Liebe selbst, die ewig ist, grenzenlos tief und im Herzen eines jeden Wesens wohnt.

Romantische Liebe ist etwas ganz anderes als bedingungslose, grenzenlose Liebe. Die Liebe ohne Grenzen sorgt nicht dafür, dass sie sich als etwas Besonderes fühlt. Tatsächlich wird diese Liebe sie in ein totales Strahlen, in die Glückseligkeit und Offenheit auflösen. Das persönliche Selbst und all seine Hoffnungen verzehren sich in den gigantischen Ausmaßen dieser Liebe.

Eine der größten Blockaden deiner Frau auf dem Weg zu spirituellem Wachstum besteht wahrscheinlich darin, dass sie daran hängt, dass ihr die Liebe persönlich versichert wird: die Art, wie du für sie sorgst, wenn sie krank ist, ihr Glaube an deine ausgesprochene Bewunderung für sie, die von dir gebotene Sicherheit. Dies alles sind wunderschöne Beispiele für persönliche Liebe, denen man sich auch nicht entziehen sollte. Aber das Gleiche könnte man auch sagen, wenn sie ihm einen runterholt.

Es geht darum: Männer reduzieren das unendliche Bewusstsein – ihre tiefste Glückseligkeit des Seins – auf einige Minuten genitaler Lust und die Zuckungen einer befreienden Ejakulation. Nur sehr wenige Männer wissen, wie man Sinnesfreuden verspürt und zugleich das unendliche Göttliche wahrnimmt. Gleichermaßen reduzieren Frauen die göttliche Liebe häufig auf persönliche Fürsorge, emotionale Sicherheit und Zuneigung. Nur sehr wenige Frauen sind in der Lage, die Bewunderung (oder Zurückweisung) eines Mannes zu genießen und gleichzeitig voll in strahlender, grenzenloser Liebe zu verweilen.

Die Fähigkeit einer Frau zu sexueller und spiritueller Glückseligkeit beruht auf der Fähigkeit ihres Herzens, als bedingungslose Liebe offen zu bleiben – die Liebe, die ihre wahre Natur darstellt –, selbst wenn sie ihre persönliche Beziehung zu ihrem Mann genießt oder unter ihr leidet. Du kannst ihr bei diesem Wachstum helfen, indem du dir weiterhin all der unterschiedlichen Methoden bewusst bleibst, mit denen du sie dir tatsächlich angelst, damit sie emotional von dir abhängig wird. Übe dich darin, ihr Herz von Bedürftigkeit zu befreien, anstatt es an dich zu binden.

Übe, das Herz deiner Frau noch weiter als nur auf romantische Art und Weise zu öffnen: Wenn du ihr Blumen überreichst und sie in deinen Armen dahinschmilzt, dann durchdringe sie mit deiner tiefsten Liebe. Liebe sie so, wie die Sonne die Erde erwärmt, anstatt ihrem Drehbuch des weißen Ritters zu folgen. Während das Erwachen einen

Traum auflöst, lass die Kraft deiner Liebe die sehnsüchtigen Überbleibsel ihrer kindischen Hoffnung zerstreuen, dass sie von einem Mann gerettet wird. Hilf ihr dabei, zu wachsen, damit sie sich als Glückseligkeit der Liebe selbst hingeben kann – gemeinsam mit dir und ohne dich.

Für sie

Die sexuelle Schwachstelle eines Mannes besteht tendenziell in dem Bedürfnis, Stress durch Sex aufzulösen: Es ist eine Sucht nach Ejakulation gekoppelt mit Ritualen der Behaglichkeit. Er durchläuft dabei immer wieder die gleichen Muster, stellt den Wecker, küsst dich auf eine bestimmte Art und Weise, berührt dich an den üblichen Stellen, gibt die vertrauten Grunzlaute von sich, hält etwa gleich lange durch und ejakuliert – gefolgt vom üblichen Ritual der Erstarrung nach der Ejakulation: ein bisschen kuscheln, vielleicht ein bisschen fernsehen oder eine Kleinigkeit essen, wobei der Mann häufig innerhalb von Minuten nach dem Orgasmus in tiefen Schlaf versinkt.

Als Frau möchtest du von Sex erfüllt sein. Du willst von seinem Penis erfüllt sein, seiner Liebe, und du willst von Energie und Leidenschaft erfüllt sein. Aber die meisten Männer wollen sich über Sex entleeren. Dein Mann behandelt dich vermutlich wie ein Gefäß für seine Anspannung, Frustration, für seine Belastungen und seinen Samen. Er will, dass du alles aufnimmst und ihn leer zurücklässt. Für ihn gehört die Stressentlastung zum sexuellen Vergnügen dazu. Für dich beinhaltet es, dass du von Liebe erfüllt wirst.

Für eine Frau ist es ein Leichtes, sich in das männliche Bedürfnis nach Entlastung einzuklinken, denn sie versucht, weiter von ihm geliebt zu werden, da sie hofft, dass sein Wohlbefinden von ihr abhängt. So tolerierst du seine Sexrituale schließlich, weil du glaubst, dass er sie braucht. Du saugst seinen Stress heraus und siehst zu, wie er friedlich einschläft. Aber sein wahres Potenzial als Mann ist eine weit größere Form von Freiheit.

Das völlige Loslassen – bloßes grenzenloses Bewusstsein, frei von Angst und Stress – ist die Eigenschaft der wahrhaftigsten und tiefsten Natur deines Mannes. Er versucht, sich seiner Offenheit zu nähern, indem er ejakuliert, während er in deinen Armen liegt, so wie er es gelernt hat, sich von der Anspannung zu befreien, indem er als Teenager masturbierte. Während du inmitten von Teddybären und Rüschenkissen dalagst und von einem Helden geträumt hast, der dich auf ewig lieben würde, hegte er Fantasievorstellungen eines perfekten Frauenkörpers, während er sein Teenagerfleisch bearbeitete. Mittelmäßige Liebhaber setzen diese Fantasien in ihren Erwachsenenbeziehungen fort.

Mit Übung lernt dein Mann, nicht einfach seinen Samen und seine Anspannung zu entleeren, sondern seine gesamte Wahrnehmung von einem getrennten Selbst loszulassen. In der sexuellen Umarmung mit dir konfrontiert er seine Ängste – seine Bedürfnisse nach Komfort und Kontrolle – und gibt sich hin wie ein Fallschirmspringer, der aus dem Flugzeug springt. Er lernt, total in die Liebe loszulassen – in deine Liebe. Er übt sich darin, sich selbst loszulassen und jedes Mal beim Sex in dich hineinzuspüren. Je mehr er selbst loslassen kann, desto tiefer kann er in dein Herz eindringen.

Mit Übung erkennt er, dass die Liebe, die er in deinem Herzen empfindet, auch die Natur seines Herzens ist. Er erkennt, dass die Leichtigkeit, die er in deinen Armen sucht, tatsächlich genau jetzt in der Offenheit des tiefen Seins zur Verfügung steht – mit dir oder ohne dich. Das könnte dir Angst einjagen, wenn du die Hoffnung hast, ihn wegen seines Wohlergehens abhängig machen zu können.

Er lernt, dass er von seinen kleinen tröstenden Ritualen ablassen und in jedem Augenblick Liebe atmen kann. Ejakulieren, Kaffee trinken beim Zeitunglesen, jede Woche die gleichen Fernsehshows im selben Sessel gucken – sie nähern sich wohl kaum der Tiefe des Loslassens und der Freiheit, die ein einfacher Moment der völligen Hingabe gewährt, in dem man loslassen und sich unmittelbar als die Tiefe der Liebe öffnen kann.

Wenn du eine mittelmäßige Beziehung aufrechterhalten möchtest, dann sei weiter das Gefäß, von dem dein Mann abhängig ist. Genieße sein Kuscheln, nachdem er seinen Stress in deine liebevollen Arme abgegeben hat. Aber wenn du in eine Liebe hineinwachsen willst, die sich nicht auf den vertrauten Komfort beschränkt, dann vertraue der totalen Hingabe – seiner und deiner Hingabe.

Biete ihm über den Stressabbau hinaus Liebe an, ohne seine Gewohnheiten zu kritisieren, aber auch ohne deine Gefühle der Enttäuschung zu verbergen. Wie geht es deinem Herzen, wenn er nach fünf Minuten ejakuliert und dann einschläft? Bringt dir sein Abendritual mit Essen, Fernsehen, Schmusen und Dösen die Erfüllung? Zeige ihm, dass du leidest, aber zu Anfang nicht mit Worten. Worte werden nur eine Diskussion auslösen. Demonstriere es ihm stattdessen auf unbestreitbare Art: Zeige die Verletzung in deinem Körper und deinem Herzen.

Zeige deine Qual und deinen Kummer in deinem Gesicht. Lass deine Augen feucht werden vor lauter Schmerz. Du liebst ihn. Er liebt dich. Zeige ihm, wie dich seine Mittelmäßigkeit verletzt, wenn das der Fall ist.

Du magst mit deiner Beziehung und deinem Sexleben ja recht zufrieden sein. Wenn deine sexuelle Beziehung jedoch ziemlich gut, aber nicht herzzerreißend glückselig ist, dann könnte es an der Zeit sein, deinen Mann zu einer neuen Tiefe der Intimität einzuladen. Lass ihn dein Herz fühlen, ungeschützt und weit geöffnet. Wenn sich die Liebe in seine Richtung ergießt, dann ertränke ihn in deiner Liebe. Wenn sein oberflächlicher Sex deine tiefsten Wünsche nach Liebe verleugnet, dann zeige ihm deinen Schmerz durch deinen Gesichtsausdruck, dein Klagen, deine Tränen und durch deinen gesamten Körper.

Wenn er deine Worte braucht, um zu verstehen, warum du leidest, dann formuliere deine Bedürfnisse und nicht deinen Mangel. Anstatt zu sagen: „Ich hasse es, wenn du nach dem Sex sofort einschläfst", versuche zu sagen: „Ich möchte spüren, dass du auch nach dem Sex noch gefühlsmäßig bei mir bist." Anstatt zu sagen: „Komm nicht einfach nach Hause, lass dich fallen und erwarte, dass ich dir einen runterhole", versuche zu sagen: „Selbst wenn du noch von der Arbeit gestresst bist, möchte ich die Kraft deiner tiefen Präsenz spüren, bevor ich mich dir öffnen und dir sexuell vertrauen kann."

Dein unmittelbarer Wunsch und deine Ehrlichkeit werden dabei helfen, dass eure Intimität wächst. Wenn du magst, wirst du immer noch die kuschelige Behaglichkeit genießen, aber du wirst dich nicht auf deren wiederholte Rituale beschränken.

5
Mache Liebe, um deinen Partner in der Liebe auszulöschen

Sie genießt unseren Sex. Sie ist glücklich, lächelt, stöhnt. Sie hat ein, zwei, drei Orgasmen, jeder ist ein bisschen tiefer. Aber etwas fehlt: Sie ist immer noch da.

Ihr Charakter bleibt. Ihre Persönlichkeit bleibt weiter bestehen. Aber ich will, dass wir beide miteinander in der Liebe verschwinden. Ich will, dass sich die Liebe über den Austausch zweier Freunde hinaus ausdehnt. Ich will, dass unser Sex ein völliges Verschwinden in der Fülle der Liebe bedeutet, jenseits der Lustbefriedigung zweier Menschen, die ihre Körper aneinanderreiben und ihre Emotionen miteinander teilen. Und um diesen überraschten Laut des plötzlichen Verschwindens einzuladen, brauche ich ihre Offenheit. Dazu muss sie sich mir so weit öffnen, dass ich jenseits meiner persönlichen Bemühungen und Wünsche gelockt werde. Dann werden sie und ich im lichtvollen Abgrund der Liebe verschwunden sein.

Ich weiß, dass sie sich das genauso wünscht wie ich. Ich weiß, dass ihr tiefstes sexuelles Bedürfnis darin besteht, von der Kraft der Liebe ausgelöscht zu werden. In der Liebe in tausend kleine Stücke zu zerschellen. Und so mache ich vor nichts halt.

Ich reagiere weiterhin feinfühlig auf sie. Ich atme gemeinsam mit ihr, und dann atme ich uns durch jegliche trennende Membran hindurch, bis das Eine unseres Liebens so weit wie Gott atmet. Ich bewege mich mit ihr und bewege uns dann durch einen Tanz der perfekten Synchronizität hindurch, bis keine Anstrengung mehr existiert, die sich an uns erinnert.

Die Art und Weise, wie ich meine Hüften mit ihren bewege, mit meinen Bauch gegen den ihren atme und ihr in die Augen sehe – all das ist auf meinen Wunsch ausgerichtet, unsere Spannung des getrennten Selbst in einer Übersättigung der Liebe aufzuheben. Sie will das, und deshalb ist sie voll dabei, manchmal führt sie, manchmal folgt sie, sie verliert immerzu an allen Ecken und Enden ihren Halt. Und dann lösen wir uns auf – lächelnd, stöhnend, weinend – in der offenen Glückseligkeit der herzzerreißenden sexuellen Umarmung. Sie hat sich bereitwillig hingegeben, und ich habe mich, ohne festzuhalten, bereitwillig der Liebe hingegeben.

Dein sexuelles Motiv bestimmt das Ergebnis. Verweile nicht bei der körperlichen Lust, sodass du dich im Grunzen der nervlichen Erregung verausgabst. Bleib nicht beim emotionalen Austausch stehen, sodass man dich nur an den Gurrlauten des Schmusens und Raufens erkennt. Gib dich nicht mit der sinnlichen und emotionalen Erfüllung zufrieden. Durchlaufe jeden Schauer und jedes Wort bis hin zu dem Punkt, an dem es keine Umkehr mehr gibt. Gehe so weit, dass dein Partner in der Intensität der Liebe verloren geht, die durch euren Sex entsteht. Lösche deinen Partner in der Liebe aus.

Wenn dein Partner verschwindet, folgt die Einladung an dich, ihm zu folgen. Warum solltest du dich zurückhalten? Schenke dich der Liebe selbst, ohne dass auch nur ein Fitzelchen von dir zurückbleibt. Stirb vollständig in das Lieben hinein. Wenn du zurückkehrst, dann sammelt sich die Wahrnehmung deines Selbst erneut, und du wirst durch und durch erfrischt sein, rein und wach durch die Unschuld, die sich weit auf der anderen Seite der Hingabe befindet.

Für ihn

Dringe auf dreierlei Weise gleichzeitig ein, um deine Frau in der Liebe sexuell auszulöschen: körperlich, emotional und spirituell.

Dringe körperlich in sie ein, indem du mit deinem Körper den ihren betrittst, wenn sie bereit ist, dich zu empfangen. Übe dich in zahlreichen Stilarten der durchdringenden Stöße – tief und flach, schnell und langsam – und erfülle sie mit der Wärme und Kraft deines Körpers, wobei du von Augenblick zu Augenblick für ihre Reaktionen sensibel bleibst. Das körperliche Eindringen ist dir vollauf gelungen, wenn du dich mit ihr vollkommen synchron bewegst, so wie zwei Tänzer, die in müheloser Anmut und sinnlicher Magie miteinander verwoben sind. Es ist so, als würde ihr Körper zu deinem werden.

Dringe emotional in sie ein, indem du ihr Herz mit dem deinen betrittst. Übe dich zuerst darin, deine eigenen Emotionen beim Sex zu spüren. Viele Männer werden beim Sex von der körperlichen Lust so überwältigt, dass sie sich nicht einmal im Klaren darüber sind, dass sie überhaupt Emotionen besitzen! Lass den Bereich um dein Herz herum weich werden. Lass sowohl deinen Bauch als auch deine Brust weich werden. Während sich die Vorderseite deines Körpers entspannt, sollte es sich so anfühlen, als würdest du in deine Frau hineinschmelzen – Körper zu Körper.

Wenn es sich schließlich so anfühlt, als würde dein Körper den gleichen Raum wie ihr Körper einnehmen, dann übe dich darin, die Gefühle deiner Frau zu spüren. Versuche wirklich, sowohl ihre Emotionen als auch den Energiefluss in ihrem Körper zu spüren. Es ist hilfreich, mit ihr zu atmen, während du in sie hineinspürst, einzuatmen, während sie einatmet, und auszuatmen, während sie ausatmet. Mit einiger Übung wird dein Herz vollkommen mit ihrem Herzen übereinstimmen, und du wirst in der Lage sein, ihre Trauer, die Tiefe ihrer Liebe und ihre Angst wahrzunehmen, genauso wie die Kräuselwellen von Bedürftigkeit, Erregung und Freude, die ihren Körper durchlaufen.

Schließlich werden ihre Gefühle zu deinen Gefühlen. Eure Herzen fühlen sich an wie eins.

Zum spirituellen Eindringen gehört, dass du ihren Körper mit deinem Bewusstsein durchdringst. Das ist mit Worten schwer zu beschreiben, aber es ist eine unverkennbare und greifbare Erfahrung. Dein Bewusstsein ist das, was du in deinem tiefsten Kern bist. Es ist die Tiefe deines Seins, die Offenheit deines Gewahrseins, die Art deines Gefühls, deiner Aufmerksamkeit und Wahrnehmung. Bewusstsein strömt durch deine bloße Seele; es ist tiefer und weitreichender als deine Seele. Es ist das Selbst oder der erkennende Raum von allem, des ganzen Universums, von innen und von außen. Mit einiger Übung kannst du deine Fähigkeit entwickeln, deine Frau mit der Kraft des Bewusstseins selbst zu durchdringen.

Streng genommen ist das Bewusstsein an sich keine Kraft – es ist die Natur der Existenz. Sämtliche Kräfte entfalten sich in ihr. Trotzdem kannst du als Liebhaber deine Handlungen mit Bewusstsein durchdringen oder sie mechanisch ausführen. Dein Atem kann beispielsweise voll und tief oder des Bewusstseins beraubt sein, und deine Frau kann den Unterschied leicht erkennen. Wenn du praktizierst, kannst du deine Frau wirklich durch die Bewusstseinskraft allein zum Orgasmus bringen, die über deinen Atem und deine Absicht übertragen wird, ohne jegliches körperliches Eindringen.

Du kannst Bewusstsein nicht sexuell übertragen, wenn du abgelenkt bist. Dein Gewahrsein muss voll und ganz im jetzigen Augenblick auf dich und deine Geliebte eingestimmt sein. Fokussiere und konzentriere zuerst dein Gewahrsein. Übe, präsent zu sein, indem du nirgendwo sonst bist. Anstatt über deinen morgigen Terminplan nachzudenken, konzentriere dein Gewahrsein auf deinen Körper und den deiner Frau, auf deinen Atem und den deiner Frau.

Wenn du das Gewahrsein auf diese Art und Weise verdichtest, dann bist du einsgerichtetes Bewusstsein. Wenn du deine Aufmerksamkeit beispielsweise auf deinen Atem lenkst, dann achtest du nicht darauf, wie sich die Bettlaken anfühlen oder des Nacken deiner Geliebten duftet. Wenn du dein Gewahrsein auf diese Weise auf einen Punkt richtest, dann ist das ein erster guter Schritt.

Der nächste Schritt besteht darin, diesem Punkt zu gestatten, sich in ein Bewusstseinsfeld zu entspannen, das alles umfasst. Wenn du mit fokussierter Aufmerksamkeit und einsgerichtetem Bewusstsein in deine Frau eindringst, dann ist es so, als würdest du mit einem gewöhnlichen Penis in sie eindringen: Die Arbeit wird normal erledigt. Wenn du deine Frau jedoch mit dem gesamten Bewusstseinsfeld durchdringst, dann ist es so, als würdest du sie mit der Kraft des Universums aus der Tiefe deiner Seele verführen.

Es ist wichtig zu verstehen, dass das Bewusstsein deine Frau bereits durchdringt, so wie auch sonst auch alles von ihm durchdrungen wird. Du brauchst dich nicht anzustrengen, um irgendetwas zu tun. Nimm einfach alles als Bewusstsein wahr, das bereits die ganze Natur deiner selbst ist – deine Frau, das Bett und sogar die Wände. Entspanne deinen „Punkt" der Aufmerksamkeit, damit du als dieses offene „Bewusstseinsfeld" ruhen kannst. Das mag sich für dich abstrakt anhören, bevor du es tatsächlich praktizierst, aber deine Frau wird sofort reagieren.

Während du mit deiner Frau schläfst, übe dich darin, sie Schritt für Schritt mit deinem Bewusstsein zu durchdringen. Dringe zuerst vorsichtig körperlich in sie ein – mit deinem „fleischlichen Penis". Dann dringe liebevoll emotional in sie ein – mit deinem „Herzpenis". Anschließend übst du, dein Gewahrsein im jetzigen Moment zu sammeln, sodass du auf jede Nuance deines und ihres Körpers, deines und ihres Atems höchst eingestimmt bist. Wenn du in der Lage bist, total präsent zu bleiben und dir deiner selbst und deiner Partnerin gewahr zu sein, während du sie auch mit deinem Körper und deinem Herzen betrittst, dann bist du bereit für die Praxis, sie mit Bewusstsein zu durchdringen.

Spüre dich mit deinem ganzen Körper voran in ihren Körper hinein. Mit anderen Worten, spüre dich in den Raum hinein, der vor dir liegt und zu dem auch ihr Körper gehört. Dann spüre dich in den Raum hinein, der hinter dir liegt. So als würdest du die Wände, Gegenstände und die Luft spüren, die sich in deinem Rücken befinden. Spüre nach links und rechts, nach oben und unten. Spüre nach außen in alle Richtungen, bis sich alles innerhalb deiner entspannten Bewusstseinssphäre befindet. Konzentriere dich auf nichts Bestimmtes. Erlaube deinem

Gewahrsein, offen zu bleiben, locker, voll und ausgedehnt, so wie ein Ozean der Klarheit, der den Raum durchdringt.

Dann spüre über den Raum hinaus. Spüre das ganze Haus und die ganze Stadt. Lausche dem entferntesten Geräusch, das du wahrnimmst. Spüre die Millionen von Menschen überall auf der Welt. Konzentriere dich auf nichts Bestimmtes, sondern erlaube deinem offenen Gefühlsbewusstsein, alles mühelos einzubeziehen.

Spüre dich weiter nach außen, jenseits der ganzen Erde, und beziehe Sonne, Mond und Sterne mit ein. Entspanne den „Punkt" deines Bewusstseins wirklich in so hohem Maße, dass du dich, ohne auf etwas Besonderes zu achten, als das gesamte Universum wahrnimmst und im Ozean des offenen Bewusstseins von dessen „Wasser" geformt auftauchst.

Bleib sensibel, klar und aufmerksam für all das, was um dich herum geschieht, aber lass deine Konzentration nicht zu sehr auf einer Einzelheit ruhen. Es ist in etwa so, als wärst du ein Football- oder Basketballspieler. Ein guter Athlet besitzt Sensoren in alle Richtungen, damit er auf die Spieler sowohl rechts und links von sich als auch vor und hinter sich reagieren kann. Er kann spüren, wo sich seine zahlreichen Teammitglieder und Gegner aufhalten, während sie sich über das Feld oder auf der anderen Seite des Platzes bewegen. Dabei hat er immer das Tor oder den Korb im Blick und lässt den Ball nicht fallen.

Auf die gleiche Art und Weise bleibst du vollkommen präsent mit deiner Geliebten, während du in alle Richtungen nach außen spürst, damit sich dein Gewahrsein mit dem gesamten Feld des offenen Bewusstseins überlagert. Wie bei jeder anderen Fähigkeit oder Kunstfertigkeit erfordert das Übung.

Wenn du in der Lage bist, für deine Frau präsent zu sein, während du dich auch als tiefes Wesen in der gesamten Weite des Raums um dich herum entspannst, dann bist du bereit, deine Frau mit der Kraft des Bewusstseins zu „ficken". (Im Laufe dieses Buches werden wir das Wort „ficken" jenseits des profanen Straßengebrauchs weiter erschließen, um aufzuzeigen, wie unsere tiefsten spirituellen Wünsche sogar in unseren vulgärsten sexuellen Ausdrücken verhüllt sind.)

So wie du mit deinem Gewahrsein nach außen in die Unendlichkeit hineingespürt hast, so kannst du auch hin zur Unendlichkeit atmen. Kombiniere deinen Atem mit deinem Gefühl. Atme deine Frau, so als ob eigentlich dein Atem ihre Lungen heben und senken würde. Atme den Raum hinter dir, so als ob dein Atem durch die Wände, Gegenstände und die Luft hinter deinem Rücken zirkulieren würde. Atme durch die gesamte Bewusstseinssphäre ein und aus, links und rechts, auf und ab, vorwärts und rückwärts. Wenn sich dein Atem und dein Gefühl mit deinem tiefen Wesen vereinen, dann dehne dich weit als das gesamte Feld des offenen Bewusstseins aus und dringe damit in deine Frau ein.

Nimm wahr, wie sich das ganze Feld des Seins durch deinen Atem gesammelt hat, und atme durch deine Frau hindurch wie ein riesiger Bewusstseinsblitz, der durch jede ihrer Zellen ein- und ausatmet. Du trittst mit deinem Fleisch und Herz in sie ein und durchdringst sie zusätzlich mit der Kraft des Bewusstseins selbst, gelenkt von deinem Atem und deiner Liebe. Verweile als offenes Wesen selbst, das sich mit dem gesamten Bewusstseinsfeld überlagert, erfüllt von seiner Tiefe und Kraft, wobei deine Frau ausgelöscht wird, indem du sie mit dieser Kraft befruchtest, zum Erblühen bringst und ihren Körper, ihr Herz und ihren Geist erfüllst.

Du wirst wissen, dass du es tust, wenn sich deine Frau in vollkommener Offenheit hingibt, aufgegangen in der Kraft der glückseligen Fülle, entschwunden in der Ekstase der grenzenlosen Liebe. Sie kann es zulassen, sich voll hinzugeben, denn sie nimmt die Tiefe deines Bewusstseins wahr. Sie kann dir vertrauen, weil du so präsent, so offen bist und sensibel auf sie reagierst. Sie spürt die massive Liebeskraft des gesamten Bewusstseinsfelds, das sie erfüllt und öffnet. Glücklich lässt sie los und entschwindet in der absoluten Liebe, die sie schon immer empfangen wollte, der gleichen Liebe, die aus ihrem tiefen Herzen strömt und sich durch die sexuelle Hingabe zu der mühelosen Brandung des tiefen Seins verstärkt.

Für sie

Der Weg zum Herzen eines Mannes führt tatsächlich durch einen Bereich, der sich weit unterhalb seines Bauches befindet: Sein Penis ist seine körperliche Wurzel. Die Blüte seines Herzens öffnet sich am weitesten, wenn seine Wurzel tief in deinen Körper eingepflanzt wird.

Wir sprechen hier nicht vom mittelmäßigen Liebhaber. Für ihn ist der Penis einfach ein Lustanhängsel, eine sensible Zunge oder ein Finger, mit dem er deine saftige Reibung genießt. Aber wenn ein Mann seine sexuellen Fähigkeiten weiterentwickelt, kann ihn sein Penis darin unterstützen, sein Bewusstsein in seinem und deinem Körper zu begründen.

Die meisten Männer neigen dazu, sich kopfgesteuert und körperlos zu verhalten. Dein Mann denkt, plant und grübelt wahrscheinlich den ganzen Tag über. Einige Augenblicke lang bewegt sich seine Energie in seine Genitalien hinein und ergießt sich von dort, wenn er abends mit dir Sex hat. Vielleicht genießt du diese Zeit mit deinem Mann. Zumindest ein paar Minuten lang klebt er nicht an seiner Arbeit oder am Fernseher. Deine sexuellen Dienste ziehen ihn kurz in seinen Körper hinein, wo er sich viel präsenter bei dir fühlt als in seinem Kopf.

Wenn ein Mann sexuell zu wachsen beginnt, dann wird er anfangs wahrscheinlich ziemlich kopfgesteuert sein – und vielleicht auch nur, weil er sich so große Mühe gibt, es nicht zu sein.

Seine Leistungen erfolgen aus dem Kopf heraus. Er versucht, richtig zu atmen, „bewusst" und präsent für dich zu bleiben – und das alles aus dem Kopf heraus. Das Gegenmittel dazu ist dein Tanz auf seinem Penis.

Nichts bringt einen Mann schneller in seinen Körper hinein als ein fester Ruck oder feuchter Zug an seiner Wurzel. (Die meisten Männer über dreißig benötigen eine direkte genitale Stimulation, um eine Erektion bekommen und sie zu halten.) Sicherlich gibt es Zeiten für bewegungsloses Lieben und sanfte Berührungen, aber es gibt auch Zeiten, in denen du mit deiner Vagina, deinem Mund, deinem Arsch oder deiner Hand gesund zupacken solltest. Die meisten Frauen berühren die Genitalien ihres Mannes zu sanft und zu zögerlich. Fass ihn fest an und pumpe regelrecht. Wenn er sich der Ejakulation nähert, werde langsamer oder halte inne, damit er nicht kommt. Lass ihn kurz entspannen, bevor du weitermachst.

Lass einen Energiebogen zwischen seinem Kopf und seinen Genitalien entstehen, sodass sein Herz erregt wird. Denke daran, dass es für die meisten Männer viel Übung erfordert, ihr Herz beim Sex zu öffnen. Deine Stimulation sollte intensiv genug sein, um ihn in seinem Körper statt im Kopf zu halten, wo er darüber nachdenken könnte, wie er als „überragender Liebhaber" agieren sollte.

Um einem vorzeitigen Ende eurer sexuellen Begegnung vorzubeugen, muss du stets ein Gespür dafür haben, wann du langsamer wirst oder die Stimulation vor der Ejakulation beendest, um ihn dann wieder auf Touren zu bringen, wenn sein Penis wieder weicher wird. Du wirst sein Herz nur so weit wie dein eigenes öffnen können. Wenn du seinen Penis mechanisch pumpst, dann wird er einfach keuchen und abspritzen. Aber wenn dein Körper hingebungsvoll offen ist und sich dein Herz voll und ganz zeigt, dann wird deine Liebe mit seiner Liebe in Resonanz treten, während du ihn aus seinem Kopf in seinen Körper hineinziehst.

Wie tief der Sex geht, hängt davon ab, wie weit du dich in deinen Körper entspannen und ob du deinen Liebhaber so tief empfangen kannst, dass er über sich selbst hinaus in deine Liebe hineingesaugt wird. Öffne dich als Liebe so weit, dass er in dich hineinfällt – und zwar voll und ganz. Er wird versuchen, sich zurückzuziehen, die Kontrolle zu gewinnen oder die eine oder andere Technik zu praktizieren. Währenddessen bearbeitest du seine Wurzel, ziehst ihn in seinen Körper hinein und öffnest dein Herz und deinen Körper so weit, wie du bereit bist zu vertrauen, wobei du seine reifende Liebe mit der Kraft der deinen erweckst.

Natürlich willst du, dass dich dein Mann beim Sex liebt. Aber er musst zuerst lernen, sich seiner Masturbationsgewohnheiten zu entledigen, die mit mental-sexuellen Fantasien einhergehen. Um ihm dabei zu helfen, beim Sex präsent und mit dir in Verbindung zu bleiben, musst du dich daran erinnern, dass die Lust einer Frau für die meisten Männer anziehender ist als ihre eigene Lust.

Wenn Männer einer Stripteasetänzerin auf der Bühne zusehen oder einer Schauspielerin, die im Erotikfilm Sex hat, dann macht sie deren Darstellung von Lust am meisten an. Auf dich wirkt das übertriebene Stöhnen und die Selbstbefriedigung im Beckenbereich vielleicht lächerlich. Auf die meisten Männer wirken die Empfänglichkeit und das sexuelle Vergnügen dieser Damen hinreißend. (Denke daran, dass die übertriebene Sanftheit oder charismatische Präsenz deines Lieblingsschauspielers – der Hauptdarsteller, der dich verzaubert und für den du schwärmst – deinem Mann ähnlich lächerlich erscheint.) Während Frauen zumeist von der tiefen Präsenz eines Mannes angetörnt werden, macht die meisten Männer das Strahlen und die Energie einer Frau an: wie sie sich bei der Liebe bewegt, wie sie stöhnt, lächelt und sich öffnet.

Was Männer aus einer guten Sexshow ziehen, ist die Energie der weiblichen Offenheit. Eine gelangweilte Frau beim Sex zu beobachten besitzt überhaupt keinen Reiz. Einer Frau zuzusehen, die sich mit dem Enthusiasmus eines toten Fisches berührt, ist uninteressant. Aber wenn ein Mann eine Frau erblickt, die ihre weibliche sexuelle Verkörperung wirklich genießt, dann ist er hingerissen. Seine Aufmerksamkeit wird vom Strahlen ihrer Fröhlichkeit und Lust gefesselt.

Eine gute Schauspielerin oder Tänzerin vermittelt einem Mann diese weibliche Energie, so wie die Präsenz eines guten Schauspielers dich in Verzückung versetzen oder zum Weinen bringen kann. Echte Schauspielerei ist eine wahre Kunst, denn hierbei werden die Emotionen authentisch zum Ausdruck gebracht. Um einem Mann das Geschenk deiner weiblichen Energie zu vermitteln, entspanne dich in deine authentische Offenheit und Lust und lasse dann den tiefen Fluss der Glückseligkeit deinen Körper bewegen.

Deine weibliche Energie und die maskuline Präsenz deines Mannes können gemeinsam wachsen und kraftvoller werden. Wenn er immer mehr Geschick darin entwickelt, dich mit seinem Penis, seinem Herzen und seiner Bewusstseinskraft zu durchdringen, dann wird Sex für ihn langweilig, wenn deine Fähigkeit nicht gleichermaßen wächst. Genauso wirst du enttäuscht sein, wenn deine ungezügelte Glückseligkeit auf seine halberregte Abgelenktheit trifft. Wenn er übt, dich mit Liebesbewusstsein zu durchdringen, dann übe dich darin, ihn in der Fülle deiner Liebesenergie zu absorbieren.

Entspanne dich, öffne dich und vertraue der sexuellen Lust, die deinen Körper durchströmt. Dein natürliches Verlangen, dein Herz in Liebe hinzugeben, zieht das Bewusstsein deines Mannes in dich hinein, so wie die natürliche Form deines weiblichen Körpers seinen Penis in dich hineinzieht. Wenn du dich dann weiter öffnest und als Liebe hingibst, wird er voll und ganz über seine Ängste hinausgelockt und gibt sich mit dir als gemeinsame Offenheit hin – und ihr geht in Liebe auf.

Die Glückseligkeit dieser gegenseitigen sexuellen Hingabe besitzt eine Intensität jenseits aller Worte. Sie geht weit über dein Bedürfnis hinaus, von deinem Mann emotional bestätigt zu werden. Deine Kindheitsbedürfnisse nach Sicherheit und Bewunderung lösen sich in der tiefen Glückseligkeit des Herzens auf, denn es ist eine Liebe jenseits persönlicher Akzeptanz.

Ebenso weicht sein Bedürfnis nach körperlicher Befriedigung oder reiner Stressauflösung der Liebe. Er wird auf eine Art und Weise in dich hineingezogen, die sein Herz in absoluter Verletzlichkeit öffnet. Wenn er mit dir im Körper, im Herzen und im Geist verschmilzt, erkennt er, dass er nichts zu befürchten hat. Er kann seine Anstrengungen abstreifen, seinen Herzpanzer öffnen und sich dir wirklich in Liebe hingeben – ohne sich zurückzuhalten.

Sorge dafür, dass sein Penis hart und dein Herz offen bleibt, damit er Gelegenheit hat, deinen sanften Lustwogen nachzugeben, so wie eine Zunge, die in die Haut eines saftigen Pfirsichs eindringt. Dein natürliches weibliches Aroma – das du hast, wenn du von Sex erfüllt bist, als Glückseligkeitskörper entspannst und vor Liebesenergie erstrahlst – zieht ihn mehr als alles andere auf der Erde an. Wenn die Tiefe seines Bewusstseins zum Glanz deiner Liebe passt, dann lösen sich alle Grenzen zwischen Zunge und Pfirsich auf.

6

Lass den Körper los

In der Liebe ist sie oft mutiger als ich. Aber genau jetzt wird sie, aus welchem Grund auch immer, von einem Schleier aus Angst zurückgehalten. Wir lieben uns und befinden uns am Rande der völligen Hingabe, aber sie will nicht loslassen.

Ich presse sie an mich, damit sie meine Liebe durch und durch spüren kann. Ich schaue ihr in die Augen, damit sie meine Liebe sehen kann. Ich will, dass sie spürt, dass Hingabe bedeutet, alles loszulassen, alle Angst, sodass nur Liebe bleibt. Ich möchte, dass sie sich daran erinnert und ihrer eigenen Liebestiefe vertraut.

Ich kann spüren, dass sie ihren Körper im Griff behält. Jedes Mal, wenn wir den Punkt erreichen, an dem wir einfach loslassen könnten, spannt sie ihren Körper an, hält die Luft an und schreitet ein, als wollte sie an einem gespannten Anker festmachen, weil sie fürchtet, ins offene Meer abgetrieben zu werden.

Sie vertraut der Liebe nicht. Nicht in diesem Moment. Sie vertraut nicht darauf, dass ihr Herz erstrahlen wird, wenn sich ihr Körper auflöst. Sie hat Angst, diejenige zu verlieren, die sie ist. Sie hat einen Großteil ihres Lebens damit verbracht, einen Teil von sich aufzubauen – ihr Gefühl von Stärke und Selbstsicherheit –, und nun zögert dieser Teil, sich gehen zu lassen. Für diesen Teil von ihr fühlt sich eine solche Hingabe wie ein Machtverlust an, so als würde man fortgeschwemmt.

Der größere Teil von ihr hat sich noch nicht daran erinnert, dass beim Vertrauen in die Liebe die ganze Anspannung hinweggefegt wird, die an ihrem kleinen Selbstwert festhält. Was verbleibt, wenn sich ihr Körper und Geist auflösen, ist eine immense Liebe und Energie, von der ihr Körper nur ein Quäntchen ausmacht. Diese Unermesslichkeit ist das, was sie wirklich ist. Erinnert sie sich an die Fülle dieser Liebe, kann sie sich als das Strahlen der Liebe entspannen.

An einem bestimmten Punkt deiner sexuellen Praxis wirst du feststellen, dass sich der Körper auflöst, wobei eine fließende Intensität von Energie und offenem Bewusstsein zurückbleibt. Als diese Fülle erkennst du das, was du schon immer gewesen bist, selbst bevor dein Körper geboren wurde. Als diese Fülle bist du grenzenlos und nicht auf eine getrennte Wahrnehmung des Selbst beschränkt, und doch bist du – unbegrenzt – so wie der klare Raum, in dem alles stattfindet. Dieser Raum ist die Liebe.

Lass beim Sex in diesen Raum los und entspanne dich als dieser Raum. Klammer dich nicht an der Kontrolle, am Selbst und am Körper fest. Sei die Offenheit selbst.

Wenn du dich zurückhältst und dich dagegen sträubst, Liebe zu sein, dann stelle einfach fest, was du da tust, und entspanne dich. Lass dir Zeit. Habe Mitgefühl mit deinen eigenen Ängsten. Wenn du bereit bist, selbst wenn du Angst haben solltest, übe dich darin, ein bisschen in die endlose Öffnung von Liebe loszulassen. Übe dich darin, der Liebe selbst zu vertrauen. Erlaube dir den freien Fall in die riesige Offenheit der Liebe, zuerst einen Moment lang und dann über immer längere Zeiträume. Geringer als dieser freie Fall in die Liebe ist nur die Angst, und diese sollte im Laufe der Zeit immer ein bisschen mehr in der Praxis der liebevollen Hingabe losgelassen werden.

Für ihn

Nimm einmal an, dass du gerade auf deiner Frau liegst und mit ihr schläfst. Spüre ihren Körper und ihre Emotionen, so als wären sie ein Teig, den du mit deinem Atem und deiner Liebe knetest. Wenn du spürst, dass sich ihr Bauch verspannt, dann atme mit deinem weichen Bauch gegen ihren Bauch, löse ihre Anspannung und „knete" ihre Beulen und Knoten mit deinem Atem zu einer feinen Konsistenz. Wenn sich ihre Gesichtsmuskeln verhärten, küsse sie sanft auf den Mund oder die Wangen, und erinnere sie daran, sich zu entspannen. Wenn du Angst oder Widerstand in ihrem Herzen spürst, dann atme ihre emotionale Verschlossenheit – inhaliere wirklich ihre Anspannung – und dann entspanne dich beim Ausatmen tiefer in sie. Knete anschließend weiter die Textur ihres Körpers und Herzens mit deinem liebevollen Atem.

Wenn du sie auf diese Art und Weise körperlich und emotional öffnest, denn kann sie sich immer mal wieder plötzlich zusammenziehen. Wenn sie aber loslässt, dann kann sie sich meist vollkommener hingeben als du. Gegenüber ihrer Offenheit wirst du deine eigene Anspannung spüren, und gegenüber ihrem verletzlichen Vertrauen wirst du deinen Schutzschild wahrnehmen. Lass zu, dass ihre Liebestiefe dich über deine eigenen Ängste hinausträgt. Lass noch mehr los, als du jemals zuvor losgelassen hast – von Augenblick zu Augenblick. Gib dich im freien Fall vollkommen der Liebe hin, halte an nichts fest, schenke dich total her.

Übe dies immer und immer wieder. Das ist nicht immer einfach. Manchmal wirst du nicht in der Lage sein, loszulassen – dir schwirrt zu viel im Kopf herum. Oder es gibt in eurer Intimität vielleicht Spannungen, die anderweitig bearbeitet werden müssen, bevor du und deine Geliebte diese Art von Hingabe gemeinsam praktizieren können.

Begegne den Herausforderungen in deinem Leben und deiner Beziehung unmittelbar. Loslassen bedeutet nicht, dass du passiv oder faul sein musst. Übe dich darin, loszulassen, während du gekonnt mit den realen Höhen und Tiefen deiner Beziehung arbeitest – so wie ein Skifahrer, der sich der Schwerkraft hingibt, während er zugleich durch die extravaganten Pistenformationen navigiert. Ob im Alltag oder im

Bett: Übe, dich zu öffnen und sanft deine Ängste zu bewältigen und inmitten der Herausforderungen, die von Augenblick zu Augenblick stattfinden, deine tiefsten Gaben herzuschenken. In jedem Moment, in dem du dich ohne Zurückhaltung darbringst – bei der Arbeit, bei deinen Kindern oder bei deiner Frau –, praktizierst du Hingabe. Du hast aufgehört, dich vor lauter Zweifel oder Angst zusammenzurollen.

Schließlich erreicht deine Praxis einen Punkt der plötzlichen Erkenntnis: Nichts hat je einen Unterschied gemacht und wird es auch nie machen. Derjenige, der du in deiner Tiefe bist, bist du schon immer gewesen – als kleiner Junge, als Jugendlicher, als Erwachsener, durch all deine Herausforderungen, Erfolge und Fehlschläge hindurch. Durch die Praxis erkennst du, dass du diese Tiefe bist, diese glückselige Offenheit – und das sogar im Schlaf. Du beginnst vielleicht zu spüren, dass dies nicht erst mit der Geburt deines Körpers begonnen hat.

Die Tiefe desjenigen, der du bist, geht über Raum und Zeit hinaus; diese Offenheit des Seins beinhaltet all deine Lebenserfahrungen, wird jedoch nicht durch sie verändert. Alle Erfahrungen kommen und gehen, treten in Erscheinung und lösen sich wieder auf, und zwar in der Offenheit, die du bist. Aus dieser Tiefe heraus Sex zu haben – mit deiner Frau in voll verkörperter Liebe zu verschmelzen, während du als Ewigkeit ruhst –, ist eine Praxis der unvergleichlichen Freude.

Für sie

Männer ziehen das Nichts dem Etwas vor. Geistesabwesend in das „Nichts" des Fernsehens abzudriften, ist für sie häufig erfrischender als ein emotionales Gespräch oder ein Austausch. Männer fühlen sich mehr im leeren Frieden des postorgasmischen Schlummers zu Hause als auf der energetischen Achterbahnfahrt, die ins Rollen gebracht wird, wenn die Kinder in den Urlaub mitkommen. Sie suchen den Moment, in dem alles andere verschwindet, während sie von etwas absorbiert werden – einem Sportereignis, einer Vagina oder einem Angelausflug. Männer neigen von Natur aus mehr dazu, sich dem absorbierenden „Nichts" des Bewusstseins statt dem fluktuierenden „Alles" des Lebens zu nähern, obwohl ein wirklich guter Mann beides annehmen kann.

Frauen ziehen das Etwas dem Nichts vor. Sie bevorzugen ein Regal voller Krempel – getrocknete Blumen, Sammlerstücke, Fotos, Muscheln – im Vergleich zu einem leeren Regal. Sie wollen eher von sexueller Liebe erfüllt sein als vom Verlangen befreit werden. Ist eine Frau gestresst, ist es wahrscheinlicher, dass sie sich irgendwie „füllt" – mit Schokolade, Eis oder Gesprächen –, anstatt sich ins Fernsehen oder in die postorgasmische Erschöpfung hineinfallen zu lassen. Frauen versuchen, den leeren Raum in ihren Kleiderschränken und ihren Herzen zu füllen, denn sie tendieren von Natur aus eher dazu, sich dem „Alles" des Lebens statt dem „Nichts" des Bewusstseins zu nähern.

Auf eine Frau wirkt die sexuelle Sinnlichkeit deshalb besonders attraktiv – nicht nur der sexuelle Akt an sich, sondern auch die Fülle der gesamten Situation: Kerzenlicht, Musik, Düfte, Berühren, Schmecken, gemeinsam genießerisch im Wasser schwelgen, die Lippen schmiegen sich aneinander, heißer Atem auf feuchtem Hals. Ein Rosenblüte, die vom Busen zur Hüfte hinab langsam über den Körper bewegt wird.

Die meisten Frauen haben keinerlei Probleme, mit den Sinnesfreuden zu verschmelzen. Vielen Männern fällt das schwer. Aus diesem Grund brauchen Männer oft übertriebene sinnliche Erfahrungen – eine unmittelbare Stimulation des Penis oder zehn nackte Frauen, die sich bei einer Sexshow zur Hand gehen –, um den Zustand zu erreichen, dem sich Frauen über subtilere, breiter gefächerte Verführungen nähern. Frauen sind in ihren Sinnen zu Hause, während Männer oft verführt oder verzaubert werden müssen, um sich daran zu erinnern, dass sie einen Körper besitzen – und dann lassen sie ihn so schnell wie möglich los und driften in den Schlaf ab, nachdem sie eilig den sexuellen Akt vollzogen haben.

Daher gestaltet sich der Weg zur sexuellen Tiefe für Männer und Frauen sehr unterschiedlich. Männer müssen zuerst lernen, in ihren Körper zu gelangen, dann ihre Partnerin tief zu spüren und schließlich voll präsent und bewusst zu bleiben, während sie extreme Lust genießen, um sich danach mit ihrer Liebespartnerin in die Offenheit aufzulösen. Frauen müssen lernen, die Lust tief in ihrem Körper zu empfangen und ihr Herz in Liebe zu öffnen, was aber für die meisten Frauen recht einfach ist. Sie genießen Streicheleinheiten, Aromen,

Düfte und prickelnde Erregung. Sie wollen mit ihrem Partner tiefe Liebe austauschen. Das Problem für die meisten Frauen besteht darin, dass sie das Ganze zu persönlich nehmen.

Wenn sich sexuelle Liebe ausdehnt, bezieht sie zwar die persönliche Beziehung mit ein, geht aber weit darüber hinaus. Die besondere Art und Weise, wie dich dein Geliebter ansieht, sein Geruch, all die Höhen und Tiefen, die ihr mit euren Kindern, eurem Haus und eurer Gesundheit durchlebt habt – diese Erfahrungen miteinander zu teilen, bereichert und belohnt die persönliche Liebe. Sie haben jedoch nichts mit der Liebe zu tun, die dein Herz jenseits des Leidens öffnen wird.

Wahrscheinlich habt ihr viele Momente der erfüllenden persönlichen Liebe genossen. Dein Mann überrascht dich mit einem besonderen Geschenk. Oder er vernascht dich in einem Ferienhaus in den Tropen. Vielleicht stellt er seine eigenen Angelegenheiten und Bedürfnisse zurück, um dich gesund zu pflegen, weil er dich liebt. In vielerlei Weise zeigt er dir immer wieder und Jahr um Jahr, dass er sich dir hingibt und sich der gesamten Familie wahrhaft verpflichtet fühlt.

Dann trifft er eine andere Frau und verlässt dich. Oder er ist immer noch bei dir, aber es fühlt sich so an, als würde etwas fehlen. Du kannst dich nicht beklagen, denn du weißt, dass er dich liebt. Aber du beginnst, nach einer tieferen Bedeutung und größeren Erfüllung zu suchen.

Früher oder später, wie erfüllend dein persönliches Leben auch sein mag, sehnst du dich nach etwas mehr, nach etwas Tieferem, etwas, das dein Herz auf eine Weise erfüllt, die das jetzige Leben nicht leisten kann. Es spielt keine Rolle, wie gut deine Beziehung ist oder wie viel Geld du hast. Wir alle kennen reiche Filmstars oder enge Freunde mit „idealen" Beziehungen, die schließlich unter Depressionen leiden oder geschieden werden. Wir alle wissen – oder werden wissen –, wie es ist, alles zu haben, was wir wollen, und uns immer noch unerfüllt zu fühlen, unvollkommen und voller Sehnsucht.

Egal wie sehr dich dein Mann liebt, egal wie oft er es dir besorgt oder dich in Rosenblütenblätter hüllt – an einem bestimmten Punkt wirst du erkennen, dass das nicht ausreicht. Du sehnst dich nach einer noch tieferen Art von Liebe. Vielleicht empfindest du sogar Schuldgefühle, weil du diese Sehnsucht hast.

Männer und Frauen verspüren beide diesen Wunsch nach mehr als dem, was sie im Leben bekommen. Männer wollen mehr Erlösung, mehr Freiheit und mehr Entlastung von ihren Bürden. Frauen wollen mehr Erfüllung, mehr Liebe und eine tiefere Freude im Körper und im Herzen. Auch wenn sie auf unterschiedlichen Wegen auf der Suche sind, so streben Männer und Frauen doch nach der gleichen nackten Intensität der vollkommenen Glückseligkeit, die ihre eigene wahre Natur darstellt. Sie wollen die absolute Fülle des Lebens genießen, durchdrungen von der absoluten Offenheit des Bewusstseins. In jedem Augenblick bist du zutiefst und ohne Anstrengung in der Lage, zu sein, wer du bist: Die Erfüllung ist perfekt, die Liebe ist vollkommen und die Freiheit ist grenzenlos.

Großartiger Sex ist ein Gebiet, auf dem die meisten Menschen bis zu einem gewissen Grad Glückseligkeit kosten. Du kannst sie jederzeit schmecken – in der Meditation, beim Tanz, Gebet, Sport, Picknick, bei der Geburt, beim Sterben – immer wenn du bereit bist, vollkommen präsent zu sein, alles Festhalten an dir selbst zu lösen, während du dich als unbegrenztes Gefühl offen hingibst.

Wenn du wie die meisten Frauen bist, dann ist eure sexuelle Begegnung von persönlichen Sorgen geprägt: „Gefalle ich ihm so, wie ich aussehe? Rieche ich gut? Empfindet er Distanz, weil er mich nicht liebt oder weil ich keine gute Geliebte bin?" Auch wenn diese Sorgen real sind – jede Frau und jeder Mann verspürt sie –, sollte man durch sie praktizieren, anstatt ihnen nachzugeben.

Dein Mann entführt dich an ein geheimen romantischen Ort mit einem antiken Bett und einem prasselnden Kaminfeuer, knöpft deine Bluse mit den Zähnen auf und reibt dich von Kopf bis Fuß mit warmem Öl ein, bevor er dich zu einer riesigen Badewanne führt, die mit duftendem Wasser gefüllt ist, umgeben von Blüten und Kerzen. Ein paar Wochen später vergisst er deinen Geburtstag und geht stattdessen mit seinen Freunden aus. Die eine Situation vermittelt dir das Gefühl, geliebt zu werden, in der anderen Situation fühlst du dich ungeliebt. Keine Situation hat irgendetwas mit der tieferen Liebe zu tun, nach der sich jeder sehnt.

Beide Situationen sind Ausgangspunkte für die Praxis der Liebe. Kannst du inmitten von Blumen und Romantik dein Herz so weit öffnen, dass die persönlichen Aspekte deiner Beziehung im Strahlen deiner Liebe verzehrt werden? Willst du das überhaupt? Oder würdest du lieber in der Sinnlichkeit des Bades und der Zuneigung deines Mannes schwelgen, und es wäre dir egal, dich noch weiter in Liebe zu öffnen (so wie es dein Mann vorziehen könnte, in deiner Vagina zu schwelgen, ohne daran interessiert zu sein, sich noch tiefer in Liebe zu verbinden)?

Kannst du dich inmitten des Gefühls, von deinem Mann verlassen und zurückgewiesen zu werden, öffnen und die Liebe sein, die du tief in deinem Herzen bist? Oder benimmst du dich wie ein kleines Mädchen, schmollst, bist wütend und wartest darauf, deinen Mann mit deiner schlechten Laune zu bestrafen, wenn er von seinem Ausflug zurückkehrt? Die wahre Praxis der Liebe geht über Befriedigung und Unzufriedenheit hinaus. Die Lust kann genauso einschränkend wirken wie der Schmerz, wenn du dich entscheidest, im Sumpf deiner Sinne zu schwelgen, ohne zugleich dein Herz über das Hemmnis deiner persönlichen Bedürfnisse hinaus zu öffnen.

Der Fülle, die du als Frau suchst, kannst du dich nur nähern, wenn du deinen Körper mit Süßigkeiten, Kindern und einem guten Mann erfüllst. Wenn du dich also nicht darin übst, dich unmittelbar als Liebe zu öffnen, dann wirst du die Süßigkeiten, Kinder und deinen Mann dazu zwingen, dir etwas zu geben, das sie dir nicht geben können. Sogar Shopping kann deine Herzensleere nicht erfüllen – zumindest nicht für lange Zeit!

Unterwirf dich nicht einfach nur der Liebe deines Mannes oder der Liebe deiner Kinder oder der Liebe, die du empfindest, wenn du dein Lieblingsessen verspeist, auch wenn diese wundervollen Erlebnisse nicht zu verachten sind. Um die wahre und lang anhaltende Erfüllung zu finden, ergib dich der ewigen Liebe, während die anderen Dinge nur Annäherungen an diese Liebe darstellen und kommen und gehen.

Egal wie verletzt sich dein Herz anfühlt, öffne dich und gib dich hin. Egal wie sehr du dich von deinem Mann verehrt fühlst, öffne dich und gib dich hin. Öffne dein Herz, entspanne deinen Körper, atme bis hinunter in die Zehen. Spüre die Lebenskraft, wie sie durch deinen Körper strömt und deine Knoten und deine Verschlossenheit öffnet.

Erlaube dir, dich sexuell so hinzugeben, dass du dich in deinen tiefsten Teilen – und zwar körperlich und emotional – „gefickt" fühlst. Lass zu, dass dein Herz von einer Liebeskraft verzückt wird, die viel größer ist als der Penis deines Mannes oder die Einzelheiten deiner Beziehung. Wenn ihr, du und dein Mann, beim Sex zugleich völlig loslasst – während er mit Bewusstsein in dich eindringt und du deinen Körper öffnest, um wild mit der Liebesenergie zu fließen –, dann ist die wahre Vereinigung zwischen euch beiden vollzogen. Leere und Fülle verschmelzen als Liebe, als das offene Strahlen des Seins. Es gibt keinerlei Bedürfnisse, die übrig bleiben und Leid entstehen lassen.

Und wenn die Sehnsucht zurückkehrt, ob im Alltag oder beim Sex, dann würdige das. Genieße es, denn es erinnert dich daran, tiefere Entspannung zu praktizieren, tiefere Offenheit und tiefere Hingabe. Übe dich immer und immer wieder darin, durch Lust und Schmerz hindurch als lichterfüllte Liebe zu leben, Liebe auszustrahlen, Liebe zu atmen – bis das romantisches Liebesabenteuer und die Zurückweisung nur noch der Schmuck sind, den du je nach Stimmungslage trägst.

7
Öffne deinen Herzpanzer

Gestern habe ich einen Fehler gemacht, etwas Dummes gesagt und sie damit emotional verletzt. Ich habe mich entschuldigt und versucht, mit ihr zu reden, aber es hat keinen Unterschied gemacht. Jetzt liegen wir miteinander im selben Bett und sie versteckt sich hinter einer kalten Schutzschale. Ihr Körper ist bewegungslos. Ihr Gesicht ist eingefroren, gezeichnet von Anspannung, Wut und Kränkung.

Ich liebe sie – und daher berühre ich sanft mit meiner Hand ihre Schulter. Keine Reaktion. Ich beginne, ihre Schulter und ihren Arm leicht zu massieren und gebe ihr so viel Liebe, wie ich kann. Sie beginnt, sich zu entspannen und tiefer zu atmen. Ich fasse sie weiter an, liebkose sie, spüre ihre Emotionen und ihre Reaktionen. Nach einer langen Weile streckt sie sich schließlich nach mir aus und zieht mich näher zu sich heran.

Ich überrasche sie, rolle mich auf sie und halte sie unter mir nieder. Ich bin total entspannt. Mein Bauch drückt sich weich gegen ihren Bauch. Mein Atem ist offen und voll. Ich schaue ihr in die Augen, gebe ihr Liebe über meine Augen, meinen Bauch und meinen Atem.

Einen Augenblick lang macht sie noch mal zu, so als ob mein Handeln den Rest ihrer Widerstandslaune verletzt hätte. Aber ich erzwinge nichts. Ich verweile einfach weiter als Liebe. Presse Liebe in sie hinein, langsam, sanft, wie eine unverminderte Wärme, die ihre Haut durchdringt und schließlich ihr Herz erreicht.

Sie beginnt, sich mehr zu öffnen. Ihre Brust und ihr Bauch entspannen sich. Ich sinke tiefer in sie hinein. Ihre Anspannung lässt nach und ihr laufen die Tränen über die Wangen. Sie hält mich fest und drückt mich an sich. Über mein Herz spüre ich in sie hinein, so als wäre es ein Sonargerät, mit dem ich die Tiefen des Ozeans ihres Seins abtaste. Mein und ihr Atem werden eins.

Ihre Offenheit ist so einladend, so rein und attraktiv. Ich füge mich noch tiefer in sie hinein. Jetzt kann ich eine subtile Spannung um mein Herz herum spüren. Es ist die Anspannung der Verantwortlichkeit. Ich versuche immer noch, ihr zu dienen, anstatt einfach in Liebe mit ihr vereint zu sein. Daher höre ich mit dem Versuch auf, die Situation zwischen ihr und mir „einzurenken", weil ich erkenne, dass sogar diese scheinbar wohlgemeinte Absicht ein Hindernis für unser ungehindertes Lieben ist.

Ihr Herz ist jetzt vollkommen ungeschützt, und nun muss sich mein Herz überhaupt nicht mehr anstrengen. Es gibt kein Ich, das helfen muss, und sie muss auch nicht gerettet werden. Unsere Herzen sind ungeschützt, alle Anstrengungen lösen sich auf, und wir verschwinden in der Liebe, die alles auslöscht.

Lerne, mit einem vollkommen ungeschützten und verletzlichen Herzen Sex zu haben. Anfangs mag das Herz verschlossen sein. Daher kannst du die sexuelle Praxis als Mittel einsetzen, um das Herz zu öffnen und den Panzer abzulegen.

Es gibt zwei Arten, auf die sich ein Herz verschließen kann. Die eine ist ein langfristiges Verschließen. Wenn du und dein Partner jahrelang mit einem verschlossenen und geschützten Herzen gelebt haben, kann es viele Monate der Übung erfordern, um die Angst und Anspannung aufzulösen, die in deinem Körper gespeichert wurden.

Die andere Form des Verschließens offenbart sich als kurzfristiger akuter Widerstand. Es passiert etwas – dein Partner verletzt dich beispielsweise – und du machst dicht. Du willst nicht mehr verletzt werden. Du bist nicht in der Stimmung, Liebe zu geben. Also legt sich dein Herz einen Panzer zu, der dich schützt, und du hältst deine Liebe zurück, um wiederum deinen Partner zu verletzen.

Beide Formen des Verschließens, die langfristige und die kurzfristige, können beim Sex aufgelöst werden. Mit Sex kannst du das gefrorene Herz tatsächlich enteisen. Setze dabei die sexuelle Hitze ein, um den starren Schutz der Angst zu schmelzen. Nutze die sexuelle Liebe, um deinen Partner einzuladen, seine distanzierte Haltung aufzugeben. Verwende den Humor der Sexualität, um Gelächter in jede verwundete Pore strömen zu lassen.

Bei diesem Prozess können sämtliche Formen von Emotionen freigesetzt werden. Wenn das Herz ungeschützt ist, zeigt sich der Stress, der als Barrikade eingesetzt wurde, in emotionalen Ausdrucksweisen wie Wut, Gelächter, Tränen, Babygebrabbel, Schlagen oder echtem Hass. Genauso sollte es sein. Triff die Vorkehrungen, die du benötigst, um in dieser Situation körperliche Sicherheit zu gewährleisten, aber gehe davon aus, dass lange unterdrückte Emotionen abdampfen, während der Schutzschild dahinschmilzt. Selbst wenn ihr beide bis auf den Kern emotional verletzt seid, müsst ihr schließlich lernen, euch dieser Praxis zu beugen, bei der ihr liebevoll den Herzpanzer abnehmt.

Die Alternative besteht darin, dich weiter zu schützen, indem du dich verschließt und dich von deinem Partner distanzierst. Manchmal ist das eine notwendige Geste. Du bist vielleicht noch nicht bereit, dich zu öffnen. Vielleicht hast du das Gefühl, dich zu verlieren, wenn du dich deinem Partner öffnest. Und das trifft ja durchaus zu. Wenn du praktizierst, wirst du dich verlieren. In die Liebe hinein. In die rohe, zerklüftete Liebe hinein.

Wenn du in diesem Moment ein schwacher Liebhaber bist, dann wirst du dich in den Bedürfnissen deiner Partnerin oder deines Partners verlieren. Wenn du in diesem Augenblick ein mittelmäßiger Liebhaber bist, dann wirst du dich schützen und an dir festhalten, du wirst dich weder der Verletzung noch der Liebe jemals vollkommen öffnen. Du kannst jedoch auch als erlesener Liebhaber wachsen, indem du dich darin übst, dich vollkommen hinzugeben und grenzenlos zu öffnen, unter welchem Schmerz du auch immer leidest, der deinem offenen Herzen widerfahren ist. Dieses Durchhaltevermögen in der Offenheit kann von anderen wahrgenommen werden – auch von deiner Liebhaberin bzw. deinem Liebhaber. Durch deine Praxis der Offenheit demonstrierst du ein Beispiel der bloßen Kraft der Liebe.

Du könntest von der Unliebe deines Partners gequält werden. Du könntest vor lauter Schmerz schluchzen, während dein Partner fortfährt, mit Worten der Unliebe auf dein Herz einzustechen. Aber wenn du offen bleibst, bereit bist, in der Offenheit der Liebe zu leiden, dann kann dein Partner deine Kraft spüren. Weil Liebe unzerstörbar ist, brauchst du dich nicht zu schützen. Dein fühlendes Herz mag verletzt werden, und zwar auf grässliche Weise, aber die profunde Tiefe der Liebe wird immer fortbestehen. Sämtliche Verletzungen verzehren sich letztendlich in der Liebe.

Im Laufe der Zeit transformiert diese Demonstration von Liebe die Muster deiner Intimität. Tatsächlich ist es so, dass sich eine solche Demonstration ausweitet und die Welt zu transformieren beginnt.

Ein ungeschütztes Herz kann zwar verletzt, nicht aber zerstört werden. Es ist das „Du" des Schutzes, das zerstört wird, so wie es früher oder später geschehen muss. Schließlich musst du das ganze Festhalten an diesem Schutzschild aufgeben, selbst wenn es erst im Augenblick des körperlichen Todes ist.

Aber wenn du jetzt loslässt und dein Herz zutiefst und regelmäßig von deinem Panzer befreist, dann wird dein Leben zu einer fortwährenden Kraft von Liebe und Segen. Die sexuelle Begegnung ist ein kraftvoller Schauplatz, an dem man üben kann, den Schutzpanzer des eigenen Herzens und des Herzens des Partners zu öffnen.

Löse dich voll und ganz vom Schutzpanzer deines Herzens, selbst wenn du das nicht willst – und ganz besonders dann. Übe dich weiter darin, viele kurze Augenblicke der vollkommenen Hingabe zu erleben. Schließlich ist es so, dass sich die Gewohnheit des Selbstschutzes abnutzt. Mutig zeigst du der Welt dein Herz, das mit großer Helligkeit leuchtet und eine ständige Bereitschaft demonstriert, den blinden Hass der anderen zu erleiden, ohne sich zu verschließen.

Die Liebe bleibt bestehen. Aber das erfordert Übung.

Für ihn

Das nachfolgend Gesagte klingt nicht gerade freundlich und ist politisch sicherlich nicht korrekt. Aber es scheint offensichtlich: Die meisten Männer geben ihrer „Bestimmung" oder ihrer „Aufgabe" den Vorzug vor der Intimität. Die bestimmende Zielsetzung manche Männer ist finanzieller Natur: Zuerst kommt die Arbeit, die Liebe steht an zweiter Stelle. Manche Männer betätigten sich künstlerisch: Zuerst kommt die Malerei, dann die Beziehung. Manche Männer verfolgen eine politische Aufgabe: Zuerst kämpfen sie für das Land und an zweiter Stelle verbringen sie Zeit mit der Familie. Die Aufgabe mancher Männer ist spiritueller Natur: Erst meditieren, dann lieben.

Weil sich das Männliche an der Freiheit des Bewusstseins orientiert (anstatt am Fluss der Liebe), zieht es die Aufgabe der Beziehung vor. Die „Aufgabe" oder „Bestimmung" stellt in diesem Sinne das dar, was auch immer ein Mann (oder eine Frau) als Lebenssinn empfindet, als Mittelpunkt oder Leitprinzip ihres Lebens. Es spielt überhaupt keine Rolle, was ein Mann behauptet, denn seine Aufgabe enthüllt sich in dem, was er tut. Er könnte sagen, dass ihm seine Frau mehr als alles andere bedeutet, aber wenn er eine 70-Stunden-Woche absolviert und sich die meiste restliche Zeit von der Arbeit erholt, dann weißt du, wo seine Priorität liegt. Du kennst die führende Kraft in seinem Leben. Du kennst seine Aufgabe und Bestimmung: die Arbeit und die Art von Freiheit, die ihm die Arbeit gibt – welche auch immer das sein mag: finanzielle, künstlerische, politische, spirituelle usw.

Das Männliche sucht die Freiheit, indem es eine Mission erfüllt. Letztendlich ist diese die glückselige Freiheit des offenen Bewusstseins, aber die meisten Männer nähern sich diesem Freiheitssinn nur über dicke Bankkonten oder ein komplett verglastes Eckbüro. Wenn du ein Mann mit einer maskulinen Essenz bist, dann verkörpert die Freiheit – die sich in der Hingabe an deinen Lebenssinn ausdrückt – dein eigentliches Interesse. Deine Intimbeziehung ist zweitrangig.

Deine Frau mag die wichtigste Person in deinem Leben sein. Du liebst sie vielleicht wirklich. Aber wenn du dich deinem tiefsten Lebenszweck verweigerst, indem du Zeit mit ihr verbringst, dann wird deine Verbitterung und nicht deine Liebe wachsen.

Männer kaufen nicht so viele „Beziehungsratgeber" wie Frauen, weil Beziehungen für Männer nicht so wichtig sind. Oder man könnte besser sagen, dass sich Männer mehr für etwas anderes interessieren. Nämlich für Freiheit.

Wahrscheinlich hast du eine oder mehrere intime Beziehungen in deinem Leben gehabt. Wahrscheinlich hast du es schon erlebt, dass eine Frau dein Herz in Stücke gerissen hat. Du hast wahrscheinlich auch schon so empfunden, als wenn deine Frau ein Engel, eine Heilige oder unvergleichliche Geliebte wäre. Sie hat dir wahrscheinlich mehr Liebe gegeben, als du je für möglich gehalten hättest, und du hast vermutlich das Gefühl gehabt, dass du alles für sie geben würdest, wenn nötig sogar dein Leben.

Aber wenn deine Frau eine Videoaufnahme von dem sehen könnte, was den ganzen Tag in deinem Kopf abläuft, dann wäre sie wahrscheinlich verblüfft. Egal wie sehr du deine Frau liebst, deine Aufmerksamkeit gilt zumeist deiner Arbeit, deiner Kunst, deiner Mission, deiner Suche, deinem Geld – und nicht zu vergessen den Momenten im Tagesablauf, in denen du durch andere Frauen abgelenkt wirst.

Daraus lässt sich schlussfolgern: Die meisten Männer haben keine Motivation, ihre Intimität oder ihre sexuellen Fähigkeiten zu verbessern, bis sie erkannt haben, dass sie damit auch ihren wahren Lebenssinn voranbringen. Deine Fähigkeit, deine Frau zu „ficken", ist zugleich dein Vermögen, die Welt zu „ficken". Wenn du in deine Frau trotz ihrer Widerstände voller Liebe eindringen kannst, wenn du ihr Herz freudig erblühen lassen kannst, dann kannst du ihr Tiefe vermitteln, falls sie oberflächlich ist. Du kannst ihr Leben ausrichten, falls sie sich verloren fühlt, sie mit Humor aufmuntern, falls sie düsterer Stimmung ist – wenn du lernen kannst, deiner Frau deine tiefsten Gaben zu schenken, dann lernst du dadurch auch, der Welt deine tiefsten Gaben zu schenken.

Doch woher weißt du, welche deine tiefsten Gaben sind? Du findest deine tiefsten Gaben in Zeiten der Einsamkeit und durch die Bewältigung von Herausforderungen. Du entdeckst die Vision, um dein Leben selbst in die Hand zu nehmen, wenn du Zeit alleine verbringst, meditierst, im Wald spazieren gehst, im Flugzeug sitzt oder zur Arbeit fährst. Inmitten von Notsituationen und Meisterschaft erkennst du, aus welchem Holz du geschnitzt bist, wenn du wilde Gewässer bezwingst, ein Unternehmen aufbaust, einen Roman schreibst, eine Familie gründest. In der Einsamkeit und bei Herausforderungen entdeckst du deine Tiefe und kultivierst deine Gaben.

Aber es gibt nur sehr wenige Dinge, die einen Mann stärker auf den Prüfstand stellen als eine intime Beziehung. Es gibt zahlreiche hervorragende Geschäftsleute, risikofreudige Investoren und lebenslang Meditierende, die angesichts einer wütenden und fordernden Frau in sich zusammenfallen. Die meisten Männer würden es vorziehen, eine neue Arbeitstechnik zu lernen, statt ihre sexuellen Fähigkeiten im Bett zu verbessern – sie verbringen sicherlich mehr Zeit mit diesen Dingen. Die emotionale und sexuelle Tiefe ist im Leben der meisten Männer das schwächste Glied. Daher nutzen die meisten Männer ihre natürliche Vorliebe für Projekte als Ausrede, um in ihrer Intimbeziehung nicht weiter wachsen zu müssen – der Tag hat nur eine bestimmte Anzahl von Stunden, und manche Sachen haben eben Priorität.

Früher oder später wird jedoch jeder Mann unzufrieden. Den meisten Männern ist es sogar egal, ob sie ihre wahre Berufung entdecken. Sie verbringen ihr Leben völlig mechanisch und hoffen darauf, dass sich die Dinge eines Tages ändern. Wenn sie älter werden, geben sie sogar die Hoffnung darauf auf. Sie sind mit dem zufrieden, was sie haben. Sie lernen, mit dem zu leben, was sie erreicht haben, und rechtfertigen ihre Entscheidungen auf die eine oder andere Weise: „Zumindest geht es mir besser als soundso. Meine Güte, ich hatte schon ein ziemlich gutes Leben. Tatsächlich habe ich doch einen ansehnlichen Beitrag in der Welt geleistet." Währenddessen spüren sie zutiefst, dass es noch einige unerledigte Dinge gibt, so als ob das Leben an ihnen vorübergezogen wäre und sie nicht richtig wussten, was sie eigentlich machen sollten.

Niemand gibt dir eine schnellere Rückmeldung bezüglich deiner Mittelmäßigkeit als deine Frau. Letztendlich will sie deine Freiheit bei vollstem Bewusstsein spüren. Aber in der Zwischenzeit, während ihr euch beide immer noch mit weniger als eurem vollen Potenzial zufriedengebt, wird sie sich mit dem abfinden, was der wahren Freiheit am nächsten kommt: Geld, ein schönes Haus, Besuche in guten Restaurants, wunderschöner Schmuck, zauberhafte Urlaube. Wenn materielle Freiheit nicht ausreicht, wird sie nach emotionaler Freiheit verlangen. „Warum denkst du immer an die Arbeit? Warum verbringst du nicht mehr Zeit mit mir? Hörst du mir überhaupt zu? Ich habe nicht das Gefühl, dass du mich noch so liebst wie früher."

Weil du dich an deiner Mission oder Lebensaufgabe orientierst, frustriert es dich, wenn sich deine Frau beschwert. Du weißt, dass sie recht hat, aber du willst diesbezüglich nicht wirklich etwas unternehmen. Du möchtest deine Liebe zu ihr tatsächlich vertiefen, aber du verbringst lieber Zeit damit, Geld zu verdienen, dein Unternehmen aufzubauen, deiner Kunst nachzugehen, deine spirituellen Praktiken zu verfolgen oder, wenn du dich ausruhen willst, zu lesen oder fernzusehen. Es ist schwierig, deine Liebe zu ihr zu vertiefen. Warum solltest du an der Oberfläche Wellen schlagen, solange du genug Sex kriegst und die Dinge recht angenehm laufen? Unten am Boden hat sich allerdings jede Menge Schlamm abgesetzt, und es sieht so aus, aus würde es lange dauern, ihn zu beseitigen.

Wenn du schließlich lange genug gelebt hast, um zu erkennen, dass du nie vollkommen von dem erfüllt wirst, was du im Leben tust oder hast, dann gestaltet sich dein Lebenszweck unmittelbarer: Wie kann ich jeden Augenblick so leben, dass ich vollkommen frei und ungezwungen bin, in Verbindung mit meiner tiefsten Seele stehe und meine tiefsten Gaben zum Ausdruck bringe? Wie kann ich entdecken, wer ich wirklich bin, und auf der Grundlage dieses Wissens furchtlos leben? Was ist der Sinn meines Lebens, und wie lebe ich es? Was ist der Tod, und wie kann ich mich darauf vorbereiten?

Es ist extrem wertvoll, die Antworten auf diese Fragen inmitten einer Intimbeziehung zu erforschen. Du wirst mit deinen Schwachstellen konfrontiert und kannst genau dort deine tiefsten Wahrheiten finden – auf dem Gebiet, das die meisten Männer so einfach vermeiden können, nämlich den Sumpf von Sex und Emotionen. Du kannst lernen, mit deinen stärksten sexuellen Begierden zu arbeiten – ob nun absonderlich oder gewöhnlich – genauso wie mit deinen stärksten emotionalen Ängsten und dabei entdecken, dass jede Situation geeignet ist, um zu wachsen. Anstatt dich mit den Herausforderungen zufriedenzugeben, die finanzieller Erfolg, Sport oder die Rettung der Welt mit sich bringen, wendest du dich auch deinen am meisten gefürchteten Feinden zu: deinen Ängsten, emotional bloßgestellt zu werden und sexuell zu versagen, und den Verletzungen, die dir deine Frau zufügt, weil sie deine verborgenen Schwächen und geheimen Selbstzweifel kennt.

Mehr als nur ein Mann hat ein armseliges Intimleben geführt, während er die Geschichte aufgrund seiner großartigen gesellschaftlichen Taten verändert hat. Gewöhnlich ist es so, dass man in der Öffentlichkeit hervorragt, während man andererseits emotional und sexuell zurückbleibt. Mit genügend Praxis kannst du jedoch deine Schwächen stärken und deine Gaben aus einer Quelle der tiefen Liebe, furchtlosen Offenheit und tiefgründigen sexuellen Vitalität heraus schenken. Die Bedürfnisse deiner Frau, ob sie nun ausgesprochen oder angedeutet werden, können als Herausforderungen angenommen werden, um zu wachsen. Sie kennt deine wunden Punkte, die du vielleicht vor anderen verbirgst. Sie kennt deine wahren Gründe, weshalb du in der Welt das tust, was du tust, und damit stehst du nicht immer so gut da.

Sie mag deine Verbündete oder deine Erzfeindin sein. Wenn sie eine gute Frau ist, dann wird sie sich auf deinen Mist nicht einlassen. Du kannst sie nicht lange mit leeren Versprechungen und überflüssigen Errungenschaften hinters Licht führen. Sie will sowohl Tiefe als auch Erfolg, einen Herzenskrieger genauso wie einen guten Ehemann. Sie will dein tiefes Wesen und dein wahre Präsenz – was genau das ist, das du der Welt schenken musst, wenn du dich im Moment des Todes vollständig fühlen willst.

Deinen Schutzschild komplett fallen zu lassen – auch sexuell und emotional – bedeutet, dass du deiner Frau und der Welt deine tiefste Wahrheit und tiefste Liebe schenken möchtest. Zweifellos werden dir beide dabei wehtun. Sie werden dich prüfen und herausfordern. Männer auf einer niederen Stufe werden sich an einem bestimmten Punkt einfach vollständig zurückziehen und nur so viel von sich gegeben haben. Wenn sie sterben, werden sie sich unvollständig fühlen. Ein höher stehender Mann zieht sich nicht zurück.

Fehlschläge und Erfolge tauchen zyklisch auf, und jeder erfahrene Künstler, Geschäftsmann, spirituell Praktizierender oder Liebhaber weiß das. Hinter diesen Zyklen steht deine wahre, unveränderliche Seinstiefe. Übe dich immer wieder darin, dich in dein tiefes Sein und als dein tiefes Sein zu entspannen. Wenn sich deine Frau dir sexuell verweigert, dann entspanne dich als dein tiefes Sein. Wenn du kurz vor der Ejakulation stehst, entspanne dich als dein tiefes Sein. Wenn deine wunderbare Kollegin vorschlägt, mit ihr etwas trinken zu gehen, dann entspanne dich als dein tiefes Sein.

Übe immer, dich als dein tiefes Sein zu entspannen, ungeachtet deiner Situation. Übe, deinen Körper zu entspannen, damit du tief aus dem Bauch heraus anstatt aus dem oberen Brustbereich atmen kannst. Übe dich darin, deinen Geist zu entspannen, damit du spontan aus dem Bauch heraus handeln kannst. Übe, deine Aufmerksamkeit als die Offenheit des Raums zu entspannen, und sei dir der Geräusche überall um dich herum bewusst, der Bewegungen eines jeden im Raum sowie der subtilen Energieveränderungen in deinem Körper. Befreie dein Herz beim Sex immer und immer wieder von seinem Schutzschild, sodass sich deiner Frau dein tiefstes Wesen voll zeigt – und so kannst du die Liebe deiner Frau tief in deinem Herzen empfangen. Lerne, als diese Freiheit der Offenheit immer noch tiefer und nachhaltiger zu leben, und du wirst vollständig leben und sterben.

Für sie

Leider sind die meisten Männer sexuelle Dummköpfe. Die Krönung der sexuellen Kompetenz im Kopf vieler Männer ist die Tatsache, dass es möglich ist, einer Frau durch Oralsex multiple Orgasmen zu verschaffen.

An multiplen Orgasmen oder Oralsex ist nichts auszusetzen. Aber für die meisten Frauen ist Sex zusätzlich zur körperlichen Lust ein Tor zu tiefer emotionaler Erfüllung und spiritueller Hingabe – und die meisten Männer wissen einfach nicht, wie sie dieses Tor vollständig öffnen sollen.

Die Art, wie ein Mensch tanzt, sagt viel darüber aus, welche Figur er im Bett macht. Die Leichtigkeit, mit der er seine Hüften bewegt, seine Fähigkeit, musikalische Rhythmen von Kopf bis Fuß auszudrücken, seine Verbundenheit oder Unaufmerksamkeit gegenüber dem Tanzpartner, all das enthüllt Aspekte der sexuellen Fähigkeiten.

Eine Frau, die mit einem Mann verheiratet ist, der nicht tanzen kann, sehnt sich oft nach einem Partner, mit dem sie über die Tanzfläche gleiten könnte. Das enthüllt mehr als ihre Vorliebe fürs Tanzen – es zeigt zudem, was ihr im Bett fehlt. Wenn ein Mann gut tanzen kann, dann bedeutet das, dass er seinen Körper genießen, die Energie der Musik spüren und sich dem Rhythmus seiner Partnerin anpassen kann. Wenn er ein wirklich guter Tänzer ist, dann bedeutet das, dass er sie über das hinausbewegen kann, was sie alleine schaffen könnte. Die meisten Frauen werden von einem Mann angezogen, der sie zu neuen Orten führen kann – und zwar nicht nur auf dem Tanzboden, sondern auch im Bett und im ganzen Leben.

Es besteht jedenfalls ein großer Unterschied zwischen Energie und Bewusstsein: Ein Mann mag ein großartiger Tänzer sein und alle Bewegungen perfekt beherrschen – und trotzdem im Alltag keinen besonderen Tiefgang besitzen. Er ist also womöglich dazu in der Lage, Energie zu bewegen, ohne sich dessen besonders bewusst zu sein. Er kann dich daher an neue Orte der körperlichen Lust, aber nicht in größere spirituelle Tiefen und emotionale Fülle führen.

Je tiefer oder bewusster ein Mann ist, desto vertrauenswürdiger ist er. Du kannst spüren, dass er der Wahrheit verpflichtet ist. Du kannst dem vertrauen, was er sagt. Sein Leben ist von einem tiefen Sinn für seine Aufgabe ausgerichtet, auf den du zählen kannst. Und trotzdem kann er ein lausiger Tänzer sein.

Ein guter Tänzer kann in der Lage sein, dich physisch völlig aus der Fassung zu bringen und mitzureißen, aber im Alltag findest du ihn möglicherweise abstoßend. Es fehlt ihm vielleicht an einer Aufgabe, er flattert, ohne sich zu verpflichten, von einer Frau zur anderen, orientiert sein Leben am Spaß und missachtet die tägliche Kultivierung von Tiefe und Bedeutung. Und trotzdem ist es möglich, dass dich seine fließenden Bewegungen zur Lust verleiten.

Idealerweise verkörpert ein Mann Bewusstseinstiefe und körperliche Anmut zugleich. Er wird von seiner wahren Lebensaufgabe geleitet und ist auch in der Lage, sich spontan mit der Energie zu bewegen. Er ist ein Mann von Integrität und Stil. Aber wenn du dich entscheiden musst, dann ist ein tiefgründiger Mann langfristig ein besserer Intimpartner als ein oberflächlicher versierter Tänzer, der sich charmant und weltmännisch gebärdet.

Wenn du nun mit einem guten Mann zusammen bist, der nicht tanzen kann – und sich daher vermutlich im Bett ein wenig ungeschickt verhält –, dann verzweifle nicht. Er kann sich darin üben, mit dir im Bett oder auf der Tanzfläche zu „tanzen". Es ist viel wahrscheinlicher, dass ein tiefgründiger Mann ein besserer Tänzer wird, als dass ein oberflächlicher Mann Tiefe entwickelt. Aber selbst wenn dein Mann ein unbeholfener Liebhaber ist, kannst du dich weiter öffnen.

Lass zu, dass die Liebe deinen Körper betritt, ob dein Mann nun ein wahrer Könner ist oder nicht. Dies ist eine grundlegende Praxis. Du bist so veranlagt, dass du spirituell wächst, indem du die Kraft des Liebesbewusstseins in deinem Körper empfängst und dich ihr öffnest, und du benötigst dafür auch keinen Mann.

Du hast dich in deinem Leben wahrscheinlich hin und wieder einmal von einer Bewusstseinskraft „erfüllt" oder „betäubt" gefühlt. Vielleicht hattest du den Eindruck, von der Weisheit eines Lehrers oder Professors geleitet zu werden, fühltest dich genau genommen von seiner Intelligenz „gefickt". Vielleicht hast du auch wirklich eine erotische Intensität in seiner Nähe verspürt. Möglicherweise hattest du das Gefühl, von der Empathie eines Therapeuten geöffnet zu werden, oder bist durch sein Verständnis aufgeblüht. Selbst die richtungsweisende Kraft eines Pferdes zwischen deinen Beinen könnte mehr als nur eine sinnliche Empfindung bei dir hervorrufen. Frauen entwickeln oft sexuelle Gefühle in der Beziehung zu ihren Lehrern und Therapeuten und sogar gegenüber kraftvollen Tieren, die sie „führen" oder „nehmen", weil sie das Gefühl haben, durchdrungen, zum Erblühen gebracht, vom männlichen Bewusstsein oder der richtungsweisenden Kraft getragen zu werden.

Als Frau stellst du vielleicht fest, dass du in der Beziehung zur männlichen Kraft drei Stufen durchläufst. Als Erstes nimmst du diese Kraft als etwas wahr, das sich außerhalb von dir befindet, als etwas, das viel kraftvoller ist als du selbst. Du siehst einen anderen als deinen Retter an, ob es nun der Ehemann, Therapeut, Lehrer oder ein enger Freund ist. Du stellst möglicherweise fest, dass du von seiner Führung, Unterstützung und seinem Wissen abhängig bist, hast Angst, diese Dinge zu verlieren, und machst dir Sorgen, dass er dich wegen einer anderen Frau verlassen könnte, die er attraktiver findet. Du bemerkst womöglich auch, dass du das hilflose Opfer spielst, das sich nach ihm richtet, indem du entweder dankbar für seine Weisheit bist oder seinen Missbrauch tolerierst – oder beides.

Schließlich wächst du auf der zweiten Stufe, auf der du „zu dir selbst findest". Dort entdeckst du deine eigene männliche richtungsweisende Kraft und dein maskulines Bewusstsein. Vielleicht startest du eine neue Karriere oder verfolgst eine höhere Ausbildung. Du lernst, deine eigenen Entscheidungen zu treffen, und zwar unabhängig von einem Mann oder anderen äußeren Einflüssen. Du weigerst dich, Opfer zu sein – aber du vermisst möglicherweise auch die Lust, dich der liebenden Präsenz eines Mannes zu öffnen. Als Person wirst du vollständiger und unabhängiger. Jedoch kannst du als Nebeneffekt dessen, dass du dich selbst schützt, sexuell und emotional weniger Erfüllung verspüren.

Die dritte Stufe beginnt, wenn du weißt, dass du nicht mehr von einem Mann abhängig bist, dass du deine eigenen Entscheidungen treffen und ein selbstbestimmtes Leben führen kannst. Und dennoch bist du es leid, deinen Schutzschild weiter hochzuhalten. Du möchtest dich in deinem weiblichen Körper und deinen Emotionen entspannen. Du möchtest aufhören, dein Herz zu schützen. Du möchtest in der Glückseligkeit der völligen Hingabe dahinschwinden – spirituell, emotional und sexuell.

Auf dieser Stufe möchtest du die von dir entwickelten Freiheiten und Fähigkeiten aufrechterhalten, aber du sehnst dich auch danach, von einer massiven männlichen Liebe durchdrungen und geöffnet zu werden. Du willst verführt und mitgerissen werden – und zwar von einen vertrauenswürdigen Mann, sexuell und emotional, als Gemahlin, Gleichgestellte, Partnerin, und nicht als Opfer. Wenn du wächst, erkennst du vielleicht, dass du von männlicher Kraft verzückt werden und körperlich und emotional durch ein greifbares Eindringen von Liebe körperlich und emotional erblühen kannst, wobei es egal ist, ob du nun mit einem Mann zusammen bist oder nicht.

Wenn du weibliche Energie verspüren möchtest, dann gehst du hinaus in die Natur. Weibliche Energie ist die Kraft des Lebens. Im Ozean, im Wald, im Garten oder in deinem Badezimmer kannst du dich durch weibliche Energie verjüngen – also überall dort, wo du dich mit der ungezähmten Lebenskraft, mit sinnlicher Lust, belebendem Strahlen und körperlicher Entspannung verbindest. Andererseits vermittelt dir die männliche Kraft das Gefühl, dass man in dich eindringt, dich erblühen und dahinschwinden lässt. So erlebst du glückselige Hingabe – mit einem Therapeuten, Lehrer, Liebhaber, einem Pferd, einem geübten Tänzer, durch deine Karriere oder sogar durch die packende Präsenz deines Lieblingsschauspielers.

Auf der ersten Stufe suchst du diese männliche Kraft in einem Mann, von dem du abhängig sein könntest. Auf der zweiten Stufe versuchst du, dich selbst mit dieser männlichen Kraft zu versorgen. Auf der dritten Stufe bist du weder von anderen noch von dir selbst abhängig: Du übst, dich direkt zu öffnen und für die ständig präsente Kraft des göttlichen männlichen Bewusstseins selbst durchlässig zu sein.

Du kannst das praktizieren, während du meditierst, betest, tanzt oder sogar während du gerade einfach so dasitzt und liest. Entspanne deinen Körper so weit wie möglich. Entspanne deinen unteren Körperbereich, deine Füße, Waden, Oberschenkel, deinen Anus und deine Vagina. Entspanne deine Körpermitte, deinen Bauch und deine Brust. Entspanne dein Gesicht, insbesondere Augen, Zunge, Mund und Hals. Erinnere dich an eine Zeit, in der du ein lustvolles Eindringen männlicher Kraft erlebt hast, vielleicht als du mit einem Mann geschlafen hast, dem du zutiefst vertraut hast. Oder vielleicht wurdest du beim Masturbieren von männlicher Energie verführt, hast sie während der Körperarbeit oder Therapie genossen oder in den Armen eines großartigen Tanzpartners. Einige Frauen sind durch eine energetische Übertragung dahingeschmolzen, die in ihren Körper eindrang, während sie einem mächtigen Mann in die Augen geblickt haben. In jeder dieser Situationen hast du das Gefühl, von einer Bewusstseinskraft „gefickt" zu werden, die dich tiefer öffnet und dich in der Fülle anschwellen lässt.

Es mag sich wie eine Kraft anfühlen, die dich überkommt, deinen Hals erfüllt oder dein Herz öffnet, dich nach unten drückt und öffnet – immer wieder. Vielleicht spürst du auch, wie sie sich zwischen deinen Beinen bewegt, deinen Unterleib mit Wärme und Fülle flutet, während sich dein Körper in Wellen der Ekstase hingibt. Diese Bewusstseinskraft kann dich in vielerlei Weise durchdringen, die sämtlich dein Vertrauen, deine Entspannung und deine Fähigkeit, dein Herz zu öffnen und deinen Körper der Glückseligkeit zu ergeben, erfordern. Selbst wenn dein Mann gerade in seiner sexuellen Fähigkeit zu wachsen beginnt, kannst du dich immer noch darin üben, dich absichtlich zu öffnen und die männliche Kraft zu empfangen.

Wenn du dich dieser Kraft der Glückseligkeit öffnest, ist das anfangs nicht immer eine lustvolle Erfahrung. Falls du in der Vergangenheit sexuell missbraucht worden bist, wirst du dem männlichen sexuellen Eindringen natürlicherweise wenig Vertrauen entgegenbringen und Widerstand leisten – ob das durch einen Mann oder das göttliche Bewusstsein selbst erfolgt. Wenn dein Körper chronisch verspannt ist – vielleicht hast du dich zwei Jahre lang auf ein Businessprojekt konzentriert und dir ist nur sehr wenig Zeit für Tanzen, Sex oder Sport geblieben –, dann wirst du Schmerz empfinden, während die Kraft der Glückseligkeit eindringt und deine verspannten Punkte öffnet. Die männliche Kraft ist wie eine Tiefengewebsmassage. Sie tut weh, wenn du verschlossen bist, und verstärkt deine Ekstase, während du dich öffnest.

Männer, die sich gut mit der Energie bewegen können, aber keinen besonderen Tiefgang besitzen, wirken mehr wie eine sanfte sinnliche Massage. Sie vermitteln dir Lust, sind jedoch nicht in der Lage, deine körperlichen und emotionalen Orte zu öffnen, die noch verschlossen sind. Sie wollen eher Spaß haben, anstatt den Schmerz zu durchlaufen, sich gemeinsam mit dir zu öffnen.

Selbst wenn sich dein Mann in sexueller Hinsicht wie ein Klotz benimmt, ist er ein guter Partner, wenn er dazu bereit ist, dich durch deinen Schmerz hindurch zu begleiten und weiter zu praktizieren, um die Liebe auch in schwierigen Zeiten weiter zu vertiefen. Ein guter Sexualpartner ist vielleicht kein so guter Tänzer, wie du es bist, aber er ist bereit, zu lernen und voll präsent zu sein, während du übst, das glückselige Eindringen von Bewusstsein in deinen Körper zu empfangen. Du brauchst dafür keinen Mann. Du könntest es alleine schaffen. Aber ein vertrauenswürdiger Partner, der lernt, in der Liebe mit dir zu wachsen, kann es dir bedeutend einfacher machen.

Ob du nun alleine im Gras oder mit deinem Mann im Bett liegst und mit ihm schläfst, übe dich jeden Tag darin, es dir selbst zu gestatten, von der tiefsten, liebevollsten männlichen Energie „genommen" zu werden, die du dir vorstellen kannst. Als junges Mädchen hattest du Einhorn- und Pferdefantasien. Als Jugendliche hast du wahrscheinlich von dem tollen Sportler an deiner Schule oder dem rebellischen jungen Typen auf dem Motorrad geträumt. Im frühen Erwachsenenleben hast du möglicherweise einen Professor, ein „Genie" oder einen Therapeuten oder Lehrer angeschmachtet, der dich retten und dir Verständnis entgegenbringen und Freude vermitteln konnte. Als erwachsene Frau hast du wahrscheinlich nach einem Liebhaber gesucht, auf dessen Kraft und Integrität du bauen und dem du vertrauen konntest – und der dich auch zur Glückseligkeit verführte.

Jetzt sollte es allerdings an der Zeit sein, sich unmittelbar zu öffnen – und von der Liebeskraft, auf die du in verschiedenen Formen gehofft hast, gelebt zu werden und als diese zu leben. Deine höchste Durchlässigkeit für die sexuelle Fleischlichkeit und die emotionalen Bedürfnisse deines Liebhabers ist nur eine versteckte Andeutung deiner göttlichen Durchlässigkeit – deiner Offenheit für grenzenlose Liebe, deiner Vereinigung mit ihr und deiner Hingabe an die Kraft der grenzenlosen Liebe.

TEIL
2

Offenheit

Sexuelle Intimität kann – so wie Geld oder Meditation – eingesetzt werden, um deine tiefste Liebe und Offenheit zum Ausdruck zu bringen. Oder sie kann aus kindischen Gründen verwendet werden.

Ich erinnere mich daran, wie ich als Kind auf der Couch neben meinen Eltern lag. Mein Gesicht war den Kissen zugewandt, sodass ich den angenehmen Stoff an meinen Lippen und Wangen spüren konnte. Die Geräusche des Fernsehers und der häuslichen Gespräche plätscherten sanft im Hintergrund, ohne dass ich ihnen große Aufmerksamkeit schenkte. Mama und Papa waren so nahe, sie saßen direkt neben mir, zusammen mit mir auf der Couch. Ich hatte das Gefühl, dass für mich gesorgt wurde und dass ich mich wirklich entspannen konnte. Ich fühlte mich so sicher, so geschützt und so friedlich. Ich konnte einfach in der flauschigen Einheit mit meiner heimeligen Benommenheit dahinschwelgen.

In den Momenten, in denen die Kindheit in meinem Elternhaus nicht so behaglich war – wenn sich meine Eltern beispielsweise anschrien oder mir mein Vater drohte, mich mit seinem Gürtel zu versohlen –, versteckte ich mich in der Dunkelheit meines Kleiderschranks, umgeben von bekannten Gerüchen, wertvollem Plunder und vertrauter Kleidung. Oder ich suchte im Keller Zuflucht, spielte mit meinen Spielzeugen und lebte in einer Fantasiewelt, in der sich großartige Abenteuer ereigneten. Es gab andere Zeiten, in denen ich mich unter meine Bettdecke zurückzog und in eine Weichheit und ungestörte Stille hineinschmolz.

Dies waren die kindlichen Annehmlichkeiten, die ein verfälschtes und zeitweiliges Gefühl der Geborgenheit vermittelten, aus dem ich in gewisser Weise herauszuwachsen lernte.

Selbst als voll funktionierender Erwachsener habe ich mich oft nach einer solchen falschen und vorübergehenden Immunität gegen Störungen gesehnt. In meinem Leben bin ich ziemlich gut darin gewesen, auf vielerlei Weise ein dezentes Gefühl von gepolsterter Sicherheit zu erwirken: in Form einer hochbezahlten Karriere und eines gut eingerichteten Zuhauses; in Form eines bequemen Stuhls mit ein paar Bier und einem Großbildfernseher; in Form eines warmen Bettes, in dem ich eingekuschelt neben meiner Geliebten liege; und mit Hilfe bestimmter Meditationsarten und Atemübungen.

Aber all diese Methoden sind vergänglich oder decken nur einen Teil ab. Ich könnte mein Geld und mein Zuhause durch einen Zufall oder eine Katastrophe verlieren. Die Wirkung des Biers lässt nach. Meine Geliebte könnte mich verlassen oder einen anderen finden, den sie lieber mag, oder sie könnte sterben. Und selbst nach tief greifenden meditativen Erfahrungen bin ich immer noch für extremen Schmerz und Verlust empfänglich: Mein Körper könnte zerschmettert werden, wenn die Bremsen meines Autos im falschen Moment versagten, oder ich gerate in eine Schießerei, und mir wird versehentlich die Hälfte meines Gehirns weggeblasen.

Ich mag einen Teilerfolg erringen, wenn ich mich von den fortwährenden zugrunde liegenden Ängsten, der Furcht vor Einsamkeit und dem Schrecken des Todes abschotte, indem ich mich von warmem Fleisch und Familienliebe, Karriereabenteuern und den Anstrengungen des Familienlebens vereinnahmen lasse oder mich in das Kämmerchen der inneren Spiritualität zurückziehe. Aber dieser Trost ist nicht von Dauer, und selbst wenn, dann ist er eher spärlicher Natur.

Manchmal gelingt es einem tiefen Unbehagen, die Trance meines alltäglichen Komforts zu durchbrechen. Wenn ich nicht damit klarkomme, versuche ich, diese Welle von Angst und Furcht zu beseitigen, indem ich nach einem sicheren Platz suche, den ich wie in meiner Kindheit beanspruchen kann.

Um meinen Schmerz, meine Leerheit und Einsamkeit zu lindern, kann ich vielleicht auf eine tiefer gehende oder bessere Liebesbeziehung hoffen – eine, auf die ich mich wirklich verlassen kann. Oder ich arbeite vielleicht mehr, um mehr Geld anzuhäufen, mehr Spielzeuge oder Freunde, mit denen ich mich beschäftige. Vielleicht suche ich eifrig nach einem elterlichen Gott, der mich retten soll: einem Therapeuten, einer Organisation oder einem Lehrer, der für alles sorgen wird, wenn ich die Regeln befolge, praktiziere und einmal die Woche zu den Meetings gehe. Oder vielleicht ist es so, dass ich nach einem Augenblick, in dem ich mich einsam und unerfüllt fühle und unterwegs auf meinem Weg zum sicheren Tod bin, zu den Annehmlichkeiten meines Alltagslebens zurückkehre, eine Zeitung in die Hand nehme oder fernsehe.

Gelegentlich in einen sicheren Hafen einzukehren, ist notwendig. Es gibt Zeiten, in denen es vorangeht, und Zeiten, in denen geruht und eine Pause gemacht wird. Und jeder von uns hat seine Grenzen, denn wir sind nur über eine bestimmte Zeit bereit, dem Löwen ins Gesicht zu blicken. Manchmal nagt der schonungslose Zahn von Leben und Tod einfach zu stark an uns, als dass wir es ertragen könnten, und wir suchen unseren Trost an Orten des Komforts. Wenn wir dann wieder bereit sind, wachsen wir in unserem eigenen Tempo weiter.

In Freiheit zu wachsen bedeutet, die Fähigkeit zu entwickeln, selbst unter den schwierigsten – genauso wie unter den lustvollsten – Umständen als Liebe offen zu bleiben. Dieses Wachstum erfordert, dass du dich vollkommen mit der tatsächlichen emotionalen Textur des gegenwärtigen Augenblicks vereinigst. Es beinhaltet, dass du deine Angst vor Leerheit und Einsamkeit spürst, deine Sehnsucht nach Liebe und deine Verleugnung des Todes. Es beinhaltet auch, dass du wahrnimmst, wenn du in der kindlichen Hoffnung auf Sicherheit und emotionale Ruhe versuchst, fernzusehen, beruflich oder familiär aktiv zu sein oder dich meditativ nach innen zu wenden. Um in Frieden und Liebe zu wachsen, ist es vonnöten, deine Fähigkeit zu entwickeln, ein wahrer Erwachsener zu werden: offen zu bleiben, auch wenn der Kummer dein Herz durchschneidet, der Schrecken deinen Bauch betäubt und die Wut deine Leidenschaft entfacht.

Um zu wachsen, kannst du dich nicht wie ein Kind vor deinen eigenen Emotionen verstecken. Zum wahren Wachstum gehört die Fähigkeit, dich in deine Emotionen hinein- und durch sie hindurchzuspüren – in ihre genaue Beschaffenheit –, ohne zu versuchen, sie zu beseitigen oder ihre Existenz zu verleugnen. Fühle voll und offen. Wenn du von deiner Geliebten verletzt wirst, wächst du in der Liebe, indem du dein verwundetes Herz geöffnet hältst, anstatt es zu verschließen.

Wenn du von intensivem Schmerz oder bevorstehender Lust bedroht wirst, wächst deine Freiheit, indem du diese Wahrnehmung voll einatmest, anstatt dich zu ducken und die Luft anzuhalten. Wenn dein Herz einem lieblosen Partner gegenüber geöffnet ist, dann wächst du, indem du den Körper entspannst und im Schmerz der Beziehung zu deinem Partner verweilst, anstatt dich abzuwenden und dich hinter einer geschlossenen Tür der Anspannung zu verbergen.

Sicherlich wird die sexuelle Intimität in dir sowohl das Beste als auch das Schlechteste hervorbringen. Um weiter zu wachsen, spüre dich in alles hinein und bewege dich hindurch, während du offen in Liebe verweilst. Sex erstreckt sich bis in die Abgründe deiner dunklen, verborgenen Vergangenheit. Er offenbart deine Eigenarten und geheimen Macken, Ängste und Wünsche, die sich im Laufe deines Lebens entwickelt haben, als du deine privaten Leidenschaften nach innen gekehrt hast. Sex reicht auch nach ganz hoch oben bis zum hellsten Licht deines Seins, er verleiht deiner tiefsten Liebe und höchsten Wahrheit den körperlichen Ausdruck.

Inmitten unserer dunkelsten und hellsten Eigenschaften enthüllt Sex häufig unseren typischen, mittelmäßigen Charakter: grundsätzlich kindisch, nach Komfort und Sicherheit suchend, sich öffnend, wenn sich unser Zuhause sicher und friedvoll anfühlt, und sich verschließend, wenn sich Beziehungen bedrohlich oder schmerzlich anfühlen.

Dein Wachstum als Liebhaber erfordert Gegenpraktiken in Bezug auf deine kindlichen Gewohnheiten des Rückzugs, des Verschließens und der Selbstversunkenheit. Statt dich zusammenrollen und nach Frieden und sicherem Komfort zu suchen, solltest du alles spüren, um nichts zu vermeiden – sowohl im Innen als auch im Außen.

Nimm jede Emotion und Beziehung genauso wahr, wie sie ist, und entspanne dich offen als gesamter Augenblick, indem du jede Leidenschaft, Rauferei und Erwartung willkommen heißt und dich in diese fundamentale Offenheit von Liebe und Vertrauen hineinkuschelst.

Die Praxis der Offenheit bereitet nicht immer Freude. Sie kann wirklich wehtun. Aber selbst durch diesen Schmerz – wenn du entdeckst, dass deine Geliebte jemand anderen mehr begehrt als dich, oder du erkennst, dass sich dein Leben seinem Ende nähert – kannst du dich hindurchspüren, sodass die weite Natur dieses Augenblicks unverkennbar dein Zuhause bleibt.

All deine Erfahrungen sind vorübergehende und einzigartige Wellen in diesem Ozean der Offenheit: die Zerlumptheit deiner Trauer, die kecken Brustwarzen deiner Geliebten, der Kaffeeduft, die Augen deines Kindes, das vom Krankenhausbett zu dir aufschaut – alle Erfahrungen branden durch diese Offenheit hindurch – es ist ein Kommen und Gehen, Tragödie oder Ekstase, ob erinnert oder vergessen. Und trotz alledem bleibt die Offenheit, immer und ausschließlich, ein Zuhause, das du nicht verlassen kannst, weil es ganz deine Natur ist.

Sex wird – genauso wie Geld oder Meditation – eingesetzt, um deine natürliche Offenheit zu erkennen und zum Ausdruck zu bringen, statt ein falsches Zuhause kindlicher Sicherheit zu errichten. Und wie praktizierst du diese Anerkennung der Offenheit in der sexuellen Intimität?

8
Habe Sex als offenes Gefühl

Wir waren in der Küche. Ich stand in der Nähe der Anrichte, und sie saß am Küchentisch. Sie begann, mit Schlangenaugen meinen Schritt zu betrachten, und lächelte. Ich ging auf sie zu. Sie öffnete den Reißverschluss meiner Hose und schob meinen Penis in ihren Mund.

Sie war wirklich voll und ganz dabei. Sie saugte und saugte, schaute an mir hinauf in meine Augen, schlürfte und schluckte. Die Haare fielen ihr ins Gesicht, als sie näher auf mich zuglitt und mich tief bis in den Hals aufnahm. Sie war gierig und grunzte und keuchte, während sie mich komplett verschlang.

Sie begann, mich wild aus ihrem Mund heraus- und wieder in ihn hineinzupumpen. Ich verspürte eine intensive Lust, mein harter Ständer war glühend heiß, mein ganzer Körper loderte und sagte Ja. Ich konnte sie auch fühlen. Ich konnte ihr Verlangen spüren. Ich konnte wahrnehmen, wie sich ihre Energie aufbaute und das Licht sich durch ihre Venen bewegte.

Ich wollte ihr helfen, damit ihre Energie noch heller aus ihrem Herzen herausstrahlte. Ich spürte mich in sie hinein, so als würde ich mich durch ihren Körper hindurchbewegen, drang in jede ihrer Zellen mit Liebe ein, atmete ihren ganzen Körper mit meinem Atem und nahm ihre Emotionen mit meinem Herzen wahr. Als ich meine Liebe, meinen Atem und mein Gefühl mit ihr verband, öffnete ich mich mit ihr als ein gleichförmiges, rundes „Oh“.

Aber dann nahm ich wahr, dass mein Gefühl kurz innegehalten hatte. Ich schwelgte in der intensiven Lust von Liebe, Licht und Energie. Hier war ich und schnupperte unsere Glückseligkeit, während wir im Sterben lagen. Ich sah, wie sich Falten des Alters um ihre wunderschönen Lippen bildeten. Langsam verwandelte sich ihr Gesicht komplett in das einer alten, verhärmten Frau, die am verwitterten Anhängsel meines muffigen Selbst kaute. In rasantem Tempo zog der Film unseres Lebens an mir vorbei: Sie und ich alterten, wir alle werden alt und verlieren alles; unser Körper, unser Geist, die Kinder, Eltern und Freunde – alles verfiel und verschwand, war für immer vergangen.

Als ich diese Geschwindigkeit des Lebens wahrnahm – zerbrechlich und von Augenblicken der Lust sowie Meilen des Schmerzes geschmiedet – öffnete sich mein Herz noch weiter. Ich entspannte mich in das Opfer hinein, das das Leben ist. Ich war als Liebe lebendig – warum nicht? Warum sollte ich mich nicht vollkommen in Liebe hingeben, da ich ja lebte, mich veränderte und starb?

Und da war ich nun und drang mit ungezügelter Liebe in sie ein. Ihr ganzer Körper schien sich noch mehr zu öffnen. Sie saß immer noch auf dem Küchenstuhl, ihre Beine spreizten und schlossen sich wie wild flatternde Schmetterlingsflügel. Tränen begannen, ihre Wangen herunterzulaufen, als sie mich küsste und mit ihrem Mund umschloss. Wir starben in Liebe. Wir waren eine lebendige Opfergabe in Liebe.

Ich spürte, wie Gott in unserer Form lebendig wurde: ein unendliches Feuer, von dem ein paar Flammen als unser Körper und Geist flackern. Wir bebten als diese Wellen, vergänglich, tragisch, glückselig dahinschwindend, während sich unsere Umrisse weiß verfärbten und in einem hellen Lichtblitz aufgingen. Sie begann, in Wellen des orgasmischen Schluchzens zu kommen, selbst als sie noch weitersaugte.

Ihr Körper vibrierte und zuckte, als sie mir in die Augen sah. Durch ihre Augen hindurch spürte ich das Liebesfeuer, das die Welt bewegt und das als alle Wesen lebt, während sie selbst Funken versprühen, aufleuchten und zu Asche werden. Ich spürte durch unsere sexuelle Verbindung, durch unsere Körper, unser Lieben hindurch, bis nur noch die Liebe deutlich leuchtete. Die Liebe brannte als einziges Licht. Unser Opfer war eins geworden.

Schließlich ließ sie mich los und glitt vom Stuhl auf den Boden, zitternd, weinend, lächelnd, ihre Hände weit ausgebreitet. Unsere Augen ruhten verletzlich in der alterslosen Vision der Liebe.

Drei grundlegende Schritte sind nötig, um die konventionelle Sexualität in ein Mittel der Vereinigung zu verwandeln.

1. Nimm deine eigenen Empfindungen und Sinneseindrücke voll wahr.

Was auch immer du fühlst, fühle es komplett. Spüre die Sinneseindrücke auf deiner Haut und die Energie, die sich durch das Innere deines Körpers bewegt. Spüre, wie deine Emotionen und Gedanken kommen und gehen, ohne dass du zu ihrem natürlichen Fluss beiträgst. Nimm deinen Körper, deinen Geist und deine Emotionen vollständig wahr, ohne dich ablenken zu lassen.

2. Spüre vollkommen in die Empfindungen deiner Geliebten oder deines Geliebten hinein.

Spüre dich durch deine eigenen Sinneswahrnehmungen vollkommen in deinen Partner hinein. Spüre seinen Atem. Fühle die Energie, die sich durch den Körper deines Partners bewegt. Fühle, was dein Partner fühlt – auf allen Hautoberflächen: Mund, Vagina, Penis, Anus und sogar zwischen den Zehen. Spüre das Herz deines Partners, seine Emotionen und sein Verlangen. Dies erfordert Praxis, aber schließlich wirst du in der Lage sein, den gesamten Körper deines Partners, seine Emotionen und Gedanken fast so deutlich zu spüren, wie du deine eigenen wahrnehmen kannst.

3. Spüre durch deine Liebhaberin oder deinen Liebhaber ins Göttliche hinein.

Spüre dich sogar durch die Empfindungen und Sinneswahrnehmungen deines Partners hindurch, spüre über sie hinaus, bis du die Natur des Fühlens selbst wahrnehmen kannst. Hier geht es nicht darum, zu versuchen, etwas intellektuell zu verstehen. Vielmehr ist es tatsächlich eine Frage des Fühlens, so als würdest du die Seele eines großen Musikers durch seine Musik hindurchspüren – du hörst nicht einfach die Musik, sondern vereinst dich mit einer Qualität, die zwischen und jenseits jeder Note und Pause liegt.

Wenn du durch deine eigenen Sinneswahrnehmungen und die deines Partners hindurchspürst, dann machst du dir die ausgedehnte Qualität des Gefühls selbst bewusst. Innerhalb dieses weiten Raumes ereignen sich alle Dinge. Jeder Gedanke bewegt sich. Das Fleisch deines Liebhabers glänzt. Süße und saure Geschmäcker huschen vorbei. Jede Lust, jeder Schrecken und jedes saftige Vergnügen manifestiert sich von selbst – spontan, flüchtig und lebendig. Voll, aber doch leer. Prächtig, aber im Aufsteigen bereits verflogen.

Du wirst es wissen, wenn du auf diese Weise durch das Erleben hindurchspürst, ob auf sexuelle oder auf eine andere Art, weil du damit aufhörst, dem jetzigen Augenblick, der ja die Offenheit selbst repräsentiert, eine Anspannung, eine Angst oder ein Verschließen hinzuzufügen. Die sexuelle Vereinigung stürzt dann durch die Öffnung des

Augenblicks, überzogen vom Einssein, das sie zu erlangen versucht. Der ganze Drang nach Sinneswahrnehmungen und Lust verwandelt sich zurück in eine körperliche Äußerung der Fülle. Der Augenblick wird sich in der Liebe verzehren, während die Überreste in der Zeitlosigkeit verweilen.

Für ihn

Du kannst dich zwar ein bisschen verändern, aber für den Rest deines Lebens wirst du so ziemlich derselbe bleiben, der du bist, ob rothaarig und aufbrausend oder groß gewachsen und ängstlich. Du kannst eine Diät machen und abnehmen, Sport treiben und Muskeln aufbauen, deine Haare schneiden oder dir einen Bart wachsen lassen, aber deine Freunde werden dich wahrscheinlich immer noch erkennen. Denn die Veränderungen, die du an deinem Aussehen vornimmst, sind immer noch gering im Vergleich zu dem Anteil, der bei dir immer gleich bleibt. Du steckst mehr oder weniger in der Person fest, die du bist. Welche geistigen und körperlichen Eigenschaften du auch immer aufweist – diese werden sich nicht allzu sehr verändern, egal was du tust.

Egal wie viele Therapien du machst oder wie viele Jahre du meditierst – deine Persönlichkeit und deine Gedankenmuster bleiben mehr oder weniger dieselben, so erkennbar wie dein Gesicht. Manchmal kann im späteren Leben ein traumatisches Ereignis stattfinden, das deinen Körper oder deine Persönlichkeit stark verändert, aber zumeist ist es so, dass die Freunde, denen du auf dem 30-jährigen Klassentreffen begegnest, eine ältere Version des gleichen Charakters erkennen, der du auf der Schule warst.

Bis zu einem gewissen Punkt im Leben basiert das Wachstum auf Veränderungen in Körper und Geist. Als Kinder wuchsen wir heran, und schließlich begannen die Schamhaare zu sprießen. Als junge Erwachsene erlernten wir die Fähigkeiten, um unseren Lebensunterhalt zu verdienen. Vielleicht sind wir aufs College gegangen und haben Französisch, Shakespeare und Rechnungswesen studiert. Es ist leicht verständlich, warum viele Menschen glauben, dass das spirituelle Wachstum auf Veränderungen in Körper und Geist beruht, denn das ist die Art von Wachstum, das die meisten von uns bisher erlebt haben.

Zum größten Teil basiert spirituelles Wachstum aber nicht auf Veränderungen in deinem Körper, deinem Geist oder deiner Persönlichkeit. Deine braunen Augen müssen nicht blau werden, um Gott zu sehen. Wenn du derzeit Opern und edle Zigarren genießt, wirst du sie wahrscheinlich auch weiter genießen, während du spirituell wächst. Deine sexuellen Fantasien – die wahrscheinlich so ziemlich dieselben sind wie die, die du als 16-Jähriger hattest, wenn auch vielleicht weniger intensiv und häufig – werden sich ebenfalls nicht allzu sehr verändern. Wenn du jetzt eine Vorliebe für blonde Frauen mit großen Brüsten hast, dann wirst du wahrscheinlich auch den gleichen Geschmack haben, wenn du erleuchtet bist.

Zum spirituellen Wachstum gehört, dass man tiefere Aspekte des eigenen Seins erkennt und nicht die Oberfläche verändert (auch wenn sich die Oberfläche infolgedessen auf gewisse Art und Weise verändern wird). Nehmen wir an, dass sich deine Aufmerksamkeit als Kind auf Spielzeuglaster und Baumhäuser gerichtet hat. Als Teenager war deine Aufmerksamkeit nun frei von Spielzeugen, und du warst von Mädchen und Autos besessen. Als Erwachsener bist du wahrscheinlich damit beschäftigt, den Lebensunterhalt zu verdienen, und kümmerst dich möglicherweise um deine Familie.

Gelegentlich spielst du vielleicht noch mit Spielzeugen, auch wenn sie vermutlich größer und schneller sind als die Spielzeuge deiner Kindheit. Schicke Autos und junge Mädchen machen dich vielleicht immer noch an, aber eine gute Portion deiner Aufmerksamkeit hat sich auf andere Dinge gerichtet. Spielzeuge, Autos und Mädchen scheinen irgendwie trivialer zu sein als in der Zeit, als sie die gesamte Welt deiner Jugend ausmachten.

Was macht jetzt deine Welt aus? Was beschäftigt dich die meiste Zeit des Tages? Welche Objekte erregen jetzt deine Aufmerksamkeit? Geld, Karriere, ein soziales Anliegen, eine Geliebte, Fernsehen, eine Familie? Solange diese Dinge erfüllend sind, ist das kein Problem. Das Leben scheint gut zu sein, oder zumindest gut genug.

Die hormonellen Veränderungen des Erwachsenwerdens haben deine Aufmerksamkeit von den Spielzeugen befreit, sodass du sie in Mädchen investieren konntest. Spirituelle Veränderungen befreien deine Aufmerksamkeit auf die gleiche Art und Weise. Wenn du spirituell weiterwächst – und jeder tut das in seinem eigenen Tempo –, dann erscheinen die Dinge, in die du im Laufe deines Lebens investiert hast, leer und trivial. Sie bieten dir nicht mehr die frühere Erfüllung.

Das kann entsetzlich sein. Du befindest dich vielleicht inmitten einer großartigen Ehe, umgeben von prächtigen Kindern, bist in deiner Karriere erfolgreich – und rums! Plötzlich verlierst du an dem ganzen Mist das Interesse. Oder zumindest beginnt es sich so anzufühlen, als würdest du alles nur noch mechanisch tun, ohne mit ganzem Herzen und Enthusiasmus dabei zu sein. Das Gleiche kann mitten in einem Leben passieren, das sich sozialen Aktivitäten oder einem religiösen Weg widmet. Plötzlich hast du das Gefühl, dass die Sache erledigt ist. Du bist bereit, weiterzugehen. Aber du hast keine Ahnung, wohin. Und das Gepäck, das du möglicherweise angehäuft hast, kann riesig sein.

Die gute Nachricht ist: Der Weg führt tiefer in die Glückseligkeit deines eigentlichen Seins hinein, und du brauchst dafür deine Beziehung, Familie oder Karriere nicht zu verändern (auch wenn sie von einer neuen Tiefe durchdrungen werden, während du wächst, und sich deshalb wahrscheinlich verändern). Die schlechte Nachricht ist, dass spirituelles Wachstum im Laufe der Vertiefung deines Bewusstseins und deiner Glückseligkeit so schmerzhaft und schwierig sein kann wie der Übergang von der Kindheit zum Jugendalter oder der Kampf durchs Medizinstudium.

Das jugendliche Wachstum wird zumeist von körperlichen Veränderungen gesteuert. Das Wachstum als junger Erwachsener beruht zumeist auf der geistigen Entwicklung. Beim spirituellen Wachstum geht es darum, eine Tiefe von Aufmerksamkeit oder Gewahrsein zu entwickeln, und zwar ungeachtet der Zustände von Körper und Geist.

Ob du nun ein versierter Shakespeare-Kenner bist oder nicht einmal richtig schreiben kannst; ob du einen Marathon läufst oder an den Rollstuhl gefesselt bist; ob du homosexuell oder heterosexuell bist, im

Zölibat oder polygam lebst: du kannst spirituell wachsen, wenn deine Aufmerksamkeit nicht länger an ihre gegenwärtigen Objekte – Geld, Frauen, Gedanken, Wünsche – gebunden, sondern frei ist, um sich tiefer in ihre Quelle hineinzuentspannen.

Die Quelle deiner Aufmerksamkeit ist das Bewusstsein selbst, die Offenheit des Seins. Wenn du dich im Tiefschlaf befindest, zu erwachen beginnst und dabei sehr feinfühlig bist, dann kannst du spüren, wie die Aufmerksamkeit aus einem tieferen, glückseligen Bewusstsein „austritt" und eine Welt der Gedanken, Objekte, Gefühle und Beziehungen „fabriziert", die du als dein Leben bezeichnen kannst. Aus dem stillen, glückseligen Nichts des Tiefschlafs heraus bist du dir plötzlich einer Welt gewahr, die deine aktuellen Ängste und Hoffnungen reflektiert, und von ihr gefangen.

Als Baby bist du wahrscheinlich in einer Welt erwacht, die aus Brust und Flasche bestand. Als Teenager bist du mit einer Morgenlatte und den Gedanken aufgewacht, was der Schultag wohl bringen wird. Als Erwachsener verknüpft die erste erwachende Aufmerksamkeit dein Bewusstsein möglicherweise mit den Geräuschen aus dem Kinderzimmer oder mit den Dokumenten auf deinem Schreibtisch, die du auf keinen Fall vergessen willst.

Selbst jetzt wird deine Aufmerksamkeit immer noch gelegentlich von Objekten wie Brüsten, Ständern und vielleicht Schule vereinnahmt. Aber du bist nicht mehr so stark an diese Objekte gebunden; deine Aufmerksamkeit ist freier, umfassender und tiefer geworden. Sie ist ausgedehnter, weil sie so viel mehr berücksichtigt als früher im Kindesalter. Sie ist tiefgreifender, da dein Verständnis von der Bedeutung dieser Objekte gewachsen ist. Du hast tiefer gehende Freude und tiefer gehendes Leid erlebt als in deiner Jugend, und daher bedeuten gewisse Dinge – Puppen, Spielzeuglaster, die Beatles oder ein finanzieller Erfolg – nicht so viel wie früher, auch wenn du sie vielleicht immer noch genießt. Jetzt scheinen andere Lebensaspekte bedeutsamer zu sein.

So wie das Alter deinen Körper und die Schule deinen Geist entwickelt hat, entwickeln spirituelle Praktiken deine Tiefe. Du wächst spirituell, indem du deine Anhaftung an bestimmte Objekte loslässt, was auf natürliche Art und Weise geschieht, und dann entspannst du deine Aufmerksamkeit tiefer in ihre Quelle – in die Offenheit des Seins. Diese Entwicklung der Aufmerksamkeit von der Oberflächlichkeit in die Tiefe kann auf vielerlei Weise praktiziert werden. Dazu gehören Gebet, hingebungsvolle Kontemplation, Meditation und das Studieren von Schriften.

Da ein Großteil unserer Aufmerksamkeit eng an unsere sexuellen Hoffnungen, Ängste und Wünsche gebunden ist, stellt unser Sexleben normalerweise einen der letzten Bereiche dar, die spirituell wachsen, egal wie viel wir meditieren oder beten. Aber an einem gewissen Punkt erkennen wir, dass Sex nicht all das ist, was wir uns erhofft hatten – wir leiden, weil unser Sexualleben nicht befriedigend ist. Vielleicht schien es gestern oder vor zehn Jahren befriedigend zu sein, aber jetzt nicht. So wie wir unsere Karriere oder Beziehung plötzlich unbefriedigend finden, frustriert oder langweilt uns vielleicht naturgemäß auch unser Sexleben. Obwohl Sex vielleicht immer noch körperlich lustvoll ist, beginnt er, sich leer anzufühlen. Und das ist ein Zeichen von Wachstum.

Unsere Kultur unterstützt das Wachstum nur bis zu einem bestimmten Stadium. Wir dürfen unsere Aufmerksamkeit von Kindheits- und Jugendthemen befreien, aber dann sollen wir uns damit zufriedengeben, unsere Aufmerksamkeit mit „Erwachsenenthemen" wie Geld, Familie, Sex, Sport und Zuneigung zu beschäftigen – wobei ein bisschen soziale Wohltätigkeit sowie Kunstverständnis und religiöser Glauben mit eingestreut werden. Wenn wir aber über diese Themen hinauswachsen – wenn sie uns nicht mehr interessieren –, dann gibt uns unsere moderne Kultur nur wenige Ratschläge jenseits von Therapie, Fernsehen, Medikamenten, Scheidung, Karrierewechsel und dem Versuch, in der Welt nach Bedeutung zu forschen.

Bedeutung kann man nicht in der Welt finden, sondern in der Tiefe des Seins, was wiederum die Welt in einem neuen Licht erscheinen lässt. Wenn dich Familie und Karriere nicht mehr so erfüllen, wie das früher mal der Fall war, dann verlasse sie nicht. Wenn dein Mangel an Erfüllung durch spirituelles Wachstum bedingt ist, dann wird eine Veränderung im Bereich Familie oder Karriere absolut keinen Unterschied in Bezug darauf machen, wie tief du erfüllt bist. Deine einzige wahre Möglichkeit besteht darin, tiefer zu gehen: Entspanne dich als die Offenheit des tiefen Seins, selbst wenn du weiterhin geschickt mit den Dingen in deinem Leben umgehst.

Am besten ist es, wenn du dieses Vertiefen regelmäßig in einer formellen und ungestörten Situation wie beim Meditieren praktizierst. Letztendlich aber übst du das Vertiefen in jeder Situation, und vor allem in den Situationen, die deine Aufmerksamkeit am meisten fesseln, sowie auf den Gebieten, auf denen du dich am stärksten verstrickst. Vom Teenageralter bis hin zur Lebensmitte ist Sex eines dieser Gebiete. Deine Aufmerksamkeit – und deine Lebensenergie, die deiner Aufmerksamkeit folgt – wird durch Sex abgelenkt und durch ihn gebunden. Nicht einfach nur der Geschlechtsverkehr, sondern die gesamte sexuelle Welt: Beziehung, Liebe, Lust, Orgasmus, Zurückweisung, Fantasie, Bedürfnis, männliches Stoßen, weibliches Ziehen, das ganze heillose Durcheinander in deinem Bett, bei der Arbeit, zu Hause, auf der Straße und in deinem Kopf.

Wenn du durch deine sexuelle Erfahrung hindurchspürst, dann ist das ein Weg, um deine Aufmerksamkeit von sexuellen Objekten zu befreien und tiefer in den Ursprung der Aufmerksamkeit hineinzuspüren, die sich im Laufe deiner Praxis nach und nach ein bisschen mehr enthüllt. Genieße die heiße, feuchte Reibung an deinem Penis, sooft du willst, und spüre dabei einfach durch diese Sinneswahrnehmung hindurch. Streite dich mit deiner Frau, bis sich dein Gesicht rötet, und spüre dabei ständig durch die Wellen der emotionalen Intensität hindurch. Mit Übung kannst du in die tiefere Offenheit und tiefgründige Glückseligkeit von Sex hineinspüren, anstatt nur an seine oberflächlichen Empfindungen und Emotionen gebunden zu sein.

Bis du die sexuellen Tiefen für dich selbst entdeckt hast, wird dir alles bedeutungslos erscheinen, was auch immer jemand darüber sagen mag. Du wirst dich auf großartige Orgasmen, eine emotionale Bindung und schöne Titten und Ärsche einlassen, solange sie dich erfüllen. Bis dahin solltest du nicht einmal versuchen, den Sex zu vertiefen, bis sich schließlich der beste Oralsex, den du je hattest, wie Leiden anfühlt. Körperlich mag er sich großartig anfühlen, aber etwas fehlt. Er fühlt sich oberflächlich an, trivial und unbefriedigend, genauso wie sich jetzt dein Lieblingsspielzeug aus der Kindheit für dich anfühlen würde.

An diesem Punkt wird es für dich ganz natürlich sein, dich darin zu üben, dich durch deine sexuellen Sinneswahrnehmungen und Emotionen hindurchzuspüren, da sie dich sowieso nicht sonderlich erfüllen. Höre nicht mit dem Sex auf. Setze alle deine sexuellen Lieblingsaktivitäten gemeinsam mit deiner Geliebten fort, aber führe sie mit einem tieferen Gewahrsein aus. Übe, durch deine körperlich lustvollsten sexuellen Momente hindurchzuspüren, und entspanne dich als die Offenheit des tiefen Seins – und zwar immer und immer wieder.

Auf diese Art und Weise wirst du deine Aufmerksamkeit in eine tiefere Glückseligkeit des Seins befreien, in eine Offenheit des Bewusstseins, in der du bereits jetzt verweilst, die du aber weniger wahrnimmst, weil deine Aufmerksamkeit von oberflächlichen Objekte gefesselt wird. Momentan mag die totale Befreiung, die absolute Freiheit und die unerschütterliche Glückseligkeit des tiefen Bewusstseins für dich immer noch weniger interessant sein als deine sexuellen Lieblingsspielarten – so wie in der Kindheit Sex für dich weniger interessant war als dein Lieblingsspielzeug. Früher oder später wird aber jeder erwachsen, und seine Bedürfnisse vertiefen sich. Wenn du praktizierst, greife jeden Augenblick des Unerfülltseins als einen Aufruf auf, durch die vorhandenen Objekte der Aufmerksamkeit hindurchzuspüren, und entspanne dich noch vollständiger als die Offenheit des tiefen Seins.

Für sie

Wenn du eine weibliche sexuelle Essenz besitzt, dann möchtest du gut aussehen und dich gut fühlen. Die Ohrringe, die du trägst – in Gold oder Silber, mit Perlen oder Federn, riesengroß oder winzig –, haben eine Auswirkung darauf, wie die Energie durch deinen Körper fließt und wie dich die Menschen erleben. Die Farbe deiner Kleidung und der Stil deiner Schuhe wirken sich darauf aus, wie du dich fühlst – und wie dich andere fühlen – und zwar den ganzen Tag lang. Die meisten Frauen sind außergewöhnlich sensibel dafür, wie sie aussehen und sich fühlen – in Bezug auf sich selbst und andere.

Für die meisten Männer ist ihr Erfolg dagegen weitaus wichtiger als ihr Aussehen und ihr Wohlbefinden. Das Vorantreiben ihrer Mission und die Verwirklichung ihres Ziels haben Priorität – und das recht oft auf Kosten ihres Aussehens und Wohlbefindens. Tatsächlich sind Männer häufig stolz darauf, sich total zu verausgaben und dann jämmerlich auszusehen, weil sie so hart gearbeitet haben.

Die Unterschiede zwischen Männern und Frauen können aus vielen Blickwinkeln interpretiert werden: Es gibt genetische Unterschiede. Als Föten sind sie unterschiedlichen Hormonen ausgesetzt. Als Kinder werden sie verschieden behandelt. Die gesellschaftlichen Erwartungen beeinflussen Männer und Frauen auf unterschiedliche Weise. All diese Unterschiede sind echt, und es gibt noch viele weitere Faktoren, die das Fühlen und Handeln von Männern und Frauen beeinflussen. Einer der größten Unterschiede – wenn auch einer, der kaum anerkannt oder verstanden wird – ist der zwischen den männlichen und weiblichen Essenzen. Man könnte ihn als den spirituellen Unterschied bezeichnen.

Wie in meinem Buch *Intimate Communion* (1995) beschrieben, müssen das Geschlecht deines Körpers und das Geschlecht deiner Essenz nicht unbedingt übereinstimmen. So haben beispielsweise 10% der Frauen (und 80 % der Männer) eine eher maskuline sexuelle Essenz. Diese Frauen finden mehr Glückseligkeit in Herausforderungen und im Wettbewerb als in Sinnlichkeit und Beziehungen. Im Kino würden sie einen Actionfilm einer Liebesgeschichte vorziehen. Sie bevorzugen es, ihr Essen schnell hinunterzuschlingen und zur Arbeit zurückzukehren, anstatt sich zu entspannen und die feine Küche mit Champagner, Kerzen und einer intimen Unterhaltung zu genießen. Sie wollen lieber ihren Liebhaber verzücken als von ihm vernascht werden.

Letztendlich ist das Göttliche eins, aber es manifestiert sich als zwei: als männliche und weibliche Göttlichkeit oder als Bewusstsein und Licht. Eine Person mit einer maskulinen sexuellen Essenz identifiziert sich mit der Freiheit des Bewusstseins. Wenn du eine solche Person bist, dann kämpfst du, um dich frei zu fühlen. Das erfordert, dass du klare Prioritäten setzt. Du bist nicht wirklich glücklich, bis du weißt, was du tun willst, und die Freiheit besitzt, dies zu verwirklichen – finanziell, emotional, politisch und spirituell. Freies Bewusstsein durchdringt den Körper als Präsenz. Wenn du eine Bestimmung hast und damit in deinem Bewusstsein frei umgehst, dann bist du auch sehr präsent.

Allgemein lässt sich sagen, dass jemand mit klaren Prioritäten, der konsequent ein Ziel verfolgt, auch in der Lage ist, mehr Geld zu verdienen. Deshalb macht Geld auch sexy: Geld ist eine niedrigere Version des freien männlichen Bewusstseins, was jede Frau spüren kann. Ein Mann, der sehr bewusst, präsent, humorvoll und reich ist, ist sexy. Diese Eigenschaften – Bewusstsein, Präsenz, Humor und Reichtum – reflektieren unterschiedliche Ebenen, auf denen männliche Freiheit errungen werden kann. Ein Mensch mit diesen Eigenschaften wirkt auf dich sexy, wenn du eine weibliche sexuelle Essenz besitzt.

Wenn du ein Mensch bist, der eine weibliche sexuelle Essenz besitzt, (das sind etwa 80% der Frauen und 10% der Männer) identifizierst du dich mit Liebe und Licht (statt mit der Freiheit des Bewusstseins). Du willst gesehen werden. Du willst leuchten. Du willst, dass deine Haare, deine Augen und deine Haut strahlen, aber vor allem willst du, dass dein Herz strahlt. Das bedeutet, dass du Liebe geben und empfangen willst. Liebe ist die Art, wie sich Licht anfühlt. Wenn du wahrhaft liebevoll bist, dann strahlt dein inneres Licht als sichtbares Leuchten ungeachtet deines Alters, und diese strahlende Liebe strömt aus deinem Herzen als Ausdruck des femininen Göttlichen.

So wie Freiheit die maskuline Essenz erfüllt, erfüllt Liebe die feminine Essenz. Damit ist ein wirklich freier und bewusster Mann voll präsent und hat ein Ziel, während eine wahrhaft offene und liebevolle Frau mit den Kräften des Universums fließt. Sie besitzt eine starke Intuition und ist voller Licht. Sie strahlt Liebesenergie aus. Prächtig strahlende Frauen ziehen Männer an, die sehr bewusst sind, und umgekehrt.

Auf einer oberflächlichen Ebene ist das auch der Grund, weshalb finanzieller Reichtum und körperliche Schönheit sich so oft voneinander angezogen fühlen. Ein reicher Mann kann fast immer eine körperlich strahlende Frau finden, und eine solche Frau kann fast immer einen wohlhabenden Mann zum Heiraten finden. Auf einer tieferen Ebene ist eine Frau mit starkem Leuchten und kraftvoller Intuition, deren Herz in göttlicher Liebe wurzelt, attraktiv für einen Mann, dessen Präsenz auf göttlicher Freiheit beruht, und fühlt sich von ihm angezogen. Ein oberflächlicher, aber reicher Mann interessiert sie nicht so sehr wie ein Mann mit profundem Bewusstsein, Humor und Tiefe – und wenn er dann auch noch reich ist, umso besser!

Du weißt, wie kraftvoll dein Leuchten ist. Du kannst es einschalten und einen Mann damit um den kleinen Finger wickeln. Männer saugen die Strahlkraft einer Frau auf, und je intensiver ihr Strahlen leuchtet, desto mehr ist ein Mann bereit, für sie zu tun – desto stärker ist sein Bewusstsein zu ihr hingezogen. Einige Frauen sind mit großartiger körperlicher Schönheit geboren, so wie einige Männer schon von Geburt an wohlhabend sind. Diese Art von Attraktivität ist äußerst real, aber relativ oberflächlich. Schließlich ist es so, dass der Körper einer Frau altert und verwelkt und ein reicher Mann, der keine Tiefe entwickelt, sehr schnell seinen Charme verliert.

Wenn du spirituell wächst, identifiziert sich deine weibliche Essenz mit immer profunderen Tiefen von Licht und Liebe. In deiner weiblichen Jugend hast du wahrscheinlich eine beträchtliche Zeit vor dem Spiegel verbracht und gelernt, wie du deine Augen mit verschiedenen Lidschatten zum Leuchten bringst. Du hast verschiedene Kleidungsstücke ausprobiert, um zu sehen, wie sie deine Energie erhellen oder verdunkeln. Kleine Mädchen mit einer weiblichen Essenz müssen nicht dazu gezwungen werden, mit Schmuck, Make-up und Kleidung zu spielen, wie viele Mütter bestätigen werden. Gleichermaßen lieben die meisten kleinen Jungs – diejenigen mit einer maskulinen Essenz – Herausforderungen und Wettbewerb. Man muss ihnen nicht zeigen, wie sie auf etwas mit einem Stock einschlagen oder mit ihren engsten Freunden raufen – sie lieben das.

Genetik und gesellschaftliche Konditionierungen spielen bei diesem Unterschied sicherlich eine große Rolle. Aber spirituelle Unterschiede – die Unterschiede zwischen männlichen und weiblichen Essenzen – müssen ebenso verstanden werden, damit Männer und Frauen erkennen, wie sie – abgesehen vom biologischen und sozialen Wachstum – spirituell wachsen. Männliches und weibliches spirituelles Wachstum erfolgt auf unterschiedliche Weise.

Wenn du als junges Mädchen mit Puppen und Make-up spielst, ist das der Beginn deines spirituellen Wachstums als Frau. Du lernst, wie du Liebe und Energie kultivierst. Wenn du für deine Puppe sorgst, lernst du allmählich, wie du – ungeachtet deiner Launen – dein Herz öffnest und die Welt liebevoll umarmst. Wenn du dich im Spiegel betrachtest und spürst, was ein roter und ein blauer Rock für dich „bewirken“, beginnst du zu lernen, sanfte Flüsse wahrzunehmen, intuitiv mit Energie zu arbeiten, die Welt zu heilen, zu beleben und mit dem körperlichen Leuchten zu segnen.

Beim Sex geht es dir größtenteils darum, dich attraktiv zu fühlen, weil sich deine weibliche Essenz mit dem Licht identifiziert. Das Gefühl von Licht ist Liebe. Im Herzen weißt du, dass du Licht und Liebe bist. Du weißt, dass du die Kraft besitzt, andere mit deinem Licht und deiner Liebe zu segnen, indem du Energie über deinen Körper ausstrahlst. Du möchtest, dass dein Leuchten wahrgenommen und anerkannt wird.

Deine sexuelle Essenz strahlt immer, auch wenn alle möglichen physischen Blockaden, psychischen Knoten und emotionalen Widerstände um diese Essenz herum bestehen mögen, die dein Leuchten überschatten. Sex ist ein Gebiet, auf dem du entdeckst, wie offen dein Körper und dein Herz sind. Strahlst du als Glückseligkeit des Lichts der Liebe, wenn du mit jemandem schläfst? Oder verschließt du deinen Körper und dein Herz zu einem gewissen Grad und lässt dein Leuchten weniger erstrahlen, verwehrst dir, deinem Liebhaber und der Welt die Energie und Freude – und zweifelst dann deinen Selbstwert an?

Nichts ist dem Weiblichen wichtiger als die Liebe, die über das Herz als Licht, über den Körper als Strahlen und über Beziehungen als Fürsorge leuchtet. Du wächst vom Oberflächlichen zu den tiefen Formen der Liebe. Als Teenager bist du besessen von deinem körperlichen Aussehen; wie andere dich sehen, ist dir am wichtigsten. Wenn du über diese Ebene weiblicher Bedenken hinauswächst, dann beginnst du als junge Erwachsene zu lernen, deine eigene Ausstrahlung zu spüren. Nun ist es am wichtigsten, wie du dich selbst siehst. Wenn du von diesen persönlichen Bedenken in eine größere Fülle des weiblichen Ausdrucks hineinwächst, dann geht es dir um das Licht oder die Liebe selbst: „Wie hingebungsvoll bin ich als das absolute Licht der Liebe, das durch das Herz eines jeden und über meinen Körper zu allen anderen strahlt?“

Zu lernen, wie man sich anzieht und Make-up auflegt, ist eine ausgereifte weibliche Kunstform. Ein Großteil der Frauen in unserer Kultur beteiligt sich mehr oder weniger an dieser Kunstform. Manche Frauen meistern sie, andere befassen sich nur flüchtig damit, aber die meisten Frauen verbringen sehr viel Zeit damit, sich um ihr Erscheinungsbild zu kümmern, es zu verschönern und damit zu Künstlerinnen der Energie („Fühle ich mich mit diesen oder jenen Ohrringen besser?") und des Lichts zu werden („Welche Blusenfarbe bringt meine Augen heute zum Leuchten?").

Wenn du weiterwächst, wird sich diese Art von Besorgnis allmählich oberflächlich anfühlen. Manche moderne Frauen haben sich entschieden, die weibliche Kunst des Lichts komplett über Bord zu werfen, sobald sie dieser Ebene von Bedenken vollkommen entwachsen sind. Aber wenn du dich spirituell weiterentwickelst, dann können sich deine weibliche Kunst und Meisterschaft vertiefen.

Zusätzlich zum oberflächlichen Energiespiel („Kariert oder einfarbig?") lernst du, die Dinge intuitiv zu erfassen und die Energie tiefgreifender zu bewegen.

Durch Künste wie Tanz, Yoga, Massage und viele andere Formen kannst du die Art von Kompetenz entwickeln, die du bei der Kleidung besitzt, allerdings in Bezug auf deinen eigenen inneren Energiefluss (sowie auf den anderer). Du kannst lernen, wie du atmest und dich bewegst, damit sich dein Körper für deinen tiefen Fluss der inneren Energie öffnet und dein Strahlen dadurch wächst. Wenn sich deine körperlichen Begrenzungen auflösen, können ungeachtet deines Alters Licht und Liebe in deinem Herzen mehr und mehr durch deinen gesamten Körper als segensreiche Kraft in die Welt leuchten.

Deine Intuition und das Strahlen des göttlichen Lichts der Liebe vertiefen sich, wenn du lernst, noch mehr zu spüren, zu atmen und dich hinzugeben. Existiert eine subtile Anspannung in deinem Herzen? Schützt du dein Herz, versteckst du die Tiefe deiner Liebe, missachtest du deine ständige Sehnsucht, tiefe Liebe zu geben und zu empfangen? Die tiefste Form weiblicher Schönheit ist die Liebe selbst, die frei vom Herzen ausstrahlt und ungehindert und ungeschützt durch den Körper und in die Welt hinausleuchtet.

Unsere Kultur unterstützt diese energetische Tiefe nicht: Wahrscheinlich hat deine Mutter mehr Zeit damit verbracht, dir beizubringen, wie man sich anzieht, anstatt dir zu zeigen, wie man liebt. Sie hat wahrscheinlich mehr Kommentare zu deiner Frisur abgegeben als darüber, wie du atmen solltest, damit deine Energie glückselig durch deinen Körper strömt und die Herzen der anderen erleuchtet.

Auf ihrer tiefsten Ausdrucksebene ist die weibliche Liebe die gleiche Kraft wie die männliche Freiheit. Sie sind eine Offenheit des Seins. Trotz alledem sind die maskuline und die feminine Wachstumsreise recht unterschiedlich. Die weibliche Essenz identifiziert sich mit dem Licht und der Liebe des Seins („Wie sehe ich aus? Werde ich geliebt?") und die maskuline Essenz mit der Freiheit des Seins („Welche Aufgabe bzw. Bestimmung habe ich?" Wie kann ich noch freier und erfolgreicher sein?"). Für Frauen und Männer gehört zum spirituellen Wachstum, dass sie sich von den oberflächlichen zu den tieferen Ebenen dieser Identitäten entwickeln.

Die weibliche spirituelle Praxis beinhaltet die Hingabe und den Ausdruck des tiefsten Lichts und der Liebe, die durch dein Herz strömt. Es geht darum, dass du deinen Körper hingibst, um den Tanz der Liebe zu tanzen, die Glückseligkeit der Liebe zu atmen und das Licht der Liebe auszustrahlen, Augenblick für Augenblick – egal wie schlecht es dir geht. Du brauchst deine emotionale Achterbahn oder deine körperlichen Schmerzen nicht zu verleugnen, während du dich inmitten von alledem darin übst, Liebe zu sein.

Dein Körper wird verfallen, daran gibt es keinen Zweifel. Früher oder später – üblicherweise früher als gewünscht – wirst du in den Spiegel schauen und deine Falten sehen – grau, schlaff – und du bist enttäuscht. Das kommt der Midlife-Crisis eines Mannes gleich, wenn ihm sein Familienleben oder seine Karriere plötzlich leer erscheinen. Dein männlicher Teil kann die gleiche Midlife-Crisis erleben wie ein Mann. Aber der weibliche Teil von dir durchläuft eine ganz andere Art von Krise, denn es geht nicht um die Lebensaufgabe, sondern ums Licht: „Strahle ich noch immer?"

Das Gefühl von Licht ist Liebe, und das ist der Grund, warum dein Herz an der Liebe zweifelt, wenn du dein Leuchten anzweifelst – bis du in der Lage bist, auf weibliche Art in die Tiefe zu wachsen. Dazu musst du dich mehr mit dem Strahlen identifizieren, das vom Herzen durch deinen Körper leuchtet, statt mit dem oberflächlichen Leuchten, das dem Fleisch der Jugend innewohnt.

In den mittleren Lebensjahren ist es vollkommen natürlich, dass du das Gefühl bekommst, von deinem Körper „betrogen" zu werden. Wenn du einmal gelernt hast, wie du das physische Strahlen durch Kleidung, Make-up, Schmuck und das sinnliche Tänzeln des weiblichen Körpers kultivierst, dann wird deine Jugend überflüssig. Dein junger Körper, der auf natürliche Art vor Energie leuchtet, hat zum Wohle deiner spirituellen Reife seinem Zweck gedient. Jetzt ist es für dich an der Zeit, deine weibliche Kunst des Lichts der Liebe weiterwachsen zu lassen und zu vertiefen.

Lokalisiere die Liebe in deinem Herzen und übe, sie durch deinen Körper leuchten zu lassen. Dazu gehört die Praxis, das gesamte Spektrum zuzulassen und den gesamten Regenbogen der Liebesenergie durch deinen Körper fließen zu lassen. Wie könnte diese Praxis in der Beziehung zu deinem Mann in Erscheinung treten? Während ihr euch liebt, kannst du praktizieren, ihm die Energie einer Mutter zu schenken, wobei dein Körper nährende und tröstende Liebe überträgt. Du kannst ihm die Energie eines wilden Tieres schenken, indem dein Körper Liebe durch eine ungezähmte, gefährliche und bestialische Kraft überträgt. Du kannst ihm die Energie einer Hure schenken, indem dein Körper Liebesenergie in ihrer obszönen, lüsternen, „dunklen" Form überträgt.

Wenn sich dein Körper widersetzt, mit einem gewissen Aspekt der weiblichen Energie zu fließen, dann wirst du die Liebeskraft einschränken, die aus deinem Herzen ausstrahlen kann. Damit schwächst du dich. Übe, mit der Liebesenergie zu fließen, der du am meisten Widerstand leistest. Wenn du dich damit wohlfühlst, sanfte mütterliche Liebe zu geben, es dir aber widerstrebt, deinen Mann wie eine betrunkene Nutte zu bumsen, dann musst du bei der Übertragungskunst von Licht und Liebe noch mehr zu lernen. Das Weibliche wächst spirituell, indem es lernt, jede Nuance der Liebesenergie von den Tiefen deines Herzens bis in die Spitzen deiner Zunge, Finger, Brustwarzen und Zehen fließen zu lassen, hinein in alle deine Beziehungen und durch sie hindurch.

Spirituelles Wachstum bedeutet, mit dem gesamten Spektrum der Liebesenergie zu fließen, wild und rein, schwesterlich und hexenhaft, zickig und heilig. Letztendlich umfasst deine Liebe das gesamte Universum, das gesamte Spektrum von Energien in jeder möglichen Form. Um so unermesslich zu lieben, musst du bereit sein, jede mögliche Emotion zu spüren, und deinem Körper erlauben, mit allen möglichen Energien zu fließen – ob es dir nun gefällt oder nicht.

Den Energien, die du nicht in deinem eigenen Körper inkarnieren willst, wirst du bei anderen Menschen Widerstand leisten. Deine bloße Gegenwehr wird dafür sorgen, dass diese Energien in deinem Leben auftauchen, damit du in ihrer Umgebung lernen kannst. Wenn es dir beispielsweise widerstrebt, uneingeschränkt glücklich und sexy in jedem Zentimeter deines Körpers zu ruhen, dann wirst du Frauen verachten, die du für „Flittchen" hältst, und genau diese in deinem Leben anziehen. Wenn du deine eigene Kraft verleugnest, mit der du andere energetisch beeinflusst, dann wirst du Frauen ablehnen, die manipulativ wirken, und sie in deinem Leben anziehen.

Um spirituell zu wachsen, lerne jede Energie in Liebe zu umarmen und zum Ausdruck zu bringen. Dein Körper wächst in seiner Fähigkeit, jede Art von Licht auszustrahlen, hässlich und wunderschön, kosmisch und kindisch, pastellfarben und dunkelrot. Es erfordert Praxis, sich so zu öffnen. Für eine Frau ist es einfach, sich als Liebe in den Formen hinzugeben, die ihr angenehm sind: Dein Mann massiert deinen Rücken, bereitet dir ein Abendessen zu und bindet dich dann mit Samtbändern am Bett fest, um dich mit seiner Zunge zu foltern: Damit kannst du wahrscheinlich umgehen. Aber wenn du wütend bist – dein Mann lügt dich in einer wichtigen Angelegenheit an –, bist du dann in der Lage, die Wutenergie durch jede Zelle deines Körpers strömen zu lassen, und kann dein Herz gleichzeitig für sein Herz weiter offen bleiben?

Kannst du durch deinen Zorn hindurchspüren, mit deinem Mann von Herz zu Herz verbunden bleiben und die Tiefe der Liebe und der Sehnsucht fühlen, die dein Herz aufwühlen? Kannst du Liebe atmen – Liebe ein- und ausatmen, so als wäre sie Luft –, während du gleichzeitig deinen Mann anschreist, seine Integrität verlangst und nichts Geringeres tolerierst als das, von dem du genau weißt, dass es für ihn gilt?

Deine Fähigkeit zu entwickeln, die Liebe durch verschiedene Energieschattierungen erstrahlen zu lassen, erfordert Zeit, genauso wie zu lernen, Make-up aufzulegen. Dein Körper lernt letztendlich, jede Form von Energie im Universum zu inkarnieren, während sich dein Herz weiterhin dem Strahlen der Liebe hingibt, die in seiner Tiefe leuchtet.

Wenn dein Körper und dein Herz einmal gelernt haben, offen zu sein, kannst du üben, dich in die Quelle des Lichts selbst zu entspannen, in die bloße Liebe, die du bist, in die tiefe Glückseligkeit des Seins. Während du lernst, dich hinzugeben, lebt diese Kraft der Liebe mehr und mehr als du, lässt dein Herz schlagen, bewegt deine Gliedmaßen, öffnet deine Vagina und macht jeden Narren, der der Liebe im Weg steht, einen Kopf kürzer.

Genieße das Spiel zwischen männlichem Bewusstsein und weiblichem Licht auf jeder Stufe. Dein glühendes Lächeln und deine Augen lenken das einsgerichtete Ziel deines Mannes auf dich – Haut an Haut. Seine Präsenz penetriert deinen Körper und mischt sich mit deinem ausgedehnten Fühlen und Strahlen. Sein standhaftes Bewusstsein durchdringt die Kraft der Liebe, die von deinem Herzen ausstrahlt. Diese Fusion verbrennt als absolute Liebe. Gekennzeichnet von einer überwältigenden Fülle und einer wunderbaren Freiheit, stellt diese Ekstase die tiefste Freude in der sexuellen Liebe dar, die Mann oder Frau entdecken können. Die offene Glückseligkeit des reinen Seins wird durch die Hitze des sich hingebenden Fleisches fühl- und greifbar gemacht.

9
Freie Aufmerksamkeit inmitten der Lust

Ich bin kurz davor zu ejakulieren. Sie zieht mich tief in sich hinein und melkt meinen Penis mit der Umklammerung ihrer Vagina. Ihr Verlangen scheint unstillbar. „Fester“, schreit sie und ihre Vulva knallt mir entgegen. Sie windet mein Organ mit ihrem samtigen Griff und beginnt, in Wellen zu kommen, und erzittert, erzwingt meinen Erguss durch quälende Reibung.

Aber ich will nicht ejakulieren. Ich will nicht, dass diese Gelegenheit endet. Ich möchte nicht auf ein ausgegossenes Spermagefäß reduziert werden.

Statt von Lust gelenkt zu sein, spüre ich in die Lust hinein und durch sie hindurch. Ich lasse es nicht zu, in den Rausch hineingezogen zu werden und mich zu ergießen, zu entleeren und zu erschöpfen. Stattdessen richte ich meine Achtsamkeit neu aus. Ich spüre durch die Intensität der Lust hindurch, so wie ein Löwe durch einen Feuerring springt – in die Offenheit hinein, die hinter der Lust liegt. Wenn ich in diese Offenheit hineinspüre, verändert sich das Erleben plötzlich, so als wäre das Feuer der Lust ein Trugbild oder eine Hitzewelle, die sich in einem riesigen Ozean des strahlenden Nichts kräuselt.

Die Lust ist nicht weniger geworden, aber sie ist nicht mehr der Dreh- und Angelpunkt meiner Aufmerksamkeit. Sie ist nur noch ein winziger Schimmer, ein transparenter Glanz auf der Oberfläche eines Ozeans der Tiefe. Ich lasse meine

Aufmerksamkeit sich in diese weite Quelle entspannen, und damit verschwindet der Drang zu ejakulieren. Stattdessen nimmt die Intensität der Wahrnehmung zu und strömt in einer Eruption von Gehirnlicht meine Wirbelsäule hoch.

Wir sind immer noch kraftvoll vereint. Ihre Beine und ihr Unterleib vibrieren nun wie ein Motor, der kurz vor der Explosion steht. Sie hat es sich nie erlaubt, von so viel Energie erfüllt zu sein. Und ich habe mein Gewahrsein in dieser gewaltsamen Lust noch nie so tiefgreifend aufrechterhalten.

Ich kann spüren, wie sie versucht, mich über den Horizont des Bewusstseins in den Strudel ihrer bebenden Liebe zu ziehen. Es ist so, als würde sie mich testen: Werde ich das Bewusstsein verlieren? Und obwohl ich es durch ihren Lustwirbel hindurch aufrechterhalte, verstärkt sich unsere Energie, unsere Hingabe vertieft sich, und neue Ebenen von gegenseitiger Glückseligkeit steigen immer wieder empor und lösen sich dann auf, wobei jede vollkommener ist als die vorherige.

Die Anziehungskraft ihrer körperlichen Ekstase erfordert eine fast völlige Durchdringung des Bewusstseins. Wenn ich die Offenheit meines Gewahrseins nur einen Augenblick lang wieder verenge, wird meine Aufmerksamkeit in den Wirbel der Genitalstimulation hineingesogen, und ich könnte unfreiwillig einen schnellen Freudenspritzer in einer letzten Zuckung verlorener Erkenntnis abgeben. Ich muss meine Erkenntnis in der Kraft ihrer tief greifenden sexuellen Erregung stabil halten. Je stabiler mein Durchhaltevermögen, desto tiefer ihre Hingabe. Je ausgedehnter der Raum meiner Erkenntnis, desto intensiver ihre Verzückung.

In dieser Offenbarung des wahrhaftigen „Ficks" werden wir von göttlicher Ehrfurcht erfüllt.

Erkenne beim Sex den Unterschied zwischen Energie und Bewusstsein. Der weibliche Fehler besteht darin, sich in der Energie oder Lust zu verlieren. Der männliche Fehler besteht darin, die Energie zu unterdrücken, indem man starr am Bewusstsein oder einem Bemühen um Trennung festhält. Anstatt diese Fehler zu begehen, solltest du üben, die Energie voll und ganz zu spüren. Aber nimm sie als Bewusstsein wahr, als kleine Welle dessen, was du im tiefsten Inneren bist.

Die feminine Part neigt dazu, sich als Erstes in der Energie zu verlieren. Wenn der Sex wirklich gut ist, dann wird sie oder er alles andere vergessen und zur Energie, zur Lust und zum Gefühl werden. Dann wird sich der maskuline Part entweder eher zurückzuhalten und Widerstand leisten, oder er wird von der femininen Lust mitgerissen.

Wenn du zulässt, dass der dir innewohnende Raum des Bewusstseins durch bloße Sinnesfreuden schrumpft, dann wirst du in den Orgasmus hineingetrieben. Ohne raumgebendes Bewusstsein führt der Orgasmus eher zu einem Zusammenbruch von Energie und Gewahrsein – ein schneller Ritt zu einer mittelmäßigen Nichtigkeit. Anstatt diesem allgemeinen Grunzen der Stimulation und des Loslassens zum Opfer zu fallen, solltest du deine Aufmerksamkeit neu ausrichten, damit der Sex über die bloße Befriedigung hinausgeht.

Viele Menschen haben nur äußerst karge sexuelle Freuden erlebt. Sie haben sich eine sexuelle Stimulationsroutine zur Gewohnheit gemacht, die zu einer unerträglichen Erregung führt, deren Spannung sich anschließend explosionsartig durch die Ejakulation oder den klitoralen Orgasmus entlädt. Diese Art von Sex gleicht Schweinen, die sich im Koben der neuronalen Heiterkeit ergötzen und sich bis an den Rand der Explosion mit Energie vollstopfen – unbewusst des Weges, der sich jenseits solch eines seichten Gemetzels auftut.

Wenn du der männliche Part bist, dann verliere den offenen Raum des Bewusstseins nicht zugunsten der momentanen Lust. Aber widersetze dich auch nicht der Kraft der Lust, so wie ein starrsinniger Trottel, der versucht, die Kontrolle zu behalten. Die sexuelle Lust an sich besitzt einen natürlichen Magnetismus, der das Gewahrsein in ihre offene Quelle ziehen kann, so wie eine Motte vom Licht angezogen wird. Nimm die Lust aufmerksam wahr (was sowieso geschieht). Spüre in sie hinein, aber bleibe dort nicht stehen.

Fühle durch die Lust hindurch, genauso wie durch den Raum um sie herum und hinter ihr – in den Ozean hinein, auf dem sie schimmert. Spüre die sexuellen Gefühle voll und ganz, genau wie den offenen Raum, in dem sich die Gefühle hin- und herbewegen. Spüre die Erregung genauso wie die durchdringende Klarheit, die jeden Stoß und die pulsierende Intensität wahrnimmt. Sei das Gefühl selbst, unendlich erweitert, durch alles hindurch.

Lass zu, dass deine Aufmerksamkeit von der samtenen Zugkraft oder dem fließenden Pochen der Genitalien deiner oder deines Geliebten angezogen wird, und spüre durch sie hindurch. Lass zu, dass deine Aufmerksamkeit von der sirenenartigen Rhapsodie des Stöhnens deiner oder deines Geliebten erregt wird, und fühle durch sie hindurch. Anstatt von den Strömungen der Hingabe fortgerissen zu werden, begegnest du dieser Ungezähmtheit mit der Wildheit des Bewusstseins. Je wilder deine Geliebte oder dein Geliebter wird, desto tiefer musst du durch ihre bzw. seine Energie hindurchspüren.

Dann gibt es einen Moment, in dem du durch alles hindurchspürst. Offener Sex, ohne Peripherie. Die Offenheit selbst, ohne Unterschied. Liebe. Damit sich diese Erscheinung ganz schlicht und einfach zeigt, musst du dich darin üben, deine Aufmerksamkeit inmitten der extremen Lust zu befreien.

Übe dich darin, die gesamte sexuelle Begegnung wahrzunehmen, die sich im offenen Bewusstsein entfaltet, so als ob du während des Träumens aufwachtest. Diese Erkenntnis schenkt dir die schnelle Offenbarung. Plötzlich bist du dir der Wahrheit gewahr, die schon immer existiert hat: Du bist das Strahlen des Bewusstseins selbst. Alles, was geschieht – dazu gehört auch Sex –, findet in dieser Offenheit statt und ist eine Schöpfung des bewussten Lichts. Es sei denn, du vergisst das und verlierst dich im Drama von Hoffnung und Verlangen, im Traum von Erfüllung und Erlösung, in der Vision von Fleisch und Mühsal.

Beim Vögeln vergisst du leicht, wer du wirklich bist: das Strahlen des Bewusstseins, die natürliche Liebe, die Offenheit und Tiefe des Seins. Übe ständig, dich daran zu erinnern, wer du bist, selbst beim sexuellen Austausch von Gerüchen und Körperflüssigkeiten.

Für ihn

Wahrscheinlich benutzt du deine Frau, um dich zu stimulieren. Es gefällt dir, wie ihr String sich zwischen ihren Pobacken schiebt. Dir geht einer ab, wenn sie Leder trägt, dich peitscht oder vor dir kniet. Ihre sanften Massagen, ihre durchsichtige Wäsche und ihr herber Duft nach Zimt und Karamell machen dich an. Beim Sex reitest du dann deine eigene Erregung an den Rand der Entladung, und mit einem intensiven Lustblitz nimmt es ein abruptes Ende.

Frauen sind wahrscheinlich die schönste, begehrenswerteste und attraktivste Inspiration deines Lebens. Das ist auch gut so. So funktioniert es – Frauen enthüllen den Männern die Schönheit der Existenz. Ohne Frauen wäre es tatsächlich ein trauriges Leben. Aber deine Verbindung zu den weiblichen Reizen muss sich nicht auf die sexuelle Lusterzeugung beschränken.

Nimm einmal an, du liegst am Strand und siehst eine Frau, die dich anmacht, egal ob sie deine Geliebte oder eine völlig Fremde ist. Vielleicht zieht sie dich an, weil ihre weiche, glatte Haut eingeölt im Sonnenlicht glänzt. Vielleicht kannst du deine Augen nicht von ihrem Dekolleté oder ihrem Hintern abwenden. Vielleicht ist es ihre Eleganz, ihre Anmut, ihr Gang oder die entspannte Tiefe der Leidenschaft in ihren Augen.

Das Gefühl, eine Frau zu „wollen", ist das Gefühl, mit ihr verschmelzen zu wollen, sie zu nehmen und sie zu deiner zu machen, damit du einige Momente lang in ihrer Schönheit und ihrer köstlichen Weiblichkeit versunken bist, frei vom Verlangen, denn du hast genau, was du willst. Aber was ist das, was du willst?

Die meisten Männer kennen das Gefühl: eine Frau zu wollen, mit ihr Sex zu haben und sich dann so zu fühlen, als sei man fertig mit ihr – zumindest auf der energetischen Ebene. Du hast bekommen, was du wolltest: Stimulation bis hin zur Ejakulation. Du bist vom Verlangen befreit. Vielleicht kuschelst du noch verliebt mit ihr, aber du schweifst schon ab, driftest in den Schlaf, versinkst in Träumen oder im Fernsehprogramm auf der anderen Seite des Zimmers.

Einige Männer gelangen an einen Punkt, an dem sie sich für diese Art von sexueller Beziehung schämen oder Schuldgefühle deswegen hegen. Daher versuchen sie, andere Wege zu finden, um einen Bezug zu ihrer Frau herzustellen. Zivilisiertere Wege. Abgesehen davon, den Lebensunterhalt zu verdienen und eine Familie zu gründen, besteht der erste Weg der nicht sexuellen Paarbildung normalerweise darin, gemeinsame Interessen zu finden: ausländische Filme, Vögel beobachten, Ideen diskutieren, Lesen am Kamin, Wein, Antiquitäten oder irgendwelche Raritäten sammeln. Manche Männer betrachten diese Dinge als eine „reifere" Form des Austauschs und transzendieren damit sicherlich das schnelle Rein und Raus der sexuellen Lust und Befreiung. Sie halten länger an und sind zudem nicht abhängig von Jugend, Energie und körperlicher Attraktivität.

Wenn du wie so viele andere Männer bist, dann hörst du an diesem Punkt auf. Abgesehen davon, dass du für deine Familie arbeitest und für sie sorgst, genießt du es, mit deiner Frau sexuell zusammen zu sein, genauso wie bei gemeinsamen DVD-Abenden, Konzertbesuchen und Debatten über internationale Politik. Zusammen giert ihr nach großartigen Orgasmen, Diskussionen und Urlauben, die ihr beide interessant findet. Im Bett genießt ihr die fleischlichen Lüste und in Museen oder Galerien den intellektuellen Austausch. Heimlich sehnst du dich jedoch nach nur einer Nacht mit deiner 18-jährigen Nachbarin, die sich im Hinterhof sonnt. Oder du hegst Fantasien in Bezug auf die brillante und provokative Kollegin bei der Arbeit, mit der du Dinge teilen kannst, die deine Partnerin nicht einmal ansatzweise versteht.

Wenn es dich total erfüllt, eine gesunde Familie zu ernähren, dreimal die Woche Sex zu haben und gemeinsam beim Kauf eines persischen Teppichs ein gigantisches Schnäppchen zu machen, dann genieße das, solange es anhält. Denn es wird nicht von Dauer sein. Betrachte einmal die sinnliche Sexualität an sich: Egal wie aufregend oder attraktiv der Körper deiner Frau sein mag oder wie interessant ihr Geist und Verstand sind – wahrscheinlich kommst du irgendwann an den Punkt, an dem dir das nicht mehr genügt. Dein erster Impuls besteht möglicherweise darin, dass du diese Dinge woanders suchst. In manchen Fällen kann dir eine andere Frau die körperliche Energie oder intellektuelle Brillanz bieten, an der es deiner jetzigen Frau fehlt. Aber selbst wenn das der Fall ist, wirst du schließlich genauso desillusioniert sein wie bei allen anderen Frauen zuvor.

Großartiger Sex ist verführerisch, und dann wächst du in eine Tiefe hinein, in der das nicht mehr ausreicht. Dein Interesse wird von der speziellen Art von Frau angestachelt, die mit dir „ein Leben teilen" kann. Hoffentlich findest du diese Art von Frau auch sexuell attraktiv. Dann wächst du ein bisschen weiter. Ob du mit deiner jetzigen Frau weiter zusammenbleibst oder dein Glück woanders versuchst, wird letztendlich nichts Grundlegendes ändern. Du musst dein Bewusstsein von alten Gewohnheiten befreien und dich neu auf eine tiefere sexuelle Wahrheit ausrichten, wenn dein Leben und deine Beziehungen Bedeutung erhalten sollen.

Entwickle ein Feingefühl dafür, wo deine Aufmerksamkeit hinwandert, wenn du dich für eine Frau interessierst. Vielleicht wandert sie zu ihren Brüsten oder Beinen. Oder vielleicht denkst du darüber nach, was für eine gute Mutter sie abgeben würde. Oder vielleicht stellst du dir vor, dass ihr gemeinsam auf einer Ranch entspannt den Sonnenuntergang beobachtet, während ihr Kaffee schlürft und deine Frau ihrem Kunstwerk gerade den letzten Schliff gibt. Vertieft sich dein Bewusstsein nicht weiter, dann wirst du dich unerfüllt fühlen, wenn diese Dinge ihren Reiz verlieren. Am Ende wird es dir völlig gleichgültig sein. Du wirst langsam und leise verzweifelt verhungern oder deine jetzige Beziehung aufgeben und bei null anfangen, was euch beide um euer wahres Glück bringt.

Letztendlich wird dich das Leiden zu noch größerer Tiefe zwingen. Dabei ist gar keine Eile geboten, denn du wirst wissen, wann es so weit ist – du hast keine andere Wahl. Dann ist es an der Zeit, deine Aufmerksamkeit behutsam durch die Gegenstände zu bewegen, auf die sie sich richtet – so als würdest du durch ein Bootsdeck in die tiefen Rhythmen des Ozeans hineinspüren oder deinen Blick mit Hilfe der sich in einer Fensterscheibe spiegelnden Gegenstände entspannen, damit du die riesige Landschaft dahinter erkennen kannst. Jedes Objekt deiner Aufmerksamkeit schwebt in einem grenzenlosen Raum des Seins. Derjenige, der du bist, ist diese gesamte Seinstiefe, und das „Reflektierte" gehört dazu. Entspanne deine Aufmerksamkeit mit jeder Erfahrung, damit du diese Tiefe der Offenheit erleben und spüren kannst.

Spüre durch steife Brustwarzen und feuchte Genitalien hindurch, so als würdest du im Traum durch Bilder und Wahrnehmungen hindurchspüren, fühle durch ihre Transparenz hindurch in den innewohnenden Raum hinein, in dem sie schimmern. Spüre dich durch die Wellen der alltäglichen Geräusche hindurch – die lachenden Kinder, das klingelnde Telefon, den bellenden Hund –, so als würdest du in einen darunter liegenden Ozean der Stille hineinspüren. Spüre durch deine Wahrnehmung von Befriedigung hindurch, während du nach einem langen und harten Arbeitstag neben deiner Frau liegst, dich in die Offenheit des tiefen Seins entspannst.

Spüre durch alles hindurch, in die tiefe Stille hinter den Geräuschen, in den offenen Raum, in dem sich die Bilder deines Lebens bewegen. Wahrscheinlich wirst du feststellen, dass du das nicht lange durchhältst. Nach ein oder zwei Sekunden wirst du die Tiefe verloren haben und wieder mit der Oberfläche verhaftet sein, mit den Bildern, Tönen und Gefühlen deines Lebens – und diese Dinge erfüllen dich nicht lange. Übe weiter, erneut im jetzigen Augenblick zu verweilen, spüre durch alles hindurch, auf dem deine Aufmerksamkeit ruht, während du dich als die Tiefe des Seins öffnest. Übe immer und immer wieder viele kurze Augenblicke lang und praktiziere es schließlich auch nachts im Traum.

Übe vor allem, wenn du vom Leben am stärksten angezogen oder zurückgewiesen wirst, was in Bezug auf deine Frau wahrscheinlich recht oft passiert. Setze ihre Attraktivität (oder ihre Probleme) ein, um deine Aufmerksamkeit von deinem eigenen Körper und Geist loszureißen und in ihren Körper und Geist zu schleusen. Aber bleibe nicht an diesem Punkt stehen, denn sonst fühlst du dich ausgelaugt, gelangweilt und unerfüllt. Fühle dich in sie hinein und spüre dann weiter in die Tiefe der Existenz selbst.

Wenn du beispielsweise mit ihr schläfst, dann richtet sich deine Aufmerksamkeit naturgemäß auf ihre Vagina, die deinen Penis warm umschließt. Spüre, wie deine Aufmerksamkeit regelrecht in diese Wahrnehmung hineingleitet, egal wo sie sich den Augenblick zuvor befunden hat. Nutze den Impuls deiner ausgerichteten Aufmerksamkeit und spüre genau durch diese Wahrnehmung hindurch, hinein in den Raum der Wahrnehmung selbst.

Ein Regenbogen ereignet sich am Himmel. Ein Film spielt sich auf der Leinwand ab. Vor welchem Hintergrund nimmst du die Empfindung wahr? Finde es heraus. Spüre durch die pumpende schlüpfrige Hitze der Vagina deiner Frau hindurch, die deinen Penis umgibt. So gut sich das auch anfühlen mag, es fühlt sich besser an, wenn du auch den leeren Raum wahrnimmst, in dem die Energie der Empfindung auftaucht – so wie die Luft, in der eine Fata Morgana erscheint. Diese gleichzeitige Erkenntnis der Fülle (heiß, feucht, seidig, pochend) und Leere (der Raum der Empfindung) befreit die Glückseligkeit aus der bloßen Körperlichkeit in eine uneingeschränkte Grenzenlosigkeit von Offenheit und Tiefe.

Genauso wie die Kindererziehung, das Sitzen am Kamin oder die Autosammlung erfüllt dich Sex nur so tief, wie du ihn fühlen willst. Man kann es lernen, durch die Oberfläche hindurch in die Tiefe eines jeden Augenblicks hineinzufühlen. Diese Fähigkeit wächst mit der Übung. Wenn du durch die Wahrnehmung eines Mückenstichs hindurchspüren kannst, dann ist dieser Augenblick genauso glückselig wie eine Massage durch fünf nackten Frauen. Gerüche, Geschmäcker, Berührungen, Töne und Aussehen sind unterschiedlich – und sicherlich ziehen die meisten Männer die eine Erfahrung der anderen vor –, aber die Glückseligkeit des Augenblicks ist identisch. Die Tiefe des Augenblicks ist identisch. Der Grad deiner Erfüllung – offen, frei, lebendig und vollkommen – ist identisch.

Wenn du praktizierst, durch das Erleben hindurchzufühlen, dann hoffst du nicht länger auf das Unmögliche: nämlich dass dich dieses oder jenes bestimmte Erlebnis erfüllen möge. Auch die Tatsachen werden dich nicht in Depressionen versetzen: Sex ist vergänglich, und du hast es immer noch nicht vollkommen geschafft. Deine Frau ist manchmal liebevoll und manchmal übergeschnappt. Dein Alltag ist mit endlosen Pflichten und Nichtigkeiten gefüllt. Du fühlst durch alles hindurch und dabei dämmert die bloße Glückseligkeit des Seins überwältigend offensichtlich und überzieht sämtliche Erfahrungen.

Wenn deine Praxis kraftvoller wird, beschwerst du dich vielleicht immer noch über deinen schmerzenden Rücken oder schimpfst über dein kaputtes Auto, aber die innewohnende Glückseligkeit des Seins verweilt ungebrochen als die greifbare, grundlegende „Substanz" eines jeden Augenblicks. Vielleicht bemitleidest du dich, aber du spürst auch durch dein eigenes Selbstmitleid hindurch und entspannst als offene Tiefe, selbst wenn du meckerst und jammerst.

Nachdem du die tiefe Glückseligkeit des Seins lokalisiert und dich als diese entspannt hast, kannst du üben, ihr zu gestatten, jeden Aspekt deiner täglichen Erlebnisse zu durchdringen – Augenblick für Augenblick. Dein Familienleben wird von der Offenheit deines Wesens durchdrungen. Dein Berufsleben wird zum Ausdruck deiner Tiefe. Deine Frau schwindet durch die Kraft deiner Präsenz dahin, die du emotional über deinen Körper und deinen Atem überträgst.

Du nutzt den Sex nicht länger einfach nur, um dich von Anspannung und Verlangen zu befreien, sondern du löst deine Anspannung vollkommen auf, indem du durch den Sex hindurchfühlst. Du gestattest es dir, von weicher Haut und einem bezaubernden Lächeln angezogen zu werden. Du nutzt den Impuls der Anziehung, um mit deiner Aufmerksamkeit genau durch die Empfindungen und Emotionen in deren Quelle und Tiefe hineinzuspüren, in das „Wer" des Erlebens selbst. Dann lässt du die Tiefe dieses „Wer", die Kraft der Liebe und die Offenheit des Seins, als deine gesamte Erfahrung und die gesamte Welt um dich herum aufsteigen. Du erlebst die Befreiung nicht mithilfe von Frauen und Orgasmen, sondern indem du dich als die Glückseligkeit entspannst, die du bist, immer und immer wieder, bis die Angst und das Verlangen schließlich ihren Halt in der Fülle der uneingeschränkten Erscheinung verlieren, die jeden Augenblick neu entsteht.

Für sie

Wenn die Liebe in deinem Leben und deiner Beziehung fließt, dann fühlst du dich wahrscheinlich offen und wohl. Wenn die Liebe nicht fließt, dann fühlst du dich eher deprimiert und müde. Daher ist es ganz natürlich, dass du versuchst, in deinem Leben und deiner Beziehung einen Fluss der Liebe zu erschaffen – in der Hoffnung, dass du dich dadurch gut fühlst.

Wenn du annimmst, dass sich die Quelle der Liebe in anderen befindet, dann wirst du alles Erdenkliche tun, um die Liebe der anderen zu gewinnen. Vielleicht stellst du deine persönlichen Wünsche zurück, um auf die Bedürfnisse der Menschen einzugehen, deren Liebe du haben willst: deiner Familie, deines Mannes, deines Freundeskreises. Wenn du dann schließlich so richtig von deinem eigenen Weg abgekommen bist, nur um sie zufriedenzustellen, dann fühlst du dich möglicherweise missbraucht, du fühlst dich als Opfer ihrer Launen. In Wahrheit ist es so, dass du in vielen Fällen ihren Missbrauch sogar tolerierst, denn du erhoffst dir Liebe. Sonst würdest du einfach aufhören, dich ihnen als potenzielles Opfer zur Verfügung stellen.

Wenn du dich wirklich ungeliebt und unbeachtet fühlst, kann es sein, dass du dich tatsächlich nach Missbrauch sehnst. Vielleicht empfindest du das nicht so, sondern fühlst dich einfach verletzt und wütend. Dein Mann sitzt vor dem Fernseher und trinkt Bier. Er ignoriert dich seit Wochen. Du versuchst, mit ihm zu sprechen, und er reagiert nicht. Du tust etwas Besonderes – kochst ihm ein Abendessen oder ziehst dich auffallend schön an – und er nimmt dich nicht einmal wahr. Du stehst in der Küche und wirfst – frustriert von dieser Apathie – plötzlich einen Teller auf den Boden, damit er zerbricht. Oder du kommst mit deinem Auto die Einfahrt hoch und hättest eigentlich Lust, „zufällig" in die geschlossene Garagentür hineinzufahren.

Dir ist klar, dass solche Verhaltensweisen nicht dazu führen, dass dich dein Mann mehr liebt. Aber sie werden wenigstens seine Aufmerksamkeit erregen. Wenn sich eine Beziehung wirklich verschlechtert – und zwar in dem Sinne, dass dich dein Mann nicht einmal mehr wahrnimmt, – dann ist seine zornige Aufmerksamkeit besser als überhaupt keine. Sein Missbrauch ist besser als ein Zustand des ständigen Mangels, denn in seiner Wut kannst du immerhin seine Präsenz wahrnehmen.

Dies ist in der Tat eine äußerst dürftige „Präsenz", aber die meisten Frauen haben sie sich schon gelegentlich von ihrem teilnahmslosen Mann gewünscht: „Ich zerstöre lieber seine Stereoanlage, damit er mich wahrnimmt, anstatt so weiterzumachen." Auf diese Weise kann man wenigstens seine Reaktionsfähigkeit in seinem Ärger spüren. Vielleicht schreit er herum, aber immerhin spricht er mit dir. Wenn du seine hitzige Wut wahrnimmst, ähnelt das vielleicht seiner Leidenschaft, die du vor langer Zeit einmal empfangen hast.

Liebe ist für die weibliche Essenz so wichtig, dass einige Frauen in der Hoffnung auf Liebe so gut wie alles tun. Dazu gehört, dass sie die Verfügungsgewalt über ihr persönliches Leben aufgeben in der Hoffnung, von ihrer Familie, ihrem Liebhaber oder ihren Freunden geliebt zu werden.

Wenn du spirituell wächst, erkennst du jedoch, wie unbefriedigend es ist, der Liebe wegen ständig von jemand anderem abhängig zu sein. Egal ob dich dein Mann liebt oder nicht – egal ob dich irgendjemand liebt oder nicht –, du erkennst, dass du der Liebe würdig bist. Du brauchst niemandem zu gefallen, um den Fluss der Liebe zu spüren, den du dir im Leben wünschst. Du kannst dich selbst lieben.

Dieser Übergang ist sehr schwierig und lohnenswert zugleich: Du entwächst der Abhängigkeit von anderen, die dir die gewünschte Liebe geben sollen. Selbstliebe zu lernen, ist ein großer Schritt im Leben. Er lässt dich ganz und unabhängig und zu einer echten Erwachsenen werden, die in der Lage ist, ihre eigenen Entscheidungen zu treffen, ohne zum Opfer zu werden. Du kannst deinen eigenen Weg wählen, dein Leben nach deinen Wünschen und Vorstellungen gestalten und andere das Gleiche tun lassen.

Für manche ist diese Art von Eigenständigkeit die Errungenschaft ihres Lebens. Nach Jahren einer Beziehung mit einem Mann, der von dir erwartet hat, alles so zu tun, wie er es will, bist du schließlich in eine Beziehung hineingewachsen, die von Gleichberechtigung, gegenseitigem Respekt und Unabhängigkeit geprägt ist. Du teilst die Liebe mit deinem Partner, aber du weißt auch, wie du selbst Liebe geben kannst. Du sorgst für deinen Partner, aber du sorgst auch für dich selbst. Eine Zeit lang wirkt das wie eine ideale Beziehung: Freunde und Liebende anstatt Unterdrücker und Betrogene.

Die nächste Veränderung findet statt, wenn diese Gleichberechtigung nicht mehr ausreicht. Deine Beziehung sichert und unterstützt dich, aber es fühlt sich so an, als würde etwas fehlen. Dein Mann gibt dir Liebe und respektiert auch deine Freiheit, aber die Ekstase der totalen Hingabe ist ein seltenes Vergnügen. Du würdest nicht mehr „alles tun", um mit deinem Mann zusammen zu sein, aber du beginnst zu fühlen, dass du fast alles tun würdest, um die Glückseligkeit der absoluten Liebe zu spüren, die tief in dein Herz und deinen Körper eindringt. Und trotzdem weißt du, dass die Hingabe an einen anderen für diese Glückseligkeit ein Rezept für Missbrauch, Opfer und Schwäche ist.

Während sich die nächste Stufe deines spirituellen Wachstums entfaltet, lernst du, dich total zu öffnen, ohne dich in jemand anderem zu verlieren. Du leidest nicht mehr unter dem Schmerz der Abhängigkeit und auch nicht unter dem Stolz der Freiheit. Du hörst damit auf, deinen Liebhaber hin und her zu zerren, und atmest einfach als Liebe.

Als du abhängig warst, hast du dich dafür geopfert, um deinen Mann zu beglücken. Als du unabhängig warst, hast du geübt, dich selbst so zu stärken, dass du dich – mit oder ohne Mann – selbst beglücken konntest. Jetzt kannst du die wahre spirituelle Hingabe praktizieren, zu der es gehört, sich der Liebe zu öffnen, die das Universum lebt, und als dein Körper, dein Geist und deine Emotionen zu fließen. Deine Lust liegt in dieser Unterwerfung, die weder dem Mann noch dir selbst gegenüber erfolgt, sondern dem eigentlichen Fluss der Liebe gilt, nach dem du dich die ganze Zeit gesehnt hast.

Durch diese Art von Unterwerfung wirst du nur stärker und nicht schwächer. Der Liebe selbst hingegeben und von der Liebe selbst bewegt, erscheinst du als ernst zu nehmende Kraft. Wenn die Liebe durch dich hindurchströmt, sollte dein Mann besser zu sich kommen oder vorsichtig sein. Doch eigentlich solltest besser du zu dir kommen und achtsam sein. Die Liebe ist eine Kraft, die dir die falsche Bequemlichkeit entreißt und dein Leben mit den Bedürfnissen der Liebe in Einklang bringt.

Die meisten Frauen ziehen den körperlichen Komfort und die emotionale Sicherheit der wahren Liebe vor. Ihr Leben ist auf die Erfordernisse eines hübschen Zuhauses, eines guten Arbeitsplatzes und ihrer Beziehungen zu Familie und Freunden ausgerichtet. Erst nachdem sie sich sowohl der Abhängigkeit als auch der Unabhängigkeit hingegeben haben, sind die meisten Frauen für die Hingabe an die Liebe bereit. Nur wenn eine Frau von der Liebe bewegt werden möchte – und nicht von dem Begehren ihres Mannes oder ihren eigenen Träume –, ist sie bereit, diesen nächsten spirituellen Wachstumsschritt zu unternehmen.

Zu diesem Schritt gehört die „Hochzeit mit Gott“ – du wirst zur Frau der Liebe statt zur Frau deines Mannes oder der Frau, die dir selbst gehört.

Du wirst wissen, wann du bereit bist, diesen Schritt zu gehen, denn du hast keine andere Wahl. Vielleicht sitzt du in der Küche und deine bezaubernden Kinder essen am Tisch, dein dir ergebener Mann schaut dir in die Augen, und du fühlst dich erfüllt – beinahe. In deinem Herzen gibt es immer noch eine „gottförmige Leere“.

Du spürst eine Anspannung in deinem Körper und eine Sehnsucht in deinem Herzen. Vielleicht versuchst du, beschäftigt zu bleiben, um dieses Gefühl zu vermeiden. Vielleicht versuchst du dich davon zu überzeugen, dass du kein Recht hast, diesen subtilen Mangel zu spüren. Schließlich hast du doch alles, was du dir schon immer gewünscht hast, und sicherlich besitzt du mehr als andere Frauen, die dieses Glück nie genossen haben. Und trotzdem fehlt irgendwo und irgendwie etwas, auch wenn du es nicht so genau ausmachen kannst.

Einige Frauen versuchen, ihre Langeweile durch eine Therapie oder Gespräche mit Freunden zu analysieren. Andere Frauen suchen die Ekstase, um sich im Drang nach etwas „Größerem“ „zu verlieren“. Sie schenken ihr Leben einem spirituellen Führer oder einer gesellschaftlichen Bewegung und erleben die Glückseligkeit der Selbsthingabe, die verloren ging, als sie ihre unabhängige emotionale Haltung entwickelt haben.

Aber diese Art von Glückseligkeit ist nur vorübergehend und hängt von ihrer geliebten Person oder Aufgabe ab, die sie gewählt haben. Werden sie von ihrem spirituellen Lehrer zurückgewiesen, geht es ihnen genauso schlecht, als würden sie von ihrem Liebhaber zurückgewiesen. Oder wenn sie sich entschieden haben, sich einem größeren gesellschaftlichen Thema zu widmen – wie beispielsweise Ökologie, Feminismus, Bildung oder weltweite Gesundheit –, dann leiden sie unter dem schlussendlichen Erfolg oder Misserfolg ihrer Mission. Und in der Folge sehnen sie sich wieder nach mehr.

Letztendlich ist die einzige wirklich erfüllende Hingabe diejenige zur Liebe, die die Substanz eines jeden Augenblicks darstellt: die Liebe, die sich in Form von dir und dem Universum bewegt. Wenn die Liebe, der du dich hingibst, die Liebe „zu“ etwas oder jemandem ist, dann musst du noch mehr lernen. Du wirst nie von etwas oder jemandem vollkommen erfüllt sein. Niemals. Du magst Augenblicke des relativen Glücks erleben, aber diese werden sich zwischen den Augenblicken des relativen Unglücklichseins erstrecken. Der täglich stattfindende Kreislauf im Leben, in dem man Liebe bekommt und nicht bekommt, wird schließlich eintönig. Nutzlos. Ermüdend. Ein authentischer spiritueller Lehrer, eine authentische Lehre oder Bewegung lenkt dich unmittelbar auf die Glückseligkeit der Liebe selbst hin und hilft dir dann, der Welt als Liebe zu dienen.

Wahre spirituelle Hingabe ist die Hingabe an die Liebe selbst, die Liebe, die deinen Atem atmet und dein Herz schlagen lässt, die Liebe, die lebendig als dieser Moment tanzt. Zum spirituellen Wachstum gehört, dass du das Notwendige durchläufst, um diese Liebe zu erkennen, um ihr dein Herz und deinen Körper zu öffnen und um als sie zu leben, indem du sie über dein Leben zum Ausdruck bringst. Vielleicht entscheidest du dich dafür, die Liebe in einer Beziehung zu einem Mann oder als Nonne im Zölibat zum Ausdruck zu bringen. Vielleicht möchtest du Liebe ausdrücken, indem du viele Kinder zur Welt bringst, adoptierst oder alleine lebst. Vielleicht möchtest du eine politische Führungsposition einnehmen, Ärztin werden oder Spenden sammeln. Du hast die Freiheit, das gewünschte Leben zu wählen – aber du wirst nur erfüllt sein, wenn du praktizierst und von Augenblick zu Augenblick als Liebe lebst.

Ohne diese Praxis wird dein Leben schließlich trostlos enden. Viele Frauen haben einen Mann geliebt, Kinder großgezogen und einen bedeutenden Beitrag für die Gesellschaft geleistet, aber am Ende ihres Lebens oder sogar schon in der Lebensmitte haben sie sich einsam gefühlt. Viele Frauen haben sich spirituellen Lehrern oder sozialen Gruppen angeschlossen und sind trotzdem unglücklich, erschöpft und ihrer wahren Erfüllung beraubt gestorben. Es kommt ein Punkt, an dem du dich einzig und allein als Fluss der göttlichen Liebe hingeben kannst – denn du hast die anderen Formen von Hingabe geprüft und ausprobiert. Doch wie wohltuend diese auch immer gewesen sein mögen, es gab immer noch etwas, das du haben wolltest und nach dem du dich gesehnt hast.

Wenn du dich jemand anderem schenkst, dann ist das eine wunderschöne Sache, aber letztendlich bringt es dir keine Erfüllung. Wenn du dich deiner eigenen Richtung hingibst, dann ist das eine wunderschöne Sache, aber letztendlich erfüllt es dich nicht. Die Sehnsucht tief in deinem Herzen kann nur von der Liebe voll durchdrungen werden, die die Natur deines wirklichen Seins ist.

Übe dich genau in diesem Moment darin, deinen Körper der Glückseligkeit zu öffnen. Atme die Liebe mit jedem Atemzug ein und aus. Lerne, deine Muskeln zu entspannen – dein Herz, deinen Bauch, deine Schenkel –, damit die Energie der Liebe dich ungehindert durchströmen kann. Praktiziere, ungeachtet der Emotion des Augenblicks, die Liebe zu spüren, die durch dein Herz und deinen Körper strömt: Gib dich offen hin und lebe als Liebe, während du verletzt, wütend oder ängstlich bist. Öffne dich selbst als Liebe: über deinen Atem, deinen gesamten Körper, überall und wann immer du dich daran erinnerst.

Du wirst entdecken, dass es Teile von dir gibt, die sich gegen diese Hingabe als Liebe sträuben. Dein Bauch hat sich über Jahre hinweg nicht vollkommen entspannt, und daher kann die Liebesenergie nicht voll in deine Genitalien strömen. Du hast Angst, die finanzielle Unterstützung zu verlieren, und daher zögerst du, damit aufzuhören zu versuchen, deinen Mann zu befriedigen. Du bist so lange Single gewesen, dass du Angst hast, deinen Schutzschild fallen zu lassen und den Schmerz zu fühlen, den du in deinem Herzen bewahrt hast.

Wenn du lernst, dich der Liebe unmittelbar hinzugeben, dann ist das oft ein qualvoller Prozess. Die Illusion deiner Träume von Komfort, Sicherheit und Romantik werden dir entrissen. Jede Emotion, die du in deinen Körper hineingestopft hast, ohne sie voll und ganz zu fühlen, wird wieder aufsteigen, um neu erlebt zu werden. Bei der Entfaltung deines Herzens werden Jahre der Einsamkeit und des Schmerzes zum Vorschein kommen. Und wenn die Zeit gekommen ist, dann hast du keine andere Wahl, als diesen Prozess zu durchlaufen, dich als Liebe hinzugeben und die Glückseligkeit der tiefen Offenheit mit jedem Atemzug zu empfangen und weiterzugeben.

Die Glückseligkeit wird aus deiner wahren Natur heraus geboren – es ist eine ewige Liebe, die nicht verloren gehen kann. Die Kraft dieser Liebe kann weder besiegt noch zum Opfer gemacht werden. Diese Liebe erfüllt deinen Körper und dein Herz mit einem so tiefen Genuss, dass sogar deine eigenen Gedanken und Emotionen deine grundlegende Freude nicht beeinflussen können. Deine Einsamkeit füllt sich mit einer hellen unermesslichen Freude. Diese Liebesenergie fließt wie die Strahlen der Schönheit von deinem Herzen aus durch deinen Körper und deine Füße, Hände und Augen. Du lebst in der Verzückung der Liebe, auch wenn sich dein Alltag in der Form fortsetzt, die du gewählt hast.

Sex wird buchstäblich zum „Liebemachen", er verstärkt die Liebe, von der grenzenlosen Tiefe deines Herzens durch jeden Zentimeter deines Körpers hindurch und in der Vereinigung mit deinem Mann. Du bist so von Lust und Liebe erfüllt, dass es unmöglich ist, sie nur um der Befriedigung deines Partners willen aufzugeben. Du bist in der Glückseligkeit so offen, dass du dein Herz nicht mehr schützen musst, weil du Angst hast, dass du verletzt oder ausgenutzt wirst. Deine Liebe ist größer als dein Mann oder du selbst. Du musst nichts fürchten oder schützen. Die Liebe hat sich bereits ihren Weg durch deine geheimen Hoffnungen und Ängste gebahnt und jedes Teilchen von dir als Licht geöffnet.

Du bist weder von den Bedürfnissen deines Geliebten noch von deinen eigenen besessen. Du bist Liebe. Du lebst als Liebe. Und wenn du feststellst, dass dein Herz immer noch sehnsuchtsvoll ist, dann praktiziere, dich noch mehr als Liebe hinzugeben. Während du das Geschirr abwäschst, dein Kind von der Schule abholst oder einen Angestellten feuerst: Übe dich darin, die Liebe bei jeder Geste, jedem Wort und Atemzug durch dich hindurchströmen zu lassen. Übe in jedem Augenblick, die Liebe tief in deinem Körper zu empfangen und von jeder Zelle aus Liebe zu geben. Auf diese Art und Weise verwandelst du dich mit jedem Atemzug von einer bedürftigen und nach Liebe suchenden Frau in eine unabhängige Frau, die sich selbst liebt, und schließlich in eine Frau, die ständig und ohnehin schon von der Glückseligkeit und Segenskraft der Liebe erfüllt ist.

10

Wende dich nach aussen, nicht nach innen

Sie hatte die Angewohnheit, sich beim Sex nach innen zu wenden – vor allem, wenn sie einen Orgasmus erleben wollte. Sie schloss die Augen und zog sich zurück, wobei sie in sich hineinging, um ihre eigenen Empfindungen wahrzunehmen. Schließlich war sie überhaupt nicht mehr präsent. Auch wenn ich die Quelle ihrer Erregung darstellte, bemerkte sie weder mich noch irgendetwas anderes außerhalb ihrer eigenen Körpererregung, sobald sie sich nach innen wandte.

Sie bat mich, ihr dabei zu helfen, beim Sex offener zu bleiben. Sie wollte lernen, durch unseren Sex in eine größere Liebe hineinzuspüren. Aber zuerst musste sie lernen, durch die Höhle ihrer eigenen Sinneswahrnehmungen hindurchzuspüren. Daher beschlossen wir, dass ich aufhören würde, mich zu bewegen, sobald ich spürte, dass sie sich zurückzog. Dann öffnete sie die Augen, spürte durch ihre eigene Lust hindurch und verband sich erneut mit mir von Herz zu Herz. Dann begann ich wieder, mich zu bewegen.

Manchmal war diese Übung sehr frustrierend für sie. Aber sie wollte weitermachen. Im Laufe einiger Wochen lernte sie, bei der sexuellen Begegnung offen zu bleiben. Selbst wenn sie auf den Orgasmus zusteuerte, blieb sie offen und spürte sich durch die Wellen der Erregung hindurch, anstatt sich zu verschließen und nach innen zu gehen. Sie ließ zu, dass sich ihr Orgasmus wie ein Geschenk ans Universum nach außen bewegte, durch ihren Körper und durch meinen Körper und weit darüber hinaus. Sie schenkte sich lustvoll her, statt die Lust für sich zu behalten. Ihre Offenheit vertiefte unsere gegenseitige Hingabe, bei der wir so voll in der Liebe aufgingen, dass es keine Möglichkeit mehr gab, sich nach innen zu wenden.

Tue dein Bestes, um dich nicht von deiner Partnerin oder deinem Partner abzuwenden und beim Sex nach innen zu gehen. Bewege dich stattdessen durch das Medium deiner Umarmung hindurch und öffne dich als Liebe. Das erfordert Übung. Anfangs ist es sehr einfach, die Augen zu schließen und nach innen zu gehen – vor allem in Momenten der intensiven Lust oder des Schmerzes.

Übe stattdessen, offen zu bleiben. Sieh deinem Liebhaber in die Augen und fühl in die tiefste Liebe hinein, die du wahrnehmen kannst. Atme deinen Geliebten und dann atme durch deinen Geliebten. Löse durch die Anziehungskraft zu deinem Geliebten deine inneren Verwindungen. Hat sich dein Gefühl erst einmal ausreichend entwunden, um im Angesicht deines Geliebten stabil zu bleiben, dann spüre durch deinen Geliebten hindurch in die Liebe hinein, die das Universum bewegt – in die Liebe, die in den Herzen aller Lebewesen lebendig ist.

Es gibt Zeiten, in denen man beim Sex nach innen geht. Es gibt Momente, in denen es angemessen und natürlich ist, die Augen zu schließen und deine Gefühle von deinem Partner zu trennen. Aber in den meisten Fällen solltest du üben, dich nach außen zu öffnen, in deinen Partner hineinzufühlen und immer weiter in ihn hinein, bis es für die Ausdehnung eurer Liebe keinen Horizont mehr gibt.

Für ihn

Beim Sex ist es sehr einfach, nach innen zu gehen und sich in der Lust des eigenen Körpers oder in erotischen Gedanken zu verlieren. Halte stattdessen den direkten Kontakt zu deiner Geliebten. Schaue ihr in die Augen. Übe dich darin, die subtilen Energieströme zu spüren, die durch ihren Körper fließen. Ist ihr Atem tief und voll oder flach? Ist ihr Bauch angespannt oder locker? Sind ihre Augen offen oder geschlossen? Sind ihre Zehen gekrümmt oder weit gespreizt? Lerne, den Rhythmus ihrer Bewegung zu spüren, und bleibe bei ihr, während ihr liebt, atmet und euch beide in eine tiefere Ekstase hineinnavigiert.

Schließlich lernst du, als grenzenlose offene Tiefe durch deine Geliebte hindurchzuspüren. Für viele Menschen bedeutet Tiefe, nach innen zu gehen. Aber schließlich wird offensichtlich, dass die Tiefe die Basis für das Innen und das Außen bildet. Die Gedanken in deinem Kopf und die Wolken im Himmel werden beide von dir wahrgenommen, der du Tiefe bist. Dieses „Wer" der Tiefe (das du bist) erblickt Objekte im Innen und Außen zugleich: Emotionen und Autos, Gedanken und Stühle, Energieschübe und Stromschnellen.

Die Selbstbeobachtung oder die nach innen gewandte Meditation ist ein Weg, um in die Tiefe einzutauchen, die du bist. Sex ist ein weiterer Weg, nämlich ein Weg, der über zwei Menschen führt. Wenn du beim Sex nach innen gehst, kannst du ihn genauso gut alleine praktizieren. In der Einsamkeit kommt es zu weit weniger Komplikationen. Aber wenn du dich entscheidest, sexuell in die Tiefe zu gehen, dann übe, in die Tiefe deiner Geliebten hineinzuspüren, die Tiefe des gesamten Universums. Es ist die gleiche Tiefe, die du ganz wahrhaftig bist.

Sex ist ein natürlicher Weg, über den sich die gegenseitige Tiefe erkennen kann. Diese Tiefe ist eine Offenheit der Liebe gegenüber. Du öffnest dich mit deiner Geliebten zusammen als Liebe und entspannst in der Tiefe der sexuellen Umarmung. Ihr Körper hat Öffnungen, in die deine Stöpsel hineinpassen. Sie liebt es, das zu empfangen, was du so gerne gibst, und zu geben, was du so gerne empfängst. Sex ist eine Methode, das Geben und Nehmen der Liebe mit dem ganzen Körper, den Lippen, Genitalien und dem Atem, zu feiern, wobei die Offenheit der Tiefe das Fleisch, die Gedanken und Emotionen durchdringen kann. Die Ganzkörper-Glückseligkeit, die aus dieser perfekten Passform und der Auflösung in die offene Tiefe entsteht, übersteigt bei weitem das Vergnügen der Versteifung, des Eindringens und des Sich-Verlierens in körperlicher Intensität, das nur ein paar Sekunden andauert, bevor man durch die Ejakulation erlöst wird und dann damit abgeschlossen hat.

Für sie

Öffne dich während der gesamten sexuellen Begegnung und vor allem beim Orgasmus nach außen, und ziehe dich nicht nach innen zurück. Anstatt in dich selbst hineinzusinken und die einsame Lust der Wellen und Kräuselungen deines Körpers zu verspüren, solltest du dich nach außen öffnen, so als wollte deine Lust deinen Mann und die ganze Welt einhüllen.

Manche Frauen (und Männer) brauchen Zeit, um für ihre inneren Energien empfänglich zu werden, indem sie ihre Augen schließen und lernen, nach innen zu spüren, entweder gemeinsam mit einem geliebten Menschen oder alleine. Dies ist eine gute vorbereitende Praxis, wenn du den Kontakt zu dem Fluss und der Lust verloren hast, die sich in dir bewegen. Wenn du dir deines eigenen Körpers bewusst werden möchtest, ist es jederzeit hilfreich, die Augen vorübergehend zu schließen und dich einen Augenblick lang nach innen zu wenden.

Aber wenn du dich mit dem Fließen deines eigenen Körpers und deiner Lust erneut verbunden hast, dann solltest du deine Liebe nicht auf dich beschränken. Die Liebe wächst, indem man andere mit einbezieht. Je mehr du deine Liebe annimmst – deinen Körper, deinen Geliebten und das, was darüber hinausgeht, – desto größer wird dein Liebesglück. Wenn du beim Sex erst einmal ein Gespür für deine inneren Gefühle und Empfindungen entwickelt hast, dann vergiss nicht, genauso sensibel auf die Empfindungen deines Partners zu reagieren.

Verweile mit ihm in Liebe. Selbst wenn du verletzt, traurig und wütend bist oder dich mitten in einem katastrophal glückseligen Orgasmus befindest – bleibe bei ihm. Verschließe dich nicht, ziehe dich nicht zurück und verstecke dich nicht. Das Praktizieren der Liebe bedeutet, beim Sex so eng wie möglich in unmittelbarer Verbindung zu bleiben – Auge in Auge, Körper an Körper, Atem mit Atem –, auch wenn du vor Lust, Scheu, Angst oder Scham platzt. Es gibt Zeiten, in denen es angemessen ist, die Augen zu schließen und dich nach innen zu wenden, aber in den meisten Fällen solltest du nach außen gehen und nicht nach innen. Bleibe mit deinem Geliebten in Verbindung und gehe mit ihm durch dick und dünn, durch Ach und Weh, denn auf diese Art und Weise wirkt die Liebe mit ihrer tiefsten Magie.

11
Mache immer Liebe mit dem Göttlichen

Ich dringe von hinten in sie ein. Ihr Hintern ist hinreißend. Ich liebe es, wie sich ihr Rücken zur schlanken Taille verjüngt und dann zu ihren vollen Hüften und ihrem Hinterteil verbreitert. Ich strecke meine Hände aus und umfasse ihre Brüste.

Plötzlich merke ich, dass mich ihr Körper in seinen Bann gezogen hat. Meine Aufmerksamkeit hat sich auf die Bewunderung ihrer Form reduziert. Daran ist nichts auszusetzen. Sie ist wunderschön. Ihre Form beglückt mich. Aber ich habe das große Ganze aus den Augen verloren. Ich habe die Bewusstseinserweiterung vergessen, die die Grundlage für diesen Augenblick bildet. Ich habe mich lediglich darauf beschränkt, ihren Körper zu bewundern.

Und ohne meine Aufmerksamkeit beim Liebesspiel von ihrer opulenten Form abzuwenden, vertiefe ich sie noch. Ich spüre durch meine Freude, durch den Raum hindurch, der meine Freude umgibt, durch ihren Körper und durch den Raum hindurch, der ihren Körper umgibt. Ich spüre durch und durch die Offenheit der Liebe, die so lebendig ist wie wir. Ich ruhe so weit ausgedehnt wie die bewusste Offenheit dieses Augenblicks. Und die ganze Zeit über ist ihr Hintern immer noch genauso schön.

Sie drückt sich noch enger an mich und bietet sich mir an, damit ich noch tiefer eindringe. Der Schweiß von meiner Brust rinnt meinen Bauch hinab, hinein in den Spalt zwischen den Rundungen ihres Hinterns und bewegt sich dann in winzigen Rinnsalen langsam an ihren geröteten Schenkeln hinab.

Wir atmen tief, empfangen das Göttliche beim Einatmen durch jede Pore und geben uns dem Göttlichen beim Ausatmen durch jede Pore hin. Wir atmen den gesamten Augenblick – seine Farben, Gerüche, Klänge, seine Hitze, seinen Raum und seine grenzenlose Tiefe –, während uns der Augenblick atmet. Wir haben Sex in der Offenheit, in der keine Unterschiede existieren, wir verschwinden in der Liebe, machen Liebe, und die Liebe macht uns.

Achte darauf, dass du beim Sex nicht zulässt, dass deine Aufmerksamkeit sich zu lange verengt. Es ist einfach, sich auf eine kecke Brustwarze, einen köstlichen Kuss oder erhitzte Genitalien zu konzentrieren. Es ist einfach, das Bewusstsein auf die Zielgerichtetheit der Aufmerksamkeit zu reduzieren. Aber das Bewusstsein als deine tiefste Wahrheit ist noch viel mehr als das.

Was sich für dich im Herzen als richtig erweist, ist immer stimmig für dich. Köstlicher Sex muss dich nicht von der Tiefe deines Seins ablenken, sondern kann dir ein Tor öffnen, damit du noch tiefer hineinspüren kannst. Sex kann die Energieblockaden und Emotionen in deinem Körper auflösen und deine Aufmerksamkeit von weltlichen Dingen befreien, damit du spüren kannst, was echt und zutiefst wahr ist – und zwar durch und durch –, statt dich nur auf ein Erlebnis oder Ereignis nach dem anderen zu konzentrieren.

Glückseligkeit und Lust und die Lippen und das Stoßen sind gut. Aber sie sind nur flüchtige Erscheinungen, die genauso verschwinden wie die ganzen anderen sexuellen Erlebnisse, die du in der Vergangenheit hattest.

In Momenten der sexuellen Intensität solltest du üben zu erkennen, was stets wahr ist und immer die Tiefe des Augenblicks darstellt.

Beim Liebesakt müsst ihr durch eure Körper und nicht bloß mit ihnen lieben. Eure Körper sind schlichtweg Medien, durch die ihr eure tiefste Wahrheit fühlen und ausdrücken könnt, eure grenzenlose Offenheit und eure göttliche Natur – die Liebe, die ihr seid.

Praktiziere, die Liebe zu sein, und nutze die sexuelle Begegnung dazu, Liebe zu machen – umarme sie, spüre in sie hinein, atme ein, atme aus und werde von göttlicher Liebe durchdrungen. Dies ist eine effektive Praxis, der du dich beim Sex bewusst widmen kannst, ohne dem Regenbogen der fleischlichen Freuden auszuweichen, der sich ebenfalls feucht im Raum der Liebe aufspannt. Mache es schmutzig, mache es schön, aber spüre immer durch die Farben des Verlangens hindurch und mache Liebe mit dem Göttlichen.

Für ihn

Für viele Männer stellt Sex die meiste Zeit ihres Lebens ihre eigentliche Religion dar. In der Kirche gilt ihre Aufmerksamkeit nicht der Predigt, sondern der exotischen Frau mit den hübschen Beinen zwei Kirchenbänke weiter. Sie verbringen mehr Zeit damit, Frauenkörper auf der Straße und leicht bekleidete Schauspielerinnen im Fernsehen zu beobachten, statt über die Herrlichkeit Gottes nachzusinnen.

Im Striplokal ertönen vielleicht ihre Lobpreisungen: „Oh mein Gott! Du bist unglaublich! Ja! Du bist fantastisch!" Und auch im Bett beim Orgasmus mit ihrer Frau: „Oh mein Gott! Mein Gott, ich liebe dich!" Doch außerhalb des Reiches der Sexualität zeigen die meisten Männer bei der Lobpreisung des göttlichen Mysteriums kein Engagement.

Es ist kein Zufall, dass beim Sex das Göttliche gepriesen wird. Unser Körper ist so gebaut, dass Sex unsere Energien anregt und unser Herz öffnet. Wir fühlen uns lebendiger und verherrlichen unsere Wahrnehmung von Schönheit und Vollkommenheit. Sexueller Jubel kommt dem nah, was viele von uns als religiöse Ehrfurcht empfinden.

Wenn wir körperlich zu sehr eingeschränkt sind oder in einer Beziehung Angst vor tiefer Liebe haben, dann kann Geld zu unserer Religion werden. Aber Sex ist eine ursprünglichere Möglichkeit, die Glückseligkeit herbeizuführen, die wir uns vom Leben erhoffen. Sex gibt uns die Gelegenheit, uns selbst ohne Vorbehalte loszulassen und mit unserer Frau in Lust und Liebe zu verschmelzen.

Dieses Gefühl von zweien, die zu einem verschmelzen, ist der Inbegriff der heiligen und weltlichen Lust. Als Babys sind wir mit unserer Mutter verschmolzen. Als Kinder mit unseren Spielzeugen und Freunden. Als Teenager sind wir mit unseren Gedanken, Drogen, Autos und unserer Musik verschmolzen. Als Erwachsene verschmelzen wir beim Skifahren mit dem Abhang, beim Autofahren mit der Straße, mit unseren Kindern, wenn wir sie im Arm halten, und mit dem Fernseher, während wir uns entspannen, sowie mit unseren Hobbys, wenn wir uns in sie vertiefen. Aber nur wenige von uns erleben Lust und Liebe in einem anderen Bereich so intensiv und beständig wie bei gutem Sex.

Weil Sex und dessen Freuden so intensiv sind, ersetzen einige Menschen die Vereinigung mit Gott durch die sexuelle Vereinigung. Solange die Stimulation der Genitalien lustvoller ist als unser Erleben des tiefen Seins, wird unser Sexleben den Vorrang vor unserem spirituellen Leben erhalten. Wir werden der sexuellen Lust mehr Energie widmen als der Glückseligkeit der spirituellen Tiefe.

Du kannst an der Brust deiner Frau saugen und eine so tiefe Glückseligkeit empfinden wie ein Baby, das mit seiner Mutter verschmilzt. Das ist bequem und sicher, reicht aber nicht besonders tief. Du kannst mit den Wellen der Orgasmusfreuden deiner Frau verschmelzen und die gleiche Art von Glückseligkeit verspüren, als würdest du auf dem Ozean surfen oder eine wunderbare Massage bekommen, aber das Ganze hält nicht allzu lange an. Du kannst mit deiner Frau emotional verschmelzen, wobei ihr eure Gefühle gegenseitig in einer Art emotionaler Telepathie des ungeschützten Teilens genießt. Dies können wahrhaft erhabene Freuden von Offenheit und Vertrauen sein. Aber es ist schwierig, diese Verschmelzung zu genießen, wenn du am nächsten Tag im Büro sitzt.

Mit dem Göttlichen zu verschmelzen – dem Mysterium und der Tiefe des offenen Seins –, hat mit infantilem Einssein, dem Sich-Verlieren im athletischen Fließen oder dem emotionalen Verschmelzen mit deiner Frau nur wenig zu tun. Während all diese Verschmelzungen mit einem bestimmten Zustand von Lust, Erregung oder Empathie einhergehen, hängt die göttliche Verschmelzung nicht mit irgendeinem speziellen Zustand zusammen, sondern mit der tiefen Offenheit für alle Zustände.

Nehmen wir an, du hast Sex mit deiner Frau. Dein Körper verschmilzt mit ihrem. Eure Emotionen verschmelzen. Ihr bewegt euch und nehmt euch gemeinsam als eins wahr. Das mag extrem lustvoll sein, ist aber nur eine vorübergehende Angelegenheit. Der Fluss kann durch einen üblen Furz oder einen plötzlichen Krampf im Fuß ruiniert werden. Vielleicht erinnerst du dich daran, dass du zuvor noch hättest telefonieren sollen, es aber nicht getan hast. Deine Frau berichtet dir möglicherweise, dass sie das Auto zu Schrott gefahren hat, oder deine Kinder können an die Tür klopfen. Körperliche und emotionale Glückseligkeit können leicht zerstört werden. Göttliche Glückseligkeit nicht.

Übe dich darin, dich mitten beim Sex als die Tiefe des Seins zu öffnen. Dann wird die spirituelle Glückseligkeit die rein sexuelle mit einschließen und sogar darüber hinausgehen. Wenn du dich der sexuellen Offenheit bedient hast, um als die Tiefe des Seins entspannen zu können, dann verändern schlechte Gerüche und lärmende Kinder zwar die Erlebnislandschaft, nicht aber die Tiefe der Glückseligkeit.

Es gibt tiefe und seichte Ebenen von Glückseligkeit. Die meisten Menschen finden sich mit den seichteren ab. Je seichter die Glückseligkeit, desto eher kann sie unterbrochen oder gestört werden. Ein gutes Golfspiel oder ein Blick auf deine engelsgleich schlafenden Kinder mag wahrhaft glückselig sein. Aber diese Art von Glückseligkeit ist absolut von den äußeren Umständen abhängig. Ein kaltes, nasses und lausiges Golfspiel verhilft wohl kaum zur Glückseligkeit. Und ein Kind, das sich Abend für Abend weigert, ins Bett zu gehen, kann zur echten Geduldsübung werden.

Mit der nötigen Praxis entspannen wir als Offenheit, die nicht von bestimmten Gegebenheiten abhängig ist. Für den Anfänger ist es einfacher, sich unter bestimmten Bedingungen als Offenheit zu entspannen – wie bei der Meditation, in einer wunderschönen Naturlandschaft, wenn wir die bedingungslose Liebe unserer Kinder spüren oder beim fantastischen Sex mit einer bezaubernden Partnerin. Aber dies sind nur Tore, die in eine Tiefe hineinführen, die ungeachtet der jeweiligen

Gegebenheiten immer vorhanden ist und unsere wahre Natur darstellt. Wir erkennen diese Tiefe vielleicht und genießen ihre Glückseligkeit in einem Augenblick der Gnade oder wenn die genauen Bedingungen dafür vorhanden sind, aber danach können wir üben, diese Tiefe immer und immer wieder zu erkennen, egal ob die Dinge nun gut oder schlecht stehen.

Ein Maßstab für die Tiefe unserer spirituellen Praxis ist folgende Frage: Unter welchen Bedingungen bleibst du dir der Glückseligkeit deines tiefsten Wesens bewusst und entspannst als diese? Die Geschichte Jesu beschreibt, dass sein Herz weit in Liebe geöffnet war, während er gekreuzigt wurde. Tibetische Mönche in Gefangenschaft und Juden im Konzentrationslager haben von tiefem Mitgefühl und spiritueller Offenheit berichtet, während sie entsetzliche Folterqualen ertrugen.

Wahre spirituelle Tiefe und wahre göttliche Freiheit erfordern, dass man sich darin übt, die eigene tiefste Natur in jedem Augenblick zu erkennen, während man Freuden oder Qualen erlebt. Spüre durch alle Umstände hindurch und verschmilz mit der göttlichen Offenheit – deiner wahren Natur, der wahren Natur von allem und jedem – und zwar immer und immer wieder, bis die Umstände deine Aufmerksamkeit nicht mehr zu den oberflächlichen Lebensereignissen lenken, die ständig im Wandel begriffen sind.

Dies ist eine ganz andere Art von Verschmelzung als die eines Kleinkinds oder eines Sportlers. Sie ist nicht von einer Brust voll Milch oder einem sonnigen Tag abhängig. Als göttliche Offenheit bist du lebendig als das, was wirklich glückselig ist, genau hier und genau jetzt, ohne dass du etwas zu ändern brauchst. Aber du könntest diese Seinstiefe vergessen, wenn du gewohnheitsmäßig auf die oberflächlichen Veränderungen blickst, die deine Aufmerksamkeit erregen: Darmbewegungen und Steuern, Abgabetermine und Schlafenszeiten, Fantasien, Gedanken, Hoffnungen und Ängste.

Deine Aufmerksamkeit wird von veränderlichen Dingen absorbiert und daher bleibt deine tiefe Glückseligkeit unentdeckt. Du sinkst erst in die Tiefen der Glückseligkeit hinein, wenn du dazu bereit bist. Solange die Freuden, die du aus dem Auf und Ab von

Geld, Fernsehen, Job, Familie und Sex beziehst, größer sind als die Freuden, die du bisher erlebt hast, wenn du dich als die dem Sein innewohnende Offenheit entspannst, dann wirst du den oberflächlicheren Aspekten des Lebens weiterhin eine größere Aufmerksamkeit zukommen lassen als den tiefer gehenden.

Schließlich ist es so, dass du – während du Geld verdienst und verlierst, für die Familie sorgst und sie verlierst, sexuell kommst und gehst – die oberflächlichen Veränderungen des Lebens oft genug erlitten hast, sodass sich der Griff deiner Aufmerksamkeit etwas lockert. Vielleicht „stürzt" du zwischen den gegebenen Umständen hindurch in die ewige Tiefe des Seins. Wenn du dann so frei wie die Offenheit der tiefen Glückseligkeit bist, wird es so sein, als wäre niemals etwas geschehen, sogar inmitten eines von Ereignissen erfüllten Lebens.

Für sie

Wozu die ganze Göttlichkeit ... Wenn du in deinem Herzen und Körper keine tiefe Liebe empfindest, wenn kümmert es dann, ob du ein strenggläubiges spirituelles Leben führst oder dich erniedrigst, indem du in Felle eingehüllt mit einem Liebhaber Schokolade naschst? Das Weibliche bewegt sich auf das zu, was sich in irgendeiner Form wie Liebe anfühlt – ob es nun letztendlich gesund ist oder nicht. Ein Mann, der dich missbraucht, aber deine Leidenschaft entfacht und dir multiple Orgasmen, Gold und Diamanten schenkt, kann attraktiver sein als ein fürsorglicher und hilfsbereiter Mann, der vorzeitig ejakuliert, es hasst, dich oral zu befriedigen, und geizig ist.

Das Göttliche bedeutet dir nichts, es sei denn, du spürst es im eigenen Körper. Ist das nicht der Fall, dann wirst du das Göttliche durch Sex, Essen, Shopping und andere Sinnesfreuden ersetzen. Du wirst versuchen, dich mit Emotionen, Aromen und Texturen zu erfüllen, wenn du nicht bereits von Liebe erfüllt bist. Worauf greifst du zurück, wenn du eine innere Leere verspürst? Auf Kaffee und Gespräche oder auf die Glückseligkeit der göttlichen Liebe?

Das Männliche fühlt sich von der Freiheit jenseits der Erfahrung angezogen, aber das Weibliche wird von der Liebe erfüllt, die durch

Beziehungen übertragen wird. Die sexuelle „Leere" ist für die meisten Frauen wenig attraktiv, obwohl die Männer sie täglich über den Orgasmus und die damit verbundene Befreiung suchen. Gleichermaßen erregt das Erleben des weiten Raumes der göttlichen Freiheit nicht sonderlich das Interesse der Frau. Sie möchte vielmehr spüren, wie die göttliche Kraft leidenschaftlich in ihr Herz eindringt und ihren Körper ins Wogen bringt – so wie die Wellen intensiver Liebe, die lustvoller sind als jeglicher Orgasmus, den sie jemals gehabt hat.

Du genießt vor allem die Liebe in der Vereinigung mit einem Mann, der dich liebt, oder wenn du mit Freunden und Familie zusammen bist. Die Beziehungsekstase ist der Schöpfergeist des Weiblichen. Der Beziehungssegen ist die Domäne des femininen Göttlichen. Die Freuden einer Familie, das farbenprächtige Netz des irdischen Lebens, der Freundeskreis und die Gemeinschaft – das weibliche Göttliche kommt durch den Körper am kraftvollsten in einer Beziehung zum Ausdruck.

Wenn eine Frau das Göttliche in ihrem Körper nicht spüren kann, dann werden diese Beziehungen zu ihrem hoffnungsvollen Zufluchtsort und nicht zu Empfängern ihres Segens. Sie versucht, ihre Befriedigung in Familienfreuden zu finden, anstatt sich als göttliche Glückseligkeit zu öffnen. Sie gibt sich mit den Bildern und Klängen eines Spaziergangs in der Natur zufrieden, anstatt die hinreißende Kraft der göttlichen Energie tief in ihrem Körper zu empfangen. Sie widmet ihre Zeit der Gemeinschaft und den Freunden, anstatt in der göttlichen Liebe dahinzuschwinden, die in allen Körpern wallt.

Ohne eine tiefe Herzverbindung zum Göttlichen fängt ihre natürliche weibliche Energie vielleicht an auszutrocknen, auch wenn sie sich im Kreis von Freunden und Familie aufhält. Abgekoppelt von der tiefen Quelle der Freude und Liebe, nach der sie sich so sehnt, beginnt ihr Körper vielleicht zu verfallen. Ihre Genitalien oder Brüste sind oft die ersten Bereiche, die unter dem Mangel an tief begründeter weiblicher Energie leiden und Anzeichen von Unwohlsein oder Krankheit zeigen.

Schließlich fällt sie vielleicht in ein Gefühl der Leere und körperlichen Verlassenheit, das nicht einmal ihre Familie, geschweige denn ein doppelter Cappuccino und Schokoladentrüffel aufzufüllen vermögen. Chronisch depressiv und müde, versucht sie möglicherweise, ein Gefühl von gottergebener Hingabe zu simulieren, indem sie sich dem Missbrauch oder Selbstmissbrauch und nicht der göttlichen Liebe öffnet.

Wenn du jedoch von göttlicher Liebe erfüllt bist – wenn dein Körper in einer Fülle von Licht und Glückseligkeit übersprudelt –, dann empfangen deine Familie, die Erde und die Gemeinschaft die Kraft deines Segens. Dein Körper vermittelt Stärke, Entspannung und Freude. Deine Vagina kennt die Lust. Dein Gesicht strahlt vor Hingabe. Deine Gliedmaßen bewegen sich mit der Anmut einer gewissen Liebe.

Sexuell entspannt sich dein Körper in das volle Ausmaß des göttlichen Ausdrucks, dem alle Lebensformen im Himmel und auf Erden angehören. Du kannst ein Engel sein, der sich mit heiterer Gelassenheit in die Laken schmiegt. Du kannst die Tigerin sein, die sich plötzlich auf deinen Mann stürzt und ihre Krallen in ihn hineingräbt, um ihn zu unterwerfen. Du kannst das Kind sein, das unschuldig kuschelt. Du kannst die Dämonin sein, die ihren Mann in Stücke reißt. Du kannst die Hure sein, die ihn um mehr betteln lässt. Du kannst die Hexe sein, die mit einigen gewählten Worten oder Gesten die Energie aus seinem Unterleib heraussaugt. Du kannst die Göttin sein, die deinem Mann mehr Liebe enthüllen kann, als er je zuvor empfunden hat.

Wenn du dich dem Göttlichen öffnest, dann öffnet sich dein Körper. Deine Energie fließt mit aller Fülle, Lust und Kraft – einschließlich deiner sexuellen Energie –, egal ob du im Zölibat lebst oder sexuell aktiv bist, ob du verheiratet oder Single bist. Dein Energiefluss wird so intensiv wie die Kraft in deinem Herzen.

Die meisten Männer neigen jedoch dazu, die Energie aus ihrem Körper und ihrer Sexualität zurückzuziehen, wenn sie sich stärker spirituell orientieren. Daher ist es im Allgemeinen so, dass du im Laufe des spirituellen Wachstums eine größere sexuelle Kraft entwickelst, während die sexuelle Energie deines Mannes immer mehr nachlässt. Das muss zwar nicht unbedingt so sein, aber häufig läuft es darauf hinaus.

Weil Herz und Genitalien einer Frau unmittelbar miteinander verbunden sind, durchströmt die Liebesenergie ihren gesamten Körper einschließlich ihrer Genitalien, wenn sich ihr Herz öffnet. Ihre Sexualität ist von echter Liebe und Fürsorge erfüllt. Weil die Verbindung zwischen Herz und Genitalien beim Mann oft unterbrochen ist, kann sein Herz zwar weit geöffnet, aber sein Körper dennoch schlaff und leer sein. Oder er ist erregt und vital, ohne dass er eine emotionale Verbindung zu seiner Geliebten aufgebaut hat. Seine Genitalien haben vermutlich so lange einen „eigenen Willen", bis er genügend praktiziert hat, sie mit seinem offenen Herzen zu verbinden.

Wenn eine Frau spirituell wächst, dann erfüllt die Liebesenergie ihren Körper auf natürliche Weise. Tatsächlich besteht ihr spirituelles Wachstum in hohem Maße darin, dass sie in jedem Körperteil bewusst Liebesenergie empfängt, sodass sich ihr Körper öffnet, entspannt und als Ausdruck tiefer Liebesenergie kraftvoll fließt. Die meisten Männer finden es bequemer, ihre Körperenergie zu ignorieren – genauso wie die Energie ihrer Familie, ihrer Gemeinschaft und die der Erde.

Der spirituelle Zugang führt bei den meisten Männern durch ihren Geist. Bei der Mehrzahl der Frauen führt er über den Körper, was womöglich der Grund dafür ist, dass im Laufe der Geschichte relativ wenige spirituelle Texte von Frauen verfasst worden sind. Spirituelle Texte sind häufig vor allem ein Mittel, um die Aufmerksamkeit der Männer auf die Glückseligkeit des Göttlichen zu lenken, aber den Frauen enthüllt sich die Glückseligkeit der Liebe häufiger durch die Offenheit ihres Körpers. Das kann über Wege wie Tanz, Berührung, Sexualität, Geburt und Vereinigung mit der Natur geschehen.

Das Weibliche orientiert sich naturgemäß am Fluss der Fülle oder der Liebe, während das Männliche auf das Loslassen oder die Freiheit ausgerichtet ist. Spirituelles Wachstum ist einseitig, solange es nicht sowohl unsere Fähigkeit zu körperlicher Liebe als auch unsere Fähigkeit, den Körper in Freiheit loszulassen, erleuchtet. Kein Aspekt des Göttlichen – weder Liebe noch Freiheit, weder Leben noch Tod, weder die Energie des Körpers noch der Raum des Gewahrseins – kann über längere Zeit ignoriert werden, ohne dass sich ein ernsthaftes Ungleichgewicht einstellt.

In der jüngsten Geschichte haben uns Männer und männliche Versionen des Göttlichen – Gott „da draußen" – viel über das spirituelle Leben vermittelt. Nun scheint ein neuer Zyklus zu entstehen, durch den wir viel von den Frauen und weiblichen Versionen des Heiligen lernen werden, die in der vollsten göttlichen Form von Körper, Familie, Gemeinschaft, der Erde und Sex verwurzelt sind.

In der Zwischenzeit können wir das Männliche nicht verstoßen, denn das würde ein ähnliches Ungleichgewicht herbeiführen wie bei der Verleugnung des Weiblichen. Beim heiligen Sex geht es beispielsweise genauso sehr um tiefe Lust wie um Tod oder Loslassen. Das beinhaltet massive Ströme von Körperenergie und Beziehungsliebe sowie das Hindurchspüren durch die Energie und ein Verweilen als zeitlose Offenheit, in der der Körper durchsichtig wird.

Da es bei Frauen viel wahrscheinlicher ist, dass Herz und Genitalien miteinander verbunden sind, besitzen sie eine natürlichere Neigung zum spirituellen Wachstum als Männer. Frauen fühlen sich im Reich von Lust, Energie, Emotion und Beziehung eher zu Hause. Aber ohne das Eindringen des männlichen Bewusstseins kann weiblicher Sex dazu tendieren, nur die sinnliche Lust und emotionale Verbindung zu betonen, ohne den Punkt der Tiefe zu erreichen, an dem man im offenen Raum der Glückseligkeit der Liebe verschwindet.

Heutzutage sind viele Frauen genauso körperlos wie der Durchschnittsmann, verloren in einer Welt von Projekten, Plänen, Zielen, Gedanken und Terminplänen – einsgerichtet, starr und relativ freudlos. Für diese Frauen beginnt die Entdeckung des Göttlichen damit, dass sie ihren Körper finden, ihren Atem finden, ihre Emotionen befreien und sich gestatten, von unerträglicher Lust geflutet zu werden. Tanz, Massage und Yoga sind einige der Wege, um diesen Prozess zu beginnen.

Sex ist manchmal das letzte Gebiet, auf dem du bereit bist, das Göttliche in all deinen Teilen zu empfangen. Vielleicht erlaubst du dir, voller schwitziger Ekstase zu tanzen. Vielleicht begrüßt du deine Kinder, damit sie dich mit überschwänglicher Freude erfüllen. Vielleicht lädst du deine Freunde ein, damit sie als ständige Quelle von Liebe und Unterstützung wirken. Und dennoch liegst du mit deinem Mann im Bett und wirst dir plötzlich deiner eigenen Begrenzungen bewusst – und der deines Mannes. Beim Sex spürt man die eigenen energetischen Knoten normalerweise am deutlichsten: Welche Teile deines Körpers sind offen für orgasmische Freuden oder wehren sich dagegen? Beim Sex spürst du, wie sehr erfüllt oder unerfüllt du von

Liebe bist: Wenn dich dein Geliebter irgendwie zurückweist, bleibt dein verletztes Herz dann offen, oder verschließt du es?

Sex ist oft die Sache, nach der du am meisten verlangst, und gleichzeitig das Gebiet, auf dem du dem Einströmen der göttlichen Liebe Widerstand leistest. Bis du dazu bereit bist, wirst du allen möglichen Bedürfnissen den Vorrang vor deinem tiefen Bedürfnis geben, als Körper der Liebe zu leben. Wahrscheinlich investierst du viel mehr Energie, um zu lernen, wie du mit deinem Mann kommunizierst, anstatt zu lernen, die Glückseligkeit der Liebe durch deine Vagina zu atmen. Wahrscheinlich machst du dir viel mehr Gedanken darüber, ob dein Mann Lust auf dich hat, anstatt deinen Körper als die Fülle des göttlich strahlenden Lichts der Liebe offen hinzugeben.

Wahrscheinlich hängst du viel mehr an deinem Geliebten, deinen Freunden und deiner Familie als Quellen der wohligen Liebe, als dass du dich hingibst, um mit ihnen als die Kraft der Liebe zu leben – und das dauert so lange, bis eine Krise dein Herz erfasst. Vielleicht verlässt dich dein Mann, deine Kinder wenden sich von dir ab oder kommen ums Leben, oder du erkennst einfach, dass du mehr Liebe geben und empfangen willst, als es dein Körper und deine Emotionen momentan erlauben: Deine sexuelle Energie ist blockiert, deine schlechte Laune lässt den Haushalt zusammenbrechen, oder du keifst deine Kinder an, weil du im Herzen zutiefst frustriert bist. Möglicherweise findet äußerlich keine spezifische Krise in deinem Leben statt. Weil aber die Sehnsucht so unerbittlich tief ist, stellst du fest, dass du dir mehr Zeit wünschst, um Herz und Körper dem Fluss der tiefen Glückseligkeit hinzugeben.

Es gibt viele Wege dorthin: vom Buddhismus bis zum Christentum, vom Gärtnern bis zum Tanzen, vom Zölibat bis zur Gründung einer Familie. Wie auch immer du dich entscheidest, diese Öffnung zu praktizieren – ignoriere deine Sexualität nicht. Sie kann ein Schlüssel dazu sein, die Liebesenergie in deinem ganzen Körper zu inkarnieren, und damit deiner Fähigkeit dienen, spirituell aufzublühen, während du andere mit deiner Herzkraft des strahlenden Lichts und der Liebe segnest.

12

Wenn dich deine Partnerin verletzt, dann gib deiner Partnerin Liebe

Ich hatte sie lange nicht gesehen. Ich vermisste sie. Mein Herz sehnte sich nach ihr. Mein Körper verlangte nach ihr. Ich wusste, dass sie an diesem Tag von ihrer Reise zurückkommen würde, und erwartete ihren Anruf.

Sie rief an. Sie sagte mir, dass sie zurück sei. Sie habe viel zu tun. Sie könne mich erst morgen treffen.

Am nächsten Tag kam sie. Sie war wunderschön. Wir umarmten uns und weinten. Wir hielten uns lange in den Armen. Wir legten uns hin, sie massierte mich wundervoll und ich streichelte sie sanft. Dann sagte sie mir ganz abrupt, dass sie etwas zu erledigen habe und deshalb gehen müsse.

Es zerriss mir das Herz. Wir waren so offen, so liebevoll – warum nun dieser plötzliche Wandel? Sie sagte mir, dass sie einfach auf die Uhr geschaut und gesehen habe, wie spät es war, und jetzt müsse sie wirklich einige wichtige Sachen erledigen.

Ich wusste, dass bei ihr wie bei jedem Menschen gelegentlich der Kopf plötzlich Oberhand über ihre Gefühle gewann und sie sich unnötigerweise mit angespannten und oberflächlichen Gedanken und Aufgaben beschäftigte. Aber dieses Mal konnte ich meine eigene Bedürftigkeit spüren. Ich erwartete tatsächlich, dass sie mir Erfüllung schenkte. Aber das würde sie nicht tun. Könnte sie nicht. Wahrscheinlich würde sie es nie tun.

Am nächsten Tag rief sie an und sagte mir, wie sehr sie mich liebe. Dann sagte sie mir, dass sie den Abend mit Freunden verbringen werde. Hatte sie denn keine Ahnung, dass ich sie sehen wollte? Wusste sie denn nicht, wie sehr ich sie vermisste?

Ich beschloss, auf nichts zu bestehen. Auch wenn sie vielleicht die Liebe und Intimität mit mir vermied, so verspürte ich doch am stärksten meine eigene Bedürftigkeit nach ihrer Liebe. Ich spürte mein eigenes Bedürfnis nach einer „Mutter", einer Partnerin, die immer für mich da war und auf die ich mich in der Liebe verlassen konnte.

Mein Herz schmerzte. Als ich sie schließlich traf, gab ich mir alle Mühe, ihr Liebe zu geben, anstatt zuzulassen, dass mich meine Bedürftigkeit nach ihrer Liebe zu Fall brachte. Sie spürte mein verwundetes Herz und mein Verharren in der Liebe. Sie öffnete sich in meine Verwundung. Tränen stiegen uns in die Augen, während sie zu mir hinschmolz. Wir waren völlig schutzlos, unsere beiden Körper verschmolzen zu einem und unsere Herzen vereinten sich ohne Trennung. Unsere Liebe war die ursprüngliche Freude.

Natürlich stand sie nach ein paar Stunden auf und sagte mir, dass sie abends andere Pläne hätte. Und erneut spürte ich, wie ein Gefühl des Verrats in mir emporstieg. Wie konnte sie nur so kalt sein, wenn wir doch gerade so liebevoll miteinander gewesen waren?

Dieser Kreislauf setzte sich fort. Schließlich lief ich mit ungeschütztem und empfindlichem Herzen umher und erwartete keinerlei Erfüllung. Für mich war es nun offensichtlich, dass mein unerwidertes Bedürfnis nach Liebe ein Bedürfnis war, das von keiner Frau gestillt werden konnte.

Die einzige „Frau“, die mein Bedürfnis nach Liebe erfüllen konnte, war diejenige, die ständig auftauchte. Die Gestalt dieser „Dame“ formt der gegenwärtige Moment. Diese „Sie“ ist das Erleben in diesem Augenblick. „Sie“ tanzt immer als das, was an Bildern, Tönen, Texturen, Gedanken und Emotionen im Bewusstseinsfeld flimmert. Und die Liebe ist die Musik, die sie zum Tanzen bringt.

Mein unangebrachtes Verlangen nach der perfekten Einheit und der Verwirklichung des völligen Nichtgetrenntseins hatte mich glauben lassen, dass mich die Vereinigung mit meiner Geliebten erfüllen könne. Aber egal wie tief ich mit ihr oder einer anderen Frau verschmolz, gab es andere Momente, in denen wir getrennt sein würden. Zwangsläufig würde es Augenblicke geben, in denen wir uns verletzten oder voreinander verschlossen und schließlich einander verlassen würden, und wenn es auch nur im Tode wäre.

Ihre augenblickliche Liebe für mich, ob sie diese nun kraftvoll oder nur geringfügig zum Ausdruck bringt, reicht nicht aus, um mein tiefstes Bedürfnis zu stillen. Meine einzige Alternative besteht darin, die Liebe selbst zu praktizieren: mich als Liebe zu öffnen, Liebe zu sein, Liebe zu geben, ohne der Illusion ihres Versprechens hinterherzujagen. Ich empfange diesen Augenblick als meine Geliebte und spüre bei unserer Vereinigung durch „sie“ hindurch, transparent im Raum der einen Liebe verweilend. Mein Herz dehnt sich Richtung Heimat und erwartet keine zukünftige Linderung mehr.

Eine der grundlegenden Lektionen des spirituellen Wachstums vollzieht sich, wenn du erkennst, dass dich nichts im Leben besonders lange oder tiefgreifend erfüllen kann. Selbst Dinge, für die du sehr hart gearbeitet hast, stellen einfach nur einen weiteren Augenblick dar, sobald du sie erreicht hast. Es gibt einige unglaubliche Glücksmomente im Leben, die aber wieder vergehen. Und auch wenn sie anhalten, ist immer die Anspannung und Angst vorhanden, dass sie vielleicht nicht länger dauern könnten.

Dein Geliebter oder deine Geliebte stellen diese Lektion in konzentrierter Form dar. Er oder sie werden dir nie die wahrhaftige Erfüllung schenken – nicht für alle Zeiten und noch nicht einmal besonders eindringlich in den besten Zeiten. Die Tiefe der Liebe, die ihr möglicherweise miteinander teilt, ist wahrscheinlich recht anfällig, sodass ein falsches Wort oder nur eine falsch verstandene Geste den großartigsten Augenblick in einen gierigen Schlund von Schmerz und Bedürftigkeit verwandeln kann.

Anfangs mag das wie eine schlechte Botschaft klingen – eine gute Ausrede, um sich ein paar hinter die Binde zu gießen oder eine Packung Kekse zu verspeisen. Aber es ist äußerst wichtig, diese Botschaft zu empfangen. Du musst nämlich keine Zeit mehr verschwenden in der Hoffnung, dass du die Erfüllung ein für alle Mal durch die Liebe in einer Beziehung findest. Stattdessen kannst du deine Beziehung – und dein gesamtes Leben – der Erkenntnis der Wahrheit dieses und eines jeden Augenblicks widmen: Dieser Moment besitzt Raum, er ist erfüllt, bewusst und strahlend, egal ob du nun das Gefühl hast, Liebe zu bekommen oder nicht.

In jedem Augenblick, selbst wenn du nicht so behandelt wirst, wie du dir das wünschst, kannst du Liebe verwirklichen und geben, weil du Liebe bist. Du bist Bewusstsein, das als Liebe lebendig ist und als die Fülle dieses Augenblicks tanzt. Du bist mit der von dir gesuchten Liebe bereits eins. Wenn du Atem, Körper und Geist auf diese Wahrheit der Liebe ausrichtest, dann wird dein Leben zu einem Medium, durch das die Liebe die Welt und deine Beziehung betreten kann.

Wenn du dich weiter verschließt, sobald du verletzt wirst, hat die Liebe keine Chance. Aber selbst wenn du verletzt wirst, stellt deine

Praxis der Offenheit der Liebe einen Kanal zur Verfügung, über den du den Augenblick einströmen lassen kannst, und dazu gehören auch schwierige Beziehungsmomente.

Wie praktizierst du Liebe, wenn du verletzt, ängstlich oder wütend bist? Entspanne zunächst einmal deinen ganzen Körper. Lass den ganzen Stress los, vor allem jegliche Anspannung auf der Vorderseite deines Körpers. Entspanne Bauch, Brust, Hals und Gesicht, während du voll und sanft atmest. Es ist in Ordnung, wenn du weinst oder schreist, kehre einfach zu einem vollen, offenen Atem und einem entspannten Körper zurück – vor allem zu einem weichen Bauch und einer weichen Brust –, sobald du dazu in der Lage bist.

Schaue wenn möglich direkt in die Augen deines Geliebten. Während du weiter tief und voller Leichtigkeit atmest, entwickle das Gefühl, deinen Geliebten zu atmen. So als würdest du seinen Atem atmen. Dann habe das Gefühl, als würdest du durch deinen Geliebten atmen. Sei bereit, Schmerz, Wut, Verletzung, Angst und Anspannung deines Geliebten wahrzunehmen. Atme alles in deinen Körper ein und lasse dann alles los, atme Liebe in deinen Partner hinein und durch ihn hindurch.

Es ist in Ordnung, wenn du schreist oder zitterst, aber bemühe dich nach Kräften, nicht in dich zusammenzufallen. Halte deinen Körper offen und sanft entspannt. Übe, deinen Atem und deinen Körper auf diese Weise in der Fülle zu belassen, selbst wenn du aufgrund deines emotionalen Schmerzes dein Herz verschließen und in den Brustraum zurückziehen möchtest. Halte dein Herz und deinen Körper durch die Offenheit deines Atems weiter geöffnet.

Spüre mit jedem Atemzug den gesamten Raum – vor und hinter dir, rechts und links, über und unter dir –, und setze deinen Atem ein, um Liebe von deinem Herzen nach außen zu „tragen“, wobei du dich in alle Richtungen ausdehnst und den gesamten Raum und deinen Geliebten durchdringst und umschließt.

Übe dich darin, deinen Geliebten auf diese Art und Weise zu empfangen: Atme Liebe, gib Liebe und verstärke die Liebe, vor allem inmitten deines Schmerzes. Wenn dich dein Geliebter abweisen und es dir das Herz zerreißt, dann verwirkliche Liebe, indem du Liebe atmest. Realisiere Liebe durch jede deiner Handlungen – durch jedes Wort, durch deine Tränen und dein Lächeln. Und wenn die Gelegenheit geeignet sein sollte, dann vollziehe auf diese Art und Weise die sexuelle Liebe, durch offenes Atmen und Fühlen.

Diese Praxis kann qualvoll sein. Sie lässt es nicht zu, dass du dich zusammenrollst und hängen lässt. Sie sorgt dafür, dass dein kindliches Schmollen keinen Halt findet. Wenn dein Herz wirklich zerrissen und zerfetzt ist, dann fühlt sich dieses Offenbleiben und Liebegeben so an, als ob du sterben würdest. Dennoch besteht die Praxis eigentlich darin, über deinen Atem, Körper und dein Gefühl Liebe zu geben, auch wenn du dich einfach nur verschließen und Liebe, Behaglichkeit und Verehrung empfangen möchtest.

Man wird dir nie so viel Liebe geben, dass du keine mehr haben möchtest. Du verlangst nach Liebe, weil du deine Aufmerksamkeit falsch ausgerichtet hast und verhungerst. Du wirkst an Ereignissen und Beziehungen mit in der Hoffnung, dass sie dich letztendlich ein für alle Mal erfüllen. Das wird aber nicht passieren. Wirke stattdessen durch Ereignisse und Beziehungen mit, bis du das erkennst, was immer wahr ist. Nimm durch sie hindurch teil, bis du die ständig präsente Offenheit wahrnehmen kannst, in der sie stattfinden. Spüre dich durch deinen Schmerz und deine Freude hindurch, spüre durch deine(n) wütende(n) Geliebte(n) und deinen Arbeitstag hindurch, bis du die Offenheit des Fühlens selbst intensiver wahrnimmst als die Dinge, durch die du hindurchfühlst.

Welche Natur besitzt deine ursprüngliche Offenheit? Wie weiträumig fühlt sie sich im Vergleich zu der Befreiung an, die du bei der Arbeit herbeiwünschst? Wie vollständig fühlt sie sich an verglichen mit der Liebe, die du dir von deiner oder deinem Geliebten erhoffst? Wie intim ist diese Offenheit im Vergleich zum Körper deiner oder deines Geliebten?

Sämtliche Ersatzbefriedigungen lösen sich auf, wenn du als Liebe offen bleibst. Sie erscheinen zwar erneut, aber ohne dass sie erfüllt werden müssen. Vielmehr verkörpern deine Arbeit und deine Geliebte dann entweder die Freuden der Offenheit oder testen deine Fähigkeit, Liebe zu atmen und Liebe zu sein, selbst wenn deine persönlichen

Bedürfnisse nicht befriedigt werden. Deine Arbeit und dein Geliebte(r) sind dein eigener Körper, die Form deines Lebens, die Form, die dir gegeben wurde, um so lange in die Liebe einzutauchen, wie sie existiert. Schließlich wird alles verrotten und selbst jetzt stinkt es schon ein bisschen. Es ist albern zu erwarten, dass es dich erfüllt.

Wenn dein Geliebte(r) deine Bedürfnisse verleugnet, dann verleugne nicht die Liebe. Öffne deinen Körper. Atme Liebe, strahle Liebe aus, durchdringe sämtlichen Raum mit Liebe. Dabei lebst du die Wahrheit, dass du Liebe bist, und du lässt zu, dass die Liebe deine Beziehung ständig durchdringt, selbst wenn Schmerz den jetzigen Augenblick prägt. Es braucht Zeit, das ganze Zeug zu verarbeiten, das zwischen dir und deiner bzw. deinem Geliebten hochkommt. Wenn sich das Drama deiner Beziehung (oder deiner Karriere) im Laufe der Zeit entfaltet, dann erinnere dich daran, dass diese Praxis der Liebe immer zur Verfügung steht und deine tiefste Wahrheit zum Ausdruck bringt – und zwar genau jetzt.

Für ihn

Stell dir vor, dass deine Frau auf dich lauert, weil sie Sex haben möchte. Sie starrt dich mit diesem Blick an, der sagt, dass sie dich wirklich dringend haben will. Ihr Verlangen macht dich an. Ihre sexuelle Offenheit erregt dich. Ihr umarmt euch und sie reibt sich an dir. Sie fällt auf die Knie, greift deinen Penis und nimmt ihn in den Mund. Du ejakulierst fast augenblicklich. Sie regt sich auf, dass du so schnell gekommen bist. Du fühlst dich ebenfalls schlecht. Was tun?

Praktiziere die Fülle, selbst wenn du dich erschöpft fühlst oder schämst. Was deine Frau beim Sex wirklich von dir will, ist, an einen anderen Ort getragen zu werden, damit sie deine Präsenz spürt und von deiner Liebe erfüllt wird, sodass sie dir vertrauen und sich vollkommen in ganzer körperlicher Glückseligkeit hingeben kann. Du brauchst dafür keinen erigierten Penis, auch wenn es – zusätzlich zu deinem Bewusstsein und deiner Leidenschaft – ein genüsslicher Weg ist, sie in Liebe zu überwältigen, wenn du sie mit deinem Penis erfüllst.

Mit oder ohne Erektion kannst du die Fülle spüren, die du bereits bist, und sie durch deinen gesamten Körper übertragen. Es ist eine Sache, sich zu verstellen und so zu tun, als seiest du stark, während du dich innerlich schwach fühlst. Es ist eine andere, die Tiefe deines Seins zu lokalisieren und dich als diese zu entspannen. Lass zu, dass sich ihre tiefe Energie über deinen Atem und deinen Körper manifestiert. Durchdringe dann deine Frau mit dieser Liebesenergie. Eine solche Praxis ist immer möglich, selbst wenn du dich körperlich besiegt fühlst oder ein emotionales Tief hast.

Lokalisiere deinen Herzschlag. Spüre deutlich, wie jeder Schlag beginnt und endet. Stelle fest, dass „du" mit deinem Herzschlag überhaupt nichts zu tun hast, denn er setzt sich fort, ob du nun schläfst oder wach bist, ob du ein Experte oder ein Versager auf dem Gebiet der Sexualität bist.

Nimm wahr, was du über diese vorzeitige Ejakulation denkst. Spüre, dass deine Gedanken wie Blätter im Wind durch deinen Geist ziehen. Anstatt dich in Gedanken zu verstricken, bemerke einfach ihr Kommen und Gehen.

An welcher Stelle nimmst du dein Gefühl des Versagens wahr? Sitzt es in deinem Bauch? In deiner Brust? Besitzt es die fließende amorphe Energie einer Emotion oder die lineare konzeptuelle Klarheit eines Gedankens?

Wie reagiert deine Frau? Wirkt sie in ihrer Liebe offen oder verschlossen und wütend? An welchen Stellen ihres Körpers ist sie angespannt?

Achte auf deinen Herzschlag, das Kommen und Gehen deiner Gedanken und Emotionen, die Anspannung in deinem Körper und in dem deiner Frau. Du brauchst keine absolute Kontrolle darüber zu haben. Wer weiß, warum du so früh ejakuliert hast? Vielleicht hast du zu viel Fleisch oder Salz gegessen. Vielleicht warst du nervös oder musstest Druck ablassen. Vielleicht musst du noch viel über sexuelle Liebe lernen. Aber im gegenwärtigen Moment spielt das keine Rolle. Wichtig ist, dass du voll präsent bist.

Deine Präsenz wird dadurch bestimmt, wie entspannt du in der Fülle deines Seins bist. Schrumpfst du, rollst du dich zusammen, ziehst du dich in deine Brust zurück, verkürzt du deine Atemzüge, wendest du die Augen ab? All diese Handlungen sorgen dafür, dass sich das Ausmaß der Fülle deines Seins, die deinen Körper durchströmen kann, verringert – und das ist die Erektion, die sich deine Frau am meisten wünscht.

Männer wissen, dass sie „stark sein sollen". Es ist ein inneres Gefühl, an dem sie oft ihren männlichen Wert messen. Es gibt drei Stufen dieses Wachstums der männlichen Kraft.

Auf der ersten Stufe möchte ein Mann in den Augen anderer stark erscheinen. Er versucht, auf eine Art zu laufen, zu reden und zu agieren, von der er denkt, dass andere sie für kraftvoll halten.

Auf der zweiten Stufe sucht ein Mann nach innerer Stärke. Er versucht häufig, „die Dinge auf seine Art und Weise zu erledigen", denn wenn er auf andere hörte, müsste er zugeben, dass er von ihnen abhängig ist. Er erkennt, dass er seinen eigenen Gedanken und Emotionen treu sein muss, egal ob die anderen das anerkennen oder nicht. Er entwickelt ein inneres Vertrauen, das ihm Stärke verleiht, unabhängig davon, was ihm andere erzählen. Es ist ihm nicht mehr so wichtig, wie er aussieht. Er agiert nicht mit machohaftem Posieren und stoischer Entschlossenheit wie auf der ersten Stufe. Vielmehr verhält er sich ruhig und unparteiisch. Diese Art von innerer Stärke basiert auf Selbsterkenntnis: Er kennt seine Grenzen und Gaben, und er ist seinen eigenen Glaubenssätzen so treu wie möglich, ungeachtet dessen, wie er von anderen gesehen wird.

Auf der dritten Stufe öffnet sich ein Mann der Kraft, die im tiefen Sein wohnt. Dafür öffnet er sich über das hinaus, was die anderen von ihm denken – und was er selbst von sich denkt. Sogar das Selbstvertrauen wirkt als Hindernis, wenn er sich als Kraft des offenen Bewusstseins entspannt. Seine eigenen Überzeugungen und Meinungen, die sein Leben auf der zweite Stufe gelenkt haben, werden in der Fülle des tiefen Seins regelrecht transparent.

Diese mühelose Kraft ist so offensichtlich und unverkennbar wie das machohafte Posieren auf der ersten Stufe sowie die Integrität und das Selbstvertrauen auf der zweiten. Ein Mann, der die Stärke der dritten Stufe praktiziert, ist vertrauenswürdig, denn seine Handlungen sind weder von außen noch von innen beeinflussbar. Selbst seine eigene Wahrnehmung in Bezug auf das Gelingen oder Versagen kann ihn nicht davon abhalten, spontan zu leben, während die Liebeskraft aus den Tiefen seines Seins emporströmt.

Beim Sex geht es für einen Mann auf der ersten Stufe darum, „wie ein Mann zu handeln". Daher ist eine frühzeitige Ejakulation äußerst peinlich – und nichts, über das er reden möchte.

Für einen Mann auf der zweiten Stufe geht es beim Sex um das gemeinsame Teilen und Austauschen sowie um Ehrlichkeit. Wenn er zu früh ejakuliert, hat er keine Angst, darüber zu sprechen. Er kann andere Wege finden, um seine Frau sexuell zu befriedigen, durch Oralsex, Streicheln, Massieren und sogar mit Hilfe von Sexspielzeugen. Sein Selbstvertrauen leidet nicht, weil er weiß, dass er seiner Frau neben seinem erigierten Penis noch andere Dinge bieten kann. Sie schätzt seinen emotionalen Austausch, seine Fürsorge, seine Sinnlichkeit, seinen Humor und seine Begleitung genauso wie seine sexuellen Fähigkeiten. Abgesehen davon genießt sie heimlich die ganze Aufmerksamkeit, die er ihr schenkt, wenn er zu früh ejakuliert.

Für einen Mann auf der dritten Stufe geht es beim Sex darum, den ganzen Körper der Bewusstseinskraft hinzugeben und der Tiefe des Seins zu gestatten, seinen Körper, seinen Atem und seine Frau als Liebe zu durchdringen und darüber hinauszugehen. Falls er zu früh ejakuliert, nehmen er und seine Frau das vielleicht nicht einmal wahr. Die Tiefe seiner Präsenz und die Kraft seiner Liebes erschöpfen sich nicht, denn sie wurzeln im Bewusstsein und nicht in physiologischer Erregung. Seine Aufmerksamkeit bleibt frei von Besorgnis – sowohl seiner eigenen als auch der seiner Frau. Er kann seine Frau weiter verzücken und mit seiner leidenschaftlichen Liebeskraft in ihr Herz und ihren Körper eindringen. Ihr Orgasmus ist vielleicht so intensiv, als würde sich sein erigierter Penis in ihrem Körper befinden.

Wenn das Ganze auf der ersten Stufe passiert wäre, wäre seine Energie vor lauter Scham kollabiert und seine Aufmerksamkeit wäre von der Angst besetzt gewesen, dass seine Frau ihn für unzulänglich hielte. Hätte sich das Ganze auf der zweiten Stufe ereignet, dann wäre seine Energie darauf ausgerichtet gewesen, sich seiner Frau sinnlich und emotional mitzuteilen, während seine Aufmerksamkeit bereits damit beschäftigt gewesen wäre, wie er seine sexuelle Kraft in Zukunft verbessern könnte.

Ein Mann, der auf der dritten Stufe praktiziert, erlebt manchmal ein Schamgefühl und befasst sich ebenfalls damit, wie er seine sexuellen Fähigkeiten verbessern kann, um die Liebe mit seiner Frau zu teilen. Aber seine Energie wird dadurch nicht vermindert und seine Aufmerksamkeit von diesen Themen nicht in Anspruch genommen.

Bei seiner unerschütterlichen Präsenz geht es weder um machohafte Starrheit – ein Bedürfnis, seine Frau zu beeindrucken – noch um das eigene Selbstvertrauen. Sie wurzelt in der Tiefe des Seins und nicht in einem Selbstbild oder dem Verlangen, sich mit seiner Frau zu verbinden. Dieser Mann kann sehr wohl ein Bild von sich oder den Wunsch haben, sich mit seiner Frau zu verbinden, aber diese Dinge halten ihn nicht davon ab, das Bewusstsein oder die Liebe, die tiefes Sein sind, zu lokalisieren, sich als diese zu entspannen, sie zu atmen und zu übertragen.

Selbst wenn deine Praxis wächst, wird es dir immer noch wehtun, wenn dich deine Frau ignoriert, sich dir gegenüber verschließt oder über deine Schwäche lacht. Aber der Schmerz wird zum Bestandteil deiner Praxis. Spüre durch sie hindurch, entspanne dich als die Tiefe des Seins und erlaube deinem Atem und deinem Körper, von der Tiefe und nicht vom Schmerz bewegt zu werden.

Du wirst nicht immer dazu in der Lage sein. Manchmal bist du einfach zu verletzt. Deine Energie bricht zusammen, und deine Aufmerksamkeit ist gefangen in deinem Kummer. Übe dich weiter darin, durch alles hindurchzuspüren. Gib dir alle Mühe, Bauch und Brust zu entspannen. Lass zu, dass dein Atem sich vertieft. Löse dich selbst als der Raum auf, der den Schmerz umgibt, anstatt zuzulassen, dass dein Bewusstsein vom Schmerz eingeschlossen wird. Spüre deine Frau und atme mit ihr zusammen in eine größere Offenheit hinein.

Selbst wenn du weiter zusammenbrichst und dich aus Scham oder Angst in den eigenen Schmollwinkel zurückziehst, verfolge diese Praxis. Auch wenn es nur ein bisschen ist. Entspanne dich eine Winzigkeit mehr. Atme nur ein klein wenig tiefer. Lausche auf die Geräusche, die am weitesten entfernt sind, um deiner Aufmerksamkeit zu helfen, sich aus deinem eigenen Kampf zu befreien. Spüre die Emotionen und die Energie deiner Frau einfach nur ein klitzekleines bisschen intensiver als noch einen Augenblick zuvor. Viele winzige Momente der Praxis summieren sich im Laufe der Zeit zu enormen Transformationen.

Um als Mann stark zu sein, musst du auch dann Liebe geben, wenn du dich verletzt fühlst. Nicht weil du gut dastehen willst und nicht weil du spürst, dass du bei dieser Praxis wächst, sondern weil nicht zu lieben schmerzhafter ist als die Praxis, sich als Liebe zu entspannen. Wenn du wächst, dann will die Liebe, die den Tiefen deines Wesens entspringt, ungehemmt fließen, egal ob ihr – du oder deine Frau – vielleicht lieber einen Durchhänger und eine Auszeit hättet oder ihr euch lieber hinsetzen und ein zivilisiertes Gespräch führen würdet. Die Flutwelle dieser Liebe ist bedrohlich, solange du an der Sicherheit der Liebe eines anderen Menschen oder an deiner Selbstliebe festhältst. Wenn du jedoch dazu bereit bist, über die falsche Sicherheit von Abhängigkeit oder Unabhängigkeit hinauszuwachsen, dann ist die freie Kraft der grenzenlosen Liebe der Fluss, der dich bewegt.

Für sie

Die meisten Männer fühlen sich in ihren Körpern oder Emotionen nicht zu Hause. Sie müssen ins Leben und in eine Beziehung hineingezogen werden. Und du bist vermutlich die vorrangige Quelle der Anziehung für deinen Mann. Er wird in die Offenheit deiner Liebe und in das Strahlen deiner weiblichen Energie hineingezogen. Zu seinen Lieblingsformen von weiblicher Energie gehören wahrscheinlich die nährende Energie der „Mutter" und die erotisierende Energie der „Hure". Er fühlt sich noch von vielen weiteren Aspekten von dir angezogen, aber diese gehören zu den Energien, an denen es den meisten Männern im Leben fehlt. Sie wollen gestützt und erregt, verjüngt und verführt werden.

Aber wenn dein Mann etwas tut, dem es an Integrität fehlt, wenn er beispielsweise etwas nicht wie versprochen durchzieht, dann fühlst du dich verletzt, wütend und frustriert. Wenn er nicht tut, was er sagt, dann kannst du ihm nicht voll vertrauen. Du kannst deinen Schutzschild nicht fallen lassen. Du kannst es dir nicht erlauben, dich mit ihm sexuell vollkommen hinzugeben. Zudem wirst du dich nicht geneigt fühlen, ihn mit deiner Mutterenergie zu nähren oder ihn wie eine hungrige Furie mitzureißen. Wahrscheinlich möchtest du ihm eher den Kopf abhacken.

Dies ist ebenfalls eine der natürlichen Energien des göttlichen Weiblichen. Tatsächlich sagt diese Energie zu deinem Mann: „Ich weiß, dass du zu Großem fähig bist. Ich weiß, wie tiefgründig und stark du bist. Ich werde deinen Mangel an Engagement und deine Lügen nicht tolerieren. Ich werde nicht tolerieren, dass du einen Rückzieher machst. Werde deiner eigenen Fülle gerecht oder ich habe keine andere Möglichkeit, als dich und deine falsche Schwäche zu zerstören!"

Wenn dich dein Mann verletzt, weil es ihm an Zielgerichtetheit, Integrität oder Klarheit mangelt, dann kannst du ihn lieben, ohne seine Schwächen zu unterstützen. Deinen Partner zu lieben, wenn er dich verletzt, impliziert, dass du seinen ganzen Schwachsinn nicht tolerierst. Gib dich seinen Verletzungen nicht hin, sondern ergib dich der Liebe, die als du und er lebt. Und während du als Liebe fließt, kannst du auch richtig wütend sein und von deinem Mann das Beste fordern.

Du reagierst höchst sensibel darauf, ob dein Mann seiner eigenen Wahrheit folgt. Du weißt, wann er sich betrügt – und dich –, und zwar bevor er es weiß. Du fühlst das Geschmeidige in seiner Körperhaltung. Du hörst die Doppeldeutigkeit in seiner Stimme. Du weißt, dass er sich betrügt, bevor er irgendetwas merkt. Deine Rückmeldung kann für ihn ein großes Geschenk sein.

Er wird deiner Rückmeldung nur vertrauen, wenn er deine Offenheit als Liebe spürt. Du kannst dich nicht von der Liebe tief in deinem Herzen abschneiden, deinen Körper in Angst und Wut verkrampfen und dann erwarten, dass er dir glaubt, was du sagst. Er wird meinen, dass du ein gewisses Problem hast. Entweder wird er dich kritisieren oder versuchen, es in Ordnung zu bringen, anstatt die Realität in deiner Kommunikation zu vernehmen. Deine Unliebe wird ihn verletzen, und er wird sich noch mehr verschließen.

Um deinem Mann dabei zu helfen, zu spüren, wenn er etwas vermasselt hat oder im Irrtum ist, musst du voll in der Liebe verweilen, oder er wird deine Rückmeldung deinen eigenen Problemen zuordnen.

Wenn dich dein Mann verletzt hat, dann atme voll und tief weiter, so als ob du im Garten spazieren gehen und den Duft der Blumen genießen würdest. Entspanne deinen Körper so weit wie möglich, vor allem deinen Bauch und deine Brust, so als ob du gegen die nackte Brust deines Liebhabers gedrückt würdest. Spüre in deinen Mann hinein und finde den tiefen Ort in ihm, dem du wirklich vertraust, und diese Hoffnung wird kraftvoller werden. Erzähle ihm von seinem inneren Ort, dem du vertraust. Zeige ihm die Liebe über deinen offenen Körper und deinen Atem. Sage ihm, dass du etwas von deinem Vertrauen verlierst, wenn er sich auf bestimmte Art und Weise verhält.

Denke daran, dass er wahrscheinlich nicht weiß, wovon du redest. Er kann seine eigenen Schwächen wahrscheinlich nicht so einfach wahrnehmen wie du. Sicherlich hat er das Gefühl, dass er in der gegebenen Situation sein Bestes tut. Aber du meinst eher die Art und Weise, wie er etwas tut, und nicht unbedingt das, was er tut. Du kannst es spüren, wenn seine Handlungen nicht länger mit seiner Wahrheit in Einklang sind. Du kannst es spüren, wenn er seine Schwäche vor sich selbst verbirgt, und das macht dir Angst. Du kannst ihm nicht vertrauen. Und das solltest du auch nicht tun.

Toleriere den Schwachsinn deines Mannes nicht, sondern praktiziere stets Liebe, indem du die Fülle der Liebe in deinem Körper kultivierst. Es ist äußerst schwierig, deinen Körper und Atem weiter offen und stark zu halten, wenn dein Mann dein Vertrauen gebrochen hat. Genauso schwierig ist es für ihn, offen zu bleiben und deine Kritik zu empfangen – vor allem wenn er sehen kann, dass du aus einer Warte der Verschlossenheit und nicht aus der Liebe heraus agierst. Übe daher die Kommunikation von einem Standpunkt der Liebe, selbst wenn du gleichzeitig wild vor Zorn schreist. Wenn du offen bist, dann kann deine Liebe als mitfühlende Wut zum Ausdruck kommen, eine Wut ohne Hass.

Mit Übung strömt die Liebe frei durch deinen Körper und Atem hindurch, auch wenn du wütend, frustriert, glücklich, aufgeregt und verschlossen bist oder dich betrogen fühlst. Die Liebe umfasst alle Emotionen und leuchtet durch sie hindurch, wobei sie das volle Spektrum emotionaler Energie zum Ausdruck bringt.

Du und dein Mann könnt euch beide darin üben, als Liebe zu leben, während du verletzt bist. Dabei lernst du, wie du atmest und als Liebe entspannst, auch wenn du dich betrogen fühlst. Während deine Fähigkeit wächst, Liebe über den Körper zu leben, wirst du letztendlich nicht mehr abhängig von deinem Mann sein. Er muss nicht mehr „für dich da sein". Er wird nicht länger davon abhängig sein, dass du ihm Geborgenheit und Verjüngung schenkst. Dies sind wahre Gaben, wenn sie frei gegeben und empfangen werden, aber wenn deine Fähigkeit, in der Glückseligkeit der Liebe zu entspannen, davon abhängt, dann werden sie zu Erwartungen, die das Wachstum behindern.

Wenn dein Mann möchte, dass die energetischen Farben der „Mutter" und der „Sexgöttin" frei durch deinen Körper strömen, dann muss er lernen, auch mit all deinen anderen freien Energien umzugehen. Dazu gehört auch deine Energie der „wilden Frau", die sich nicht mit weniger zufrieden gibt als mit der Bereitschaft des Mannes, seinen Makeln und Fehlern auf den Grund zu gehen, den ihnen innewohnenden Humor aufzuspüren, die notwendigen Veränderungen vorzunehmen und ein Leben zu leben, das sich der Praxis der tiefen Liebe und der beständigen Präsenz verpflichtet – ohne zusammenzufallen, wenn du dich nicht bewogen fühlst, ihn mit einem Abendessen zu päppeln oder seine Genitalien zu verwöhnen.

13
SPÜRE DICH DURCH DIE ANSPANNUNG DER AUFMERKSAMKEIT HINDURCH

Wir lieben uns seit etwa einer halben Stunde. Unsere Energien sind total im Fluss. Unsere Herzen sind offen. Die Vorderseiten unserer Körper sind weich und pressen sich aneinander. Unser Atem fühlt sich wie ein Atem an. Wir geben uns noch tiefer hin und die Umrisse unserer Körper werden unscharf.

Die Atome unseres Fleisches und unserer Knochen dehnen sich im Raum aus. Gedanken fühlen sich wie die Wellen des Raumes an. Die Aufmerksamkeit selbst fühlt sich wie eine Anspannung im offenen Raum des Bewusstseins an.

Ich kann auf viele Dinge achten, während wir miteinander schlafen: auf das Verschmelzen unserer Atemzüge, auf den Schweiß, der zwischen meiner Brust und ihrem Busen schmatzt, auf die Liebe, die ich in ihrem Herzen spüre und in ihren Augen erkenne, auf die hitzige Verschmelzung unserer Genitalien. All diese Erfahrungen können Gegenstand meiner Aufmerksamkeit sein. Und doch fühlt sich diese Aufmerksamkeit wie eine Anspannung an. Die reine, auf das Erleben ausgerichtete Aufmerksamkeit fühlt sich wie eine Art von Anspannung an, so als würde der Raum in einem Bündel von Form geschnürt: eine Brust, ein Hitzegefühl, eine Emotion.

Wer ich zutiefst bin, ist nicht diese Aufmerksamkeit. Diese Aufmerksamkeit – und das gesamte sexuelle Erleben, das die Aufmerksamkeit in den Raum des Bewusstseins einschnitzt – findet innerhalb der dimensionslosen Offenheit dessen statt, der ich bin. Die glückselige Offenheit des Seins ist keine Sache, die kommen und gehen kann – ich kann sie nur vergessen oder ignorieren. Ich kann von den Objekten der Aufmerksamkeit abgelenkt werden, von Titten, Ärschen, Geld und Schmerz. Ich gehe am Ende davon aus, wie diese Dinge zu sein – massiv, begrenzt und zeitweilig vorhanden. Ich verspanne mich und habe Angst, weil ich vergesse, wer ich in tiefster Tiefe bin.

Manchmal vergehen Minuten, Stunden und Tage, und ich kann mich in einer Erfahrung nach der anderen total verlieren. Ich arbeite, esse, habe Sex und ärgere mich, ohne dass ich mich zutiefst entspanne als unendliche Tiefe des Seins, das ich bin. Damit ich mich nicht darin verliere, ausschließlich den Erfahrungen Aufmerksamkeit zu schenken, übe ich mich darin, mich als der zu erkennen und zu entspannen, der ich zutiefst bin, egal welche Erfahrung auch immer in dessen Tiefe wallt.

Das trifft besonders beim Sex zu. Sex scheint die Zusammenfassung von allem zu sein, was ich erleben und an dem ich teilhaben möchte. Es ist die verführerischste Illusion, die grundlegende Erfüllung verspricht, welche gleich hinter der nächsten Ecke wartet. Doch wie ich immer wieder feststelle, ist keinerlei Erfahrung absolut erfüllend – selbst das lustvollste sexuelle Erlebnis nicht. Es hält nicht an. Und selbst wenn es andauert, dann wird es immer oberflächlicher, als ich gehofft hatte – und ich drohe es zu verlieren.

Wenn schließlich ein hoffnungsvoller Augenblick des Erlebens auftaucht – wie zum Beispiel der Gipfel des Orgasmus –, dann ist dies nur ein weiterer flüchtiger Augenblick der Erfahrung, eine Anspannung inmitten des offenen Seins.

Ein sexuelles Erlebnis mag sich großartig anfühlen. Oder auch miserabel. Aber das offene Sein, die Glückseligkeit dessen, was ich wirklich bin, was meine Geliebte wirklich ist, verändert sich aufgrund keiner einzigen Erfahrung – ob nun gut oder schlecht. Und diese Offenheit der Liebe – grenzenlos, spontan, lebendig und erkennbar – ist die Natur eines jeden Augenblicks, jetzt und in der Zukunft, während ich auf dem Klo sitze oder mit meiner Geliebten weine.

Wenn du beim Sex all deinen Sinneswahrnehmungen sowie deiner Geliebten genaue Aufmerksamkeit schenkst, dann ist das ein guter Anfang. Aber diese Praxis kann in der Tat sehr deprimierend werden! Alles ist unbedeutend, nichts hält an, und alles befindet sich im ständigen Wandel. Solange du die Liebe nicht erkennst, kannst du die aufmerksame Klarheit leicht mit einer tieferen Praxis verwechseln.

Jenseits der bloßen Aufmerksamkeit liegt das Mysterium der Liebe: der Glanz der Glückseligkeit in allen Formen. Nackt als dieser Moment, ohne Ecken und Kanten, bist du als Liebe lebendig, als Weite des Seins. Wenn du in dieser Offenheit aufgehst, ist dies der ultimative Orgasmus, der keinerlei Spuren hinterlässt, so als ob nie irgendetwas geschehen wäre und die Liebe die einzige Geschichte ist.

Aufmerksamkeit ist ein Werkzeug, eine Handlung, eine Begrenzung. Die Weite der Liebe ist das, was ist, ob die Aufmerksamkeit nun auf die eine oder andere Weise oder überhaupt nicht agiert. Und Sex ist ein elementarer Liebling der Aufmerksamkeit. Durch die Aufmerksamkeit beim Sex hindurchzuspüren, bedeutet, inmitten einer der stärksten und attraktivsten Fallen der Aufmerksamkeit frei zu sein, sodass deine wahre Tiefe über das Fleisch des Augenblicks hinaus nach außen sprießen kann.

Für ihn

Was du mit deiner Aufmerksamkeit anstellst, bestimmt über deine Lebensqualität. Drei Männer können unter exakt den gleichen Umständen – beispielsweise bei einem Bordellbesuch – unterschiedliche Erfahrungen machen, je nachdem worauf ihre Aufmerksamkeit ruht.

Der eine Mann könnte den folgenden Gedanken Aufmerksamkeit schenken: „Was geschieht, wenn meine Frau das herausfindet? Was passiert, wenn ich mich mit einer Krankheit anstecke? Ich frag mich, was das kosten wird.“ Die Textur dieses Erlebens wird von Angst, Anspannung und Nervosität geprägt.

Die Aufmerksamkeit des zweiten Mannes könnte von seiner visuellen Wahrnehmung aufgesogen werden: „Schau mal, die großgewachsene Frau im roten Lederoutfit in der Ecke. Wow! Schau dir die Titten der Frau im Glitzerkleid an! Mann, diese beiden Blondinen, die da miteinander tanzen, die sind umwerfend!“ Sein Erleben ist lustvoll, belebt und äußerst farbenprächtig.

Die Aufmerksamkeit des dritten Mannes könnte ausschließlich auf die Genitalien ausgerichtet sein: „Ich wette, die ist richtig eng. Ich würde gerne ganz tief in sie eindringen. Ich wette, dass sie mich mit den Muskeln ihrer engen Muschi melken kann.“ Die Textur dieses Erlebens ist von Erregung, animalischer Sinnlichkeit und Verlangen geprägt.

Das, worauf du deine Aufmerksamkeit richtest, bestimmt darüber, wie du dich dir und anderen gegenüber fühlst. Eine Frau reagiert besonders sensibel darauf, wohin die Aufmerksamkeit eines Mannes wandert. Sie spürt, wenn er gedankenverloren ist und all die anderen Frauen abcheckt. Sie nimmt es wahr, wenn er sich wie ein „Genital auf zwei Beinen“ benimmt.

Die vorrangige Qualität, die einen Mann für Frauen attraktiv macht, ist die Freiheit seiner Aufmerksamkeit. Wenn seine Aufmerksamkeit nicht eng an dieses oder jenes gebunden ist, dann kann seine Bewusstseinsstärke als Kraft seiner Präsenz frei ausstrahlen. Wenn eine Frau einen Raum voller Menschen betritt, erkennt sie schnell den Mann mit der meisten Präsenz und Freiheit, genauso wie du mit Leichtigkeit die Frau mit der größten Ausstrahlung erkennen würdest.

Auch die Männer können deine Präsenz oder deren Fehlen spüren. Wenn deine Aufmerksamkeit ungebunden und weder verkrampft noch zerstreut ist, dann können dir die Männer vertrauen. Sie werden dir jedoch nicht so sehr vertrauen, wenn du nicht vollkommen präsent bist, weil du von deinen Gedanken, Emotionen oder genitalen Bedürfnissen abgelenkt wirst. Ein großer Teil des geschäftlichen Erfolgs beruht darauf, wie vertrauenswürdig du auf andere wirkst. Die meisten beruflich erfolgreichen Männer sind sehr präsent; du kannst darauf vertrauen, dass ihre Aufmerksamkeit frei genug ist, um sich auf die vorliegenden Aufgaben zu konzentrieren und sie durchzuziehen. Die Tiefe ihres Engagements und ihrer Klarheit ist leicht wahrzunehmen.

Je freier die Aufmerksamkeit eines Mannes ist, desto mehr kann er im Leben bewältigen. Die Aufmerksamkeit mancher Männer ist so gefangen, dass sie es kaum schaffen, rechtzeitig aufzuwachen, daran zu denken, die Katze zu füttern und ihre tägliche Arbeit zu verrichten. Die Aufmerksamkeit anderer Männer ist freier. Sie beschließen, früh aufzustehen, um ihre Kampfkunstfertigkeiten zu trainieren. Auf dem Weg zur Arbeit zeichnen sie ihre neusten Projektpläne mit einem Diktiergerät auf oder meditieren über Offenheit. Bei der Arbeit tun sie nicht nur das, was sie tun sollen, sondern entwickeln kreative Wege, um ihre Leistung zu verbessern, und bringen Humor und Freude in das Leben ihrer Mitarbeiter. Währenddessen ist ihre Präsenz die ganze Zeit über stark und voll, bleibt aber dennoch entspannt und ausgedehnt.

Du könntest spirituelles Wachstum auch als fortschreitende Befreiung deiner Aufmerksamkeit betrachten. Je freier deine Aufmerksamkeit, desto freier wirkst du als kreative und segensreiche Kraft in der Welt.

Im Laufe deiner Praxis kannst du deine Aufmerksamkeit darin schulen, mit großer Leichtigkeit mehr und mehr Dinge zu berücksichtigen. Beim Sex übst du dich schließlich darin, deine eigenen Gedanken wahrzunehmen: Spüre dich in den emotionalen Fluss deiner Frau hinein; nimm die Energieströme wahr, die durch eure Körper fließen; genieße ihren Duft, die Weichheit ihrer Beine und die Fülle ihrer Lippen; öffne dein Herz, um mit ihrem zu verschmelzen und gemeinsam zu atmen; lenke deinen Orgasmus so, dass er deine Wirbelsäule emporschießt und sich durch dein Herz hindurch farbenprächtig und mit fantastischer Intensität ergießt; entspanne deine Aufmerksamkeit, um durch deine Frau und nach außen durch den Raum in alle Richtungen zu spüren; erfasse das „Feld" des Bewusstseins mit deinem Atem und durchdringe die Seele deiner Frau damit; verzücke deine Frau mit der Kraft deiner tiefsten Liebe; erlaube deiner Liebe, sich durch deinen Körper, den Körper deiner Frau und nach außen hin zu allen Lebewesen zu bewegen; und erkenne die offene Tiefe des Seins, von Augenblick zu Augenblick, während du als spontane Kraft der Glückseligkeit ruhst, die in Form von dir, deiner Partnerin und allem anderen tanzt.

Um das zu tun, darf deine Aufmerksamkeit nicht von unbezahlten Rechnungen beansprucht werden, die auf deinem Schreibtisch lauern. Um deine Aufmerksamkeit zu befreien, ist es erforderlich, dass du dich um unerledigte Dinge kümmerst und die Verpflichtungen in deinem Leben so tadellos wie möglich erledigst. Wenn du wächst, lernst du, dich um die Alltagsdetails zu kümmern, während du deine Aufmerksamkeit gleichzeitig für die Dinge mit mehr Tiefgang öffnest. Tatsächlich wirst du dich nicht einmal für tiefgründigen Sex interessieren, bis du so weit gewachsen bist, dass deine Aufmerksamkeit frei ist und du dann fragst: „Was kommt als Nächstes? Was geht tiefer? Wie können das Leben und die Sexualität noch erfüllender und freier werden?"

Deine Aufmerksamkeit wird Schritt für Schritt von tiefer gehenden und subtileren Dingen gefesselt, und daher werden deine Lebenserfahrungen im Laufe deines spirituellen Wachstums auch tiefer und subtiler. Jeder Depp kann Wein in sich hineinkippen und seine Trunkenheit genießen, während ein echter Weinkenner das fruchtige Bouquet und die zimtigen Untertöne wahrnimmt und überlegt, ob der Wein lange genug gelagert wurde. Währenddessen kann er trotzdem Spaß daran haben, dass er betrunken wird. Seine Aufmerksamkeit ist weniger eingeschränkt als die eines Trunkenboldes, der sich nur darauf konzentriert, so viel Wein wie möglich hinunterzukippen. Mit anderen Worten, die Aufmerksamkeit eines Weinkenners wird von subtileren Freuden in Anspruch genommen als die eines Säufers.

Spirituelles Wachstum ist so, als würde man zum Kenner des Gewahrseins und seiner Objekte werden, was die eigenen Gedanken,

Gefühle, Sinneseindrücke und Wahrnehmungen sowie die Emotionen mit einschließt. Im Laufe deines Wachstums wird deine Aufmerksamkeit immer freier, um sehr subtile Dinge zu erkennen, die von den meisten nicht wahrgenommen werden. Andere Menschen, deren Aufmerksamkeit weniger ungebunden ist, werden denken, dass du geheime Kräfte besitzt: Woher weißt du, was jemand anderes denkt? Oder sie glauben, dass du verrückt bist, dir Dinge einbildest und alles erfindest. Schließlich können sie die subtilen Energien und Wahrnehmungen nicht spüren, die du zu genießen scheinst, und daher sind sie entweder blind oder du bist verrückt – und den meisten Menschen gefällt der Gedanke nicht, dass sie im Nachteil sein könnten.

Aber selbst die subtileren Dinge im Leben werden letzten Endes als Aufmerksamkeitsfalle wahrgenommen – so wie ein Paar große Brüste, von dem du anfangs nicht den Blick abwenden konntest, im Laufe der Zeit vertrauter, weniger erregend und schließlich langweilig wird. Während deines Wachstums wirst du immer noch fühlen: „Na und? Was kommt als Nächstes? Was ist tiefer und freier?" Letztendlich ist der Akt der Aufmerksamkeit selbst – auf irgendetwas zu achten, egal wie subtil es ist – nicht mehr besonders interessant. All die Geschmäcker und Farben des Lebens, selbst diejenigen, die die meisten Menschen nicht einmal spüren können, reichen dir einfach nicht mehr aus. Du hast immer noch das Gefühl, in der Falle zu sitzen – genauso wie du dich in einem Job gefangen fühlst, der dich nicht mehr interessiert.

Der einzige Ort, der mehr Erfüllung bringt, liegt tiefer. Was geht tiefer als die Aufmerksamkeit selbst? Kannst du spüren, woher die Aufmerksamkeit kommt? Was geschieht, wenn du dich beim Sex als die Quelle der Aufmerksamkeit entspannst, während sich deine Aufmerksamkeit ebenfalls zu deinem pulsierenden Schwanz hinbewegt, zu deiner Frau, die sich in Ekstase windet, und zu einer emotionalen Ausdehnung, die von allem widerhallt – deiner kindlichen Bedürftigkeit nach Mami bis hin zu deinen dunkelsten Vergewaltigungs- und Dominanzfantasien? Im Laufe deines Wachstums wird deine Praxis diese Fragen auf natürliche Art und Weise beantworten.

Schließlich wächst bei jedem Menschen das Bedürfnis, seine Aufmerksamkeit von dem zu befreien, was auch immer im Mittelpunkt seines Lebens zu stehen scheint. Das Gefühl dieses Bedürfnisses ist eine unterschwellige Unzufriedenheit.

Wenn du spürst, dass dich Aspekte deines Lebens nicht ganz erfüllen, und wenn der Glanz der Dinge verblasst ist, die dich mal wirklich angemacht haben, dann ist es an der Zeit, deine Aufmerksamkeit auf subtilere Dinge zu lenken. Und wenn die subtileren Dinge das Leben nicht länger lebenswert machen, dann ist es an der Zeit, deine Aufmerksamkeit auf noch tiefer gehende Dinge zu richten. Und wenn die tiefsten Dinge dir schließlich nichts Besonderes mehr bedeuten, dann erlaube dir, noch tiefer als die Dinge zu fühlen – noch vor den Punkt, an dem die Aufmerksamkeit ein Ding entstehen lässt.

Du kannst das auch tun, während die Aufmerksamkeit auf sexuelle Dinge gerichtet ist.

Erweitere deine Fähigkeit langsam – über die Jahre der geruhsamen Praxis, der Lust und der unvermeidlichen Unzufriedenheit –, dich als tiefes Sein zu öffnen, selbst während du die sexuelle Liebe annimmst und von ihr bewegt wirst. Erlaube der Vereinigung von Glückseligkeit und Offenheit, die Anspannung der Aufmerksamkeit zu lockern.

Für sie

Die Aufmerksamkeit deines Mannes wird von bestimmten Dinge gefesselt, die ihn in eine gewisse Richtung ziehen: beispielsweise finanzieller Erfolg, politische Freiheit oder künstlerischer Ausdruck. Er ist wie ein Zug, der die Gleise entlangrollt. Wenn du in die Richtung willst, in die sein Zug fährt, dann steige ein; er ist ein guter Partner für dich. Wenn du dich aber für eine andere Richtung interessierst, dann ist es unwahrscheinlich, dass die Partnerschaft funktioniert.

Es gibt viele Dinge, die du mit deinem Mann in einer Beziehung teilen kannst. Ihr könnt eine Familie gründen, ein Haus bauen, ein Geschäft eröffnen und zusammenarbeiten, um die Welt auf vielerlei Weise zu verbessern. Daher ist es gut, einen Mann zu wählen, dessen Interessen in die gleiche Richtung gehen. Wenn du beispielsweise gerne eine große Familie haben möchtest, dann ist es am besten, wenn dein Mann den gleichen Wunsch hat.

Subtiler als eure übereinstimmende Richtung ist die relative Tiefe der gemeinsamen Aufmerksamkeit: Sind die Beweggründe deines Mannes genauso tiefgreifend, wie du es von deinen eigenen erwartest? Selbst wenn ihr euch darauf einigt, wie viele Kinder ihr haben wollt, werdet ihr nicht in der Lage sein, in Intimität voll miteinander zu entspannen, wenn die Elternschaft für ihn nur bedeutet, dass sichergestellt ist, dass die Kinder aufwachsen und für sich selbst sorgen können, während es für dich dazugehört, ihnen dabei zu helfen, ein tiefes Gespür für Mitgefühl und universelle Liebe zu entwickeln. Du wirst nicht in der Lage sein, ihm als Vater vollkommen zu vertrauen, und manchmal werden eure unterschiedlichen Prioritäten scheinbar unlösbare Konflikte heraufbeschwören, je nachdem wie ihr als Eltern individuell handelt.

Zudem wirst du kaum imstande sein, den Sex mit einem Mann vollkommen zu genießen, dessen Interessen oberflächlicher sind als deine. Wenn deine Aufmerksamkeit tiefer reicht als die deines Mannes, dann wirst du ihm mit deinem Herzen und Körper nicht vertrauen. Die Art und Weise, wie er seine Aufmerksamkeit – und damit seine „Schwingung", sein Charisma oder seine Präsenz – einsetzt, wird dir recht oberflächlich vorkommen. Du bist dir vielleicht nicht ganz im Klaren darüber, warum du ihm nicht vertraust. Er scheint vielleicht ein guter Mann zu sein. Er meint es sowieso gut. Alles, was du weißt, ist, dass du dich sexuell nicht so weit öffnen kannst, wie du gerne würdest. Du kannst dich ihm nicht vollkommen hingeben. Du vertraust nicht darauf, dass er dich an den tiefsten Ort bringt, an den du gehen möchtest.

Es gibt nur wenige Sachen, die deinen Mann mehr anmachen als dein Vertrauen in ihn, was bedeutet, dass du dich tief mit ihm öffnen und ihm die Fülle derjenigen geben kannst, die du bist. Aber wenn du der Richtung deines Mannes tagsüber nicht vertraust, dann wirst du dich ihm nachts auch nicht öffnen. Wenn deine Aufmerksamkeit tiefer reicht als die deines Mannes, dann wirst du dich ihm nicht sexuell hingeben wollen. Sein „Fick" wird sich oberflächlich anfühlen und nicht das befriedigen, was du in deinem Herzen für möglich hältst. Er wird spüren, dass du zögerst, dich hinzugeben, und versuchen, sexuell mehr zu verlangen – auch wenn seine Forderungen keine Früchte tragen werden. Im Laufe der Zeit beginnst du vielleicht, Enttäuschung oder Hass zu spüren, und die ganze Beziehung fängt an, dich zu langweilen.

Wenn seine Aufmerksamkeit hingegen tiefer reicht, als es dich interessiert, dann können die Tiefe seiner Aufmerksamkeit und sein Engagement auf dich bedrohlich wirken. Du möchtest ein komfortableres Zuhause; er aber wäre bereit, ein jegliches Zuhause loszulassen, um den nächsten Schritt zu machen, den seine Herzensüberzeugung diktiert. Du möchtest, dass er sich mehr Zeit für dich nimmt; er wird nur in dem Maße Zeit mit dir verbringen, der es ihm auch ermöglicht, seinen tiefsten Lebenszweck zu erfüllen. Dieser beinhaltet zwar eure Beziehung, geht jedoch auch weit darüber hinaus.

Wenn du mit einem Mann zusammen bist, dessen Aufmerksamkeit tiefer reicht als deine, dann wirst du einen ständigen Druck verspüren, dich zu öffnen, zu wachsen, mehr Risiken auf dich zu nehmen und deine wahren Begabungen stärker zum Ausdruck zu bringen. Wenn du an Tiefe gewinnen möchtest, dann kann die Beziehung funktionieren. Aber wenn du mehr oder weniger in der Tiefe verweilen möchtest, in der du dich befindest, dann wird es dich erschöpfen, wenn du das ständige Fordern seiner zwingenden Präsenz spürst. Es ist nicht so sehr das, was er zu dir sagt, sondern die Art, wie er sein Leben lebt, die die emotionale Sicherheit bedroht, nach der du dich sehnst.

Du kannst nur auf einen Mann „zählen“, der sich mit der aktuellen Tiefe seiner Aufmerksamkeit beschäftigt. Wenn sich dein Herz nach einer Erfüllung sehnt, die nur mit einem tiefen Austausch und Vertrauen einhergeht, dann wirst du wahrscheinlich enttäuscht sein, wenn dein Mann nicht aufhören kann fernzusehen und schließlich keine Zeit hat, sich mit dir zu verbinden. Du wirst feststellen, dass du dir von ihm Interessen wünschst, die weniger oberflächlich sind. Wenn seine Aufmerksamkeit andererseits darauf ausgerichtet ist, einen Friedensvertrag zwischen zwei kriegsführenden Staaten zu verhandeln – oder wenn er Pläne für ein monatelanges Meditationsretreat schmiedet –, du dir aber wünschst, dass er sich genügend um dich „kümmert“ und einen romantischen Wochenendausflug mit dir unternimmt, dann bist du wahrscheinlich ebenfalls enttäuscht. Dann wünschst du dir vielleicht, dass sein Anliegen nicht so tiefgründig ist.

Wenn du willst, dass deine Beziehung funktioniert, dann stelle sicher, dass die Richtung, in die du in deinem Leben gehen willst, sich mit der deines Mannes deckt. Des Weiteren ist es am besten, wenn die Tiefe deiner Herzensmotive mit derjenigen deines Mannes übereinstimmt.

Richtung und Tiefe: Dies sind die Qualitäten deines Mannes, die am stärksten bestimmen, wie sehr dich die Beziehung mit ihm erfüllt. Es gibt sicherlich viele weitere Faktoren, die deinen Genuss und deine Freude beeinflussen: wie er riecht, ob er ein guter Vater ist, wie viel er verdient ... Alles von seiner Körpergröße über seinen Sexualstil bis hin zu seiner bevorzugten Musikrichtung wird die Qualität eurer gemeinsamen Zeit beeinflussen. Wenn aber eure Richtung und Tiefe nicht zusammenpassen, dann wird keinerlei Gemeinsamkeit von Interessen die Beziehung besonders erfüllend werden lassen.

Wenn er dorthin geht, wohin du im Leben gehen möchtest, und seine Tiefe so weit reicht, wie du sie gerne leben würdest, dann ist die Beziehung in der Lage zu funktionieren, egal wie sehr eure anderen Interessen übereinstimmen oder nicht. Dann können sich eure Leben sowohl in spiritueller Glückseligkeit als auch in sexueller Umarmung und im emotionalen Vertrauen miteinander verweben.

TEIL 3

Verlangen

Ein Auszug aus *Wild Nights (Sounds True 2005)*

„Hallo, mein Freund", sagte Mykonos, als ich die Tür öffnete und so auf sein Klopfen antwortete.

Er stand draußen vor meiner Hütte, grinste wie ein Pferd und trug Shorts und ein Tanktop.

„Hallo", sagte ich und hieß Mykonos in meinem kleinen Zuhause willkommen: „Komm rein." Das Strandhäuschen hatte nur ein Zimmer und keine Möbel. Mykonos trat ein, betrachtete einen Augenblick lang den Raum und setzte sich auf den Holzboden.

„Ich hatte nicht erwartet, dich zu treffen, Mykonos."

„Nun, ich habe einfach gedacht, dass ich mal vorbeischaue. Ist das okay?"

„Natürlich. Ich bin nur überrascht, dass du hier bist."

Ich hatte Mykonos zuvor zwei Mal getroffen. Das erste Mal vor einigen Jahren, nachdem Mykonos von seinem spirituellen Lehrer vertrieben und von seinen Schülerkollegen verstoßen worden war, da er ihnen angeblich gedroht hatte, sie mit einem Baseballschläger zu verprügeln.

Eine Woche bevor er vor meiner Hüttentür erschien, war ich am Strand auf Mykonos gestoßen. Wir saßen zusammen und sprachen über Gott, den Mykonos als das „Große Eine" bezeichnete. Wir beobachteten vorbeilaufende Frauen, und Mykonos erläuterte mir die spirituellen Fähigkeiten weiblicher Genitalien, was mich überraschte.

Als ich darüber witzelte, dass er von Frauen besessen war, sagte er: „Worüber würdest du denn abgesehen von Sex und Tod eher nachdenken?" Ich musste zugeben, dass da nicht viel übrig blieb, und Mykonos nickte leicht und sah mir tief in die Augen.

Einen Augenblick lang hielt alles an – kein Geräusch, keine Bewegung und sogar mein Atem stoppte –, und dann stand Mykonos auf, um zu gehen. Vom Strand aus hatte ich Mykonos meine Hütte gezeigt, aber nie erwartet, dass er tatsächlich auftauchen würde.

„Hast du auch ein kaltes?", fragte Mykonos und suchte in meinem Kühlschrank herum.

Ich vermutete, dass er ein Bier wollte, aber ich hatte keins. Ich trank nicht. Mein Leben war sehr streng. Jeden Tag verfolgte ich in meiner kleinen Hütte drei bis fünf Stunden lang meine spirituelle Praxis und war überzeugter Vegetarier.

„Bei mir gibt es kein Bier", ließ ich ihn wissen.

Mykonos plauderte ein paar Minuten lang mit mir, stand dann auf und ging. Es tat mir leid, dass ich ihm kein Bier anbieten konnte. Ich wusste, dass Mykonos mir viel zu bieten hatte.

Mykonos war ein Mann, der genauso hässlich wie zäh und abgehärtet war. Ich hatte gehört, dass er auf der Straße aufgewachsen war, Hockey spielte, boxte und mehr Ärger hatte, als er verdiente. Außerdem war er ein dekorierter Vietnamveteran. Nachdem er sich von beinahe tödlichen Kampfwunden erholt hatte, wandte sich Mykonos, der damals noch ein ganz junger Mann war, von der Welt ab und widmete sich vollkommen dem spirituellen Wachstum. Er verbrachte zwanzig Jahre damit, zu Füßen seines spirituellen Meisters zu studieren, bevor er verbannt wurde und in der gleichen Küstenstadt endete wie ich.

Ich wusste, dass er aus einem enormen Reichtum an spirituellem Wissen sprach – aber ich wusste nicht, dass er seinen Worten mit aller Macht Taten folgen ließ und dass er in mein Leben treten würde, um es für immer zu verändern.

Als sich Mykonos das nächste Mal vor meiner Hüttentür zeigte, war ich vorbereitet. Im Kühlschrank wartete ein Sixpack Bier.

Mykonos kam und setzte sich auf den Boden. Er wirkte besonders lebhaft.

„Hast du was kalt gestellt, mein Freund?", fragte er.

Ich ging zum Kühlschrank, lächelte insgeheim und schnappte mir zwei Dosen. Eine für mich, eine für ihn. Ich gab Mykonos ein Bier und setzte mich vor ihn hin. Er zog die Lasche hoch und hob die Bierdose.

„Auf das Große Eine", war sein Trinkspruch.

„Auf das Große Eine", antwortete ich.

Wir nahmen beide einen Schluck. Ich konnte es nicht glauben. Ich trank Bier. In meinem spirituellen Bemühen, ein gesundes Leben zu führen, betrachtete ich Alkohol als Gift. Aber ich musste Mykonos vertrauen. Wenn er mit mir Bier trinken wollte, dann musste es einen Grund dafür geben. Ich war bereit, ihm zu folgen und das herauszufinden.

Er holte eine Schachtel Zigaretten heraus und zündete sich eine an. Ich schluckte. Zigaretten? Ich war so lange rein geblieben. Ich hatte fünfzehn Jahre lang kein Fleisch gegessen und nicht einmal Tee getrunken. Ich wollte keine Jahre hingebungsvoller Reinheit wegwerfen, nur um mich ein paar Stunden lang mit einem Mann zu unterhalten, der wie eine Kreuzung aus Axtmörder und Autowaschgehilfe aussah. Mykonos war kein großgewachsener Mann, und trotzdem würde man sich nicht mit ihm anlegen wollen. Zwischen seinen Knien und seinen Shorts kreuzten sich die Narben von Schrapnellverletzungen auf seiner Oberschenkelhaut. In seinen Augen lag ein bestimmter Blick, so als würde er den Tod kennen – und zwar von beiden Seiten.

Sobald er sich seine Zigarette angezündet hatte, war ich mir sicher, dass Mykonos meine Angst und meinen Widerstand spürte. Er platzierte die Packung innerhalb meiner Reichweite und nickte in diese Richtung, um mir zu zeigen, dass ich mich bedienen konnte. Was ich nicht tat.

Mykonos nahm einen langen Zug und atmete dann ganz langsam aus. Der Rauch erfüllte den Raum meiner sauberen Hütte. Er nahm einen weiteren Schluck Bier.

„Ach jaaa“, seufzte Mykonos. „Die Dame ist überall um uns herum.“ Er machte eine schwungvolle Bewegung mit seiner Hand, so als wollte er den Strand oder vielleicht auch die ganze Welt außerhalb meiner Hütte darstellen. „Sie ist wunderschön, nicht wahr? Und sie würde dich auch sofort töten. Dich lebendig verspeisen. Was für eine Hure. Was für eine wunderschöne Hure. Hast du eine Idee, wovon ich rede?“

Überrascht von seiner vulgären Sprache nickte ich und hoffte, dass er mir mehr darüber erzählen würde.

Wir tranken weiter schweigend unser Bier. Ich wartete ab. Dann redete Mykonos über Dinge, die scheinbar zufällig aufkamen: Bücher, Sport, Geldanlagen. Ich hatte das Gefühl, dass er mich testete. Sehen wollte, ob ich anbiss. Herausfinden wollte, ob ich bereit war, das zu empfangen, was er zu geben hatte, oder ob ich mich mit Geplauder und allgemeinen Gesprächsthemen zufriedengeben würde.

Unterdessen konnte ich die Wirkung des Alkohols spüren. Bis dahin hatte jeder von uns fast drei Bier getrunken. Da ich lange Zeit Abstinenzler gewesen war, begann ich ein wenig zu schwanken. Ich verlor den Gesprächsfaden.

„Atme es nach unten, mein Freund. Sauge sie auf deiner Vorderseite nach unten. Atme sie hierhin hinab“, sagte Mykonos und packte fest in seinen Schritt, was mir Angst einjagte. „Warum solltest du dich von ihr trennen? Hm? Warum bringst du es ihr nicht? Sie will dich. Sie kriegt dich so oder so. Sie wird dich zerkauen, wenn du stirbst. Und wenn du tot bist? Auf der anderen Seite? Sie wartet auch dort auf dich. Du kannst ihr nicht entkommen, mein Freund.“

Mykonos nahm einen weiteren Zug. Ich war sprachlos. Taumelte.

„So umfangreich deine sogenannte spirituelle Praxis auch sein mag, sie kann dich nicht vor ihr retten“, setzte Mykonos fort. „Du kannst nicht flüchten. Du kannst nur lieben. Du kannst in Angst leben oder du kannst mit ihr tanzen. Und wenn du sie rückhaltlos liebst, wenn du sie so siehst, wie sie wirklich ist – durch und durch –, dann stirbt sie in Glückseligkeit. Verstehst du? Nur Glückseligkeit. Aber wenn du sie nicht dazu bringst, die Beine breit zu machen, wenn du nicht einmal ein Bier trinkst und wenn du zu verklemmt bist, um sie hierhin nach unten zu atmen, dann wird sie dich einfach auslachen. Wir sprechen hier über eine große Dame. Eine sehr große Dame. Deine Tagesordnung ist ihr nicht scheißegal.“

Während er sprach, wurde mir schwindlig, und mein Bauch verspannte sich. Seine Worte waren grob, aber er hatte recht. Ich hatte die spirituelle Praxis damit gleichgesetzt, meine Lust abzuwürgen, sie zu verleugnen und zu unterdrücken. Ich konnte alleine in einem sauberen Raum sitzen und stundenlang meditieren, aber ich würde nicht mit der tanzen, die Mykonos als „die Dame“ bezeichnete. Ich hatte Angst vor dem Leben. Ich hatte Angst vor dem Tod. Ich hatte sogar Angst davor, ein Bier zu trinken und meine Reinheit zu verlieren.

Ich wollte Zuflucht und kein Chaos. Ich wollte Frieden, keine Leidenschaft. Ich war in meinem Zimmerchen der Heiligkeit gefangen,

Ein Auszug aus *Wild Nights (Sounds True 2005)*

in meiner meditativen Einsamkeit und Stille. Das war keine wahre Freiheit. Und auch keine Liebe. So wie es Mykonos aufgezeigt hatte, drang ich mit meiner Liebe nicht in die Welt ein und öffnete „sie" zur Glückseligkeit. Stattdessen zog ich mich zurück. Ich war von mir selbst besessen.

Vielleicht hatte mich das Bier aufgelockert, oder es war auch einfach nur der richtige Zeitpunkt, aber als Mykonos sprach, begann sich meine gesamte Lebensstrategie aufzulösen. Ich hatte daran geglaubt, dass alles funktionieren würde, wenn ich dafür sorgte, dass mein Körper in Balance und mein Geist klar blieben. Aber in der Zwischenzeit starb ich trotzdem. Die „Dame" fraß mich auf. Die ganze Welt war eine wuchtige, chaotische Frau, die mit Angst einjagte, und daher suchte ich in meiner spirituellen Innerlichkeit und Reinheit nach Sicherheit und Zuflucht.

„Was ist denn eigentlich eine Vagina?", erkundigte sich Mykonos plötzlich. „Ein Lotus des Entzückens oder ein hässlicher schleimerfüllter Schnitt? Warum willst du sie unbedingt vögeln? Du siehst sie gerne im Bett, hübsch zurechtgemacht, aber willst du sie genauso sehr, wenn sie auf Toilette sitzt und die Scheiße aus dem Arschloch rauskommt? Hm? Der Körper ist, was er ist. Normalerweise möchtest du ihn hinter deiner Unterwäsche verstecken. Du machst die Badezimmertür zu. Genitalien!" Mykonos lachte. „Sie können wunderschön oder ekelhaft sein. Das ist sowieso keine große Sache. Liebe hat mit alledem nichts zu tun. Und glaube mir, der großen Dame ist es völlig egal, ob die Genitalien so oder so sind. Wenn du die große Dame liebst, dann braucht es sehr viel mehr als deinen Schwanz. Und das Gleiche gilt, wenn du deine Frau lieben willst."

Ich dachte an Gia, die aufs College ging und deshalb einige Monate lang nicht zu mir an den Strand kommen konnte.

Mykonos lächelte und zündete sich eine weitere Zigarette an. Dann bot er mir die Packung an. Diesmal nahm ich eine Zigarette, stecke sie mir zwischen die Lippen, bediente das Feuerzeug und inhalierte. Die Schärfe des Rauchs erwischte mich unvorbereitet, aber es gelang mir, meinen Husten zu unterdrücken. Ich nahm einen Schluck Bier, einen Zug an meiner Zigarette und versuchte, mich in die Situation zu entspannen.

Als wir das letzte Bier getrunken hatten, gingen wir hinunter zu dem Laden im Ort, um noch mehr zu kaufen. Dann gingen wir an den Strand. Wir saßen im Sand, tranken und redeten.

Mykonos neigte seinen Kopf in Richtung einer hinreißenden blonden Touristin, die im Bikini vorbeilief. Ich sah glatte sonnengebräunte Haut, eine schmale Taille und volle Hüften. Ich sah aufrechte Brüste und Brustwarzen, die gegen den Stoff ihres Bikinioberteils abzeichneten. Ich sah unglaubliche Beine. Ich spürte, wie mich Mykonos ansah.

„Du weißt, wofür sie steht?", fragte Mykonos mit einem Lächeln. „Jahrelanger Streit, rotznasige Kinder, Hypothekenzahlungen und schlechter Geruch. Du schaust dir das Ding jeden Tag an, Tag für Tag, und du willst einfach davonrennen. Weißt du, was ich meine?"

Ich wusste, was er meinte, aber ich sagte nichts. Ich dachte bei mir, dass er ein bisschen zu laut redete.

In diesem Moment sahen wir eine andere Frau, die am Strand entlangging. Sie war etwa 35 Jahre alt und trug Jeans und T-Shirt. Sie war eine Freundin, die Mykonos und ich zufällig kannten. Eine nette und liebe Person – obwohl sie für meinen Geschmack nicht besonders attraktiv war. Ich würde sie sicherlich nicht als sexy bezeichnen. Sie kam auf uns zu und begrüßte uns.

„Hallo, Ma!", sprach Mykonos sie voller Leidenschaft an. Ich ging davon aus, das Mykonos seine Sprachgewohnheit während seines Indienaufenthaltes entwickelt hatte, wo die Frauen aus Liebe und Respekt manchmal „Ma" genannt werden – lebende Facetten der Großen Mutter, der Göttin des Universums.

„Du siehst heute sehr glücklich aus, Ma!", sagte Mykonos.

„Es geht mir so ganz gut", sagte die Frau mit einem Achselzucken.

„Du siehst ganz wunderschön aus. Du strahlst sehr. Möchtest du ein Bier trinken und das Leuchten deines Herzens mit uns teilen, Ma?", fragte Mykonos.

„Sicher, gerne", sagte sie und wirkte sichtbar glücklicher. Und definitiv attraktiver.

Ich erkannte, dass Mykonos' Art, so ungewöhnlich sie schien, die Grenzen entlarvte, die ich der Liebe setzte. Wenn mich eine Frau verzauberte, dann raubten mir seine Worte die Illusion. Wenn ich einer

Frau gleichgültig gegenüberstand, dann enthüllten seine Worte deren Schönheit. Wie auch immer, ich war von den Launen meiner Lust und von Mykonos' Worten gefangen, die, so krass sie auch waren, die Möglichkeit aufzeigten, sich in einer Art und Weise zu zeigen, die ich nie zugelassen hätte – Liebe anzubieten, ohne sich angstvoll zurückzuhalten.

„Ist einer von euch beiden jemals so richtig gefickt worden? Ich meine, so richtig gefickt?", fragte uns Mykonos.

Bevor wir antworten konnten, antwortete er auf seine eigene Frage. Er schaute uns an, zog die Lippen zurück, um seine Vorderzähne zu entblößen, schüttelte den Kopf und sagte: „Ich glaube nicht."

Er saß still da und betrachtete den Ozean. Ich wartete darauf, dass er fortfuhr, aber das war nicht der Fall. Ich hatte das Gefühl, etwas sagen zu müssen.

„Mykonos, was heißt es, wirklich so richtig gefickt zu werden?", fragte ich.

Er saß einige weitere Minuten lang da, ohne zu antworten, rauchte seine Zigarette und blickte übers Wasser, so als ob er sich an eine andere Zeit und einen anderen Ort erinnerte. Schließlich sah er unsere Freundin an und lächelte.

„Ma weiß, worum es beim Ficken geht. Nicht wahr, Ma? Hm?

Sie grinste, ein bisschen scheu, zögerte einen Moment, es zuzugeben, aber es war bestimmt so, dass sie genau wusste, wovon Mykonos redete. Er fuhr fort.

„Du weißt, wie es ist, das Große Eine so weit in dich aufzunehmen, dass nichts mehr bleibt, als alles an den Herrn abzugeben, nicht wahr? Vielleicht hast du es nie getan. Aber du weißt, wie es wäre. Du kannst es spüren. Du weißt, dass du es willst. Du willst in Gott gefickt werden, nicht wahr? Du weißt, was ich meine, Ma?"

Jetzt lächelte, strahlte und nickte sie. Mykonos fuhr fort.

„Klar willst du das, Ma. Du weißt, wie es ist, weil du Liebe bist. Dein Herz ist Liebe. Dein Geist ist Liebe. Deine Muschi ist Liebe." Während er sprach, blickte Mykonos auf ihr Herz, ihren Kopf und zwischen ihre Beine. Sein Gesichtsausdruck zeigte offenkundige Ehrfurcht, ohne das kleinste Anzeichen des Verstellens. Ich konnte nicht glauben, dass Mykonos ihr auf diese Weise auf den Schritt schaute, ohne Arglist und voller Tugend und Liebe. Währenddessen schien sie sein Lob förmlich aufzusaugen und sonnte sich in seiner Bewunderung ihrer Form.

„Unser armer Freund hier“, sagte Mykonos und nickte mir zu, „hat Angst vorm Ficken. Er hat Angst, mit der Dame zu tanzen, Ma. Er will es aus sicherer Distanz beobachten – so wie ein Wissenschaftler. Er hat Angst, sein Zimmer zu verlassen und seine Reinheit und seinen Frieden zu verlieren, für die er so hart gearbeitet hat. Er hat Angst, seine kostbare Stille zu verlieren. Er hat Angst vor der weiblichen Wildheit. Für ihn muss alles ganz sauber sein. Oh ja, er ist ein guter Mann. Sieh das Licht in seinen Augen.“

Mykonos legte seinen Arm um ihre Schultern und lehnte sich zurück, sodass sie mich beide ansehen konnten.

„Das Licht hat ihn sein Leben lang geführt. Dieser Junge könnte es gerade so schaffen. Aber nicht, solange er nicht lernt, die Dame zu umarmen, Ma.“

Dann veränderte sich die Luft um uns herum. Ein dichter Rausch der Verzückung ging auf uns herab, senkte sich als üppige Liebe in unsere Körper, durchdrang uns und tränkte uns und den Zwischenraum, wobei ein glückseliger Druck entstand. Mykonos sprach weiter, und sein zerklüftetes Gesicht erglühte in Seligkeit. Er begann sich, an unsere Freundin zu wenden, so als ob sie die große Dame wäre. Er begann, mit ihr als Göttin zu sprechen.

„Unser Junge hier wird die absolute Liebe nicht kennen, und er wird nicht wissen, was wahre Freiheit ist, bis er dich fickt und von dir gefickt wird, sodass nur das Große Eine an seiner Stelle erstrahlt. Und ich rede nicht davon, dass sich sein Schwanz in deiner Muschi hin- und herbewegt, verstehst du? Ich rede vom Herzen.“ Mykonos streichelte sein Herz, und der Druck der Liebe schien zu wachsen. Er sprach weiter, und das auf so zärtliche Weise.

„Kannst du es jetzt fühlen, Ma? Kannst du Liebe in deine Muschi atmen? Kannst du dich jetzt dem Großen Einen öffnen? Kannst du das Große Eine überall spüren, zwischen deinen Beinen, wie es deinen Körper erfüllt und dein Herz aufbricht und weit öffnet?“

Mykonos sah ihr in die Augen, während sie zu weinen und zu zittern begann. Ihre Beine öffneten und schlossen sich, während sie tief atmete und keuchte: „Ja." Während sich ihr Körper erhellte, begann sie zu lachen, ohne Sorge, voller Kraft, voller Sex, voller Liebe. „Ja!", schrie sie ekstatisch und furchtlos. Sie schien größer zu sein als das Leben, berührte sich, öffnete sich, lachte und erstrahlte in wilder Energie. Mykonos hatte recht. Ich hatte Angst.

„Und du, mein Freund", wandte sich Mykonos an mich, „du wirst sowieso sterben. Sie wird dich fressen, früher oder später. Hör auf zu kämpfen. Gib jetzt alles auf. Gib deine ganze Liebe. Ich meine deine ganze Liebe. Warum nicht? Was glaubst du zu gewinnen, wenn du dich zurückhältst? Liebst du diese Frau genau jetzt? Kannst du sie fühlen? Ist sie nicht die Göttin? Ist sie nicht als grenzenlose Liebe lebendig?"

Das war sie. Strahlend. Offen. Lebendig. Lachend und weinend. Sie zeigte ihre Weiblichkeit ohne Einschränkung und Stolz. War frei in ihrem Glanz. Die Beine geöffnet. Die Zunge herausgestreckt. Ihre Augen waren wild, voll, sexy, furchtlos, wissend. Sie war alles, was ich mir je von einer Frau gewünscht hatte. Auch wenn ich noch Angst hatte, so wandte sich mein Herz ihr zu. Mein ganzer Körper war von Kraft erfüllt. Der Kraft des Verlangens.

„Das ist es", sagte Mykonos zu mir. „Halte dich nicht zurück. Sei kein Arschloch. Liebe diese Frau. Gib ihr alles. Fühle alles und sei frei in der Liebe. Sei offen als Liebe. Es gibt nur Liebe. Nur dieses Große Eine, liebe sie immer und mache immer Liebe mit ihr. Das Große Eine ist das Ficken! Da, habe ich es nicht gesagt? Bin ich zu weit gegangen? Es gibt nur das Große Eine, selbst in unserer augenscheinlichen Zweiheit."

So abenteuerlich seine Worte auch waren, Mykonos hatte recht. Wir saßen am Strand, voll bekleidet und berührten einander nicht einmal, öffneten uns als Mann und Frau, waren als Liebe lebendig, öffneten uns als Liebe und gaben Liebe. Mehr Ficken ging einfach nicht. Und es war klar, dass jeder Augenblick von genauso tiefer Liebe und spontaner Lebendigkeit erfüllt wäre wie dieser Augenblick, wenn wir uns nur darauf einigten, Liebe zu geben und zu empfangen, ohne uns zurückzuhalten oder zu verschließen.

„Es gibt nur Liebe", sagte Mykonos weiter. „Es gibt nur dieses Große Eine, das sich immer als Liebe bewegt und immer Liebe macht. Wir leben nicht in einer Welt mit Engelsflügeln und weißen Türmchen.

Wenn du stirbst und auf die andere Seite gelangst, dann flimmerst du vielleicht als goldenes Licht. Aber so scheint die Liebe nicht in diese menschliche Daseinsebene hinein. Hier an diesem Ort des heißen Blutes und des rosigen Fleisches vollzieht das Große Eine den Liebesakt durch die Körper des Verlangens. Dies ist das rote Reich. Und der einzige Weg, wie man über diese Ebene hinausgelangt, besteht darin, sich durch sie hindurchzuspüren – indem man als sie liebt.“

Auch wenn Mykonos' Charakter frei erfunden ist, so haben mich doch verschiedene Lehrer häufig auf meine Widerstände, meine Ängste und meine Weigerung aufmerksam gemacht, Liebe zu sein. Sie gaben mir zahllose Gelegenheiten zum Üben, um die Liebe in dem Bereich zu sein, den ich während meines sogenannten spirituellen Lebens tendenziell am meisten gemieden habe: die Domäne der Frauen. Sie haben mir gezeigt, wie ich in meiner Schwäche dem Weiblichen entweder erlaubt habe, mich zu verzaubern oder zu verabscheuen. Und sie haben mir immer wieder seine Kraft gezeigt, die mich in ein Lieben hineinlockte, das tiefer war, als ich es sonst zugelassen hätte. Aber zumeist hat man mich gelehrt, dass man das Verlangen nicht vermeiden soll. Im Gegenteil, es ist sogar die wahre Natur des Großen Einen, das sich als zwei manifestiert.

Wenn du offen bleiben und das Verlangen als das erkennen kannst, was es ist, dann wird das Verlangen als eigentliche Kraft der Liebe wahrgenommen. Das Verlangen ist so, wie es sich anfühlt, das echte Eine zu sein, das sich selbst gegenüber als etwas anderes erscheint. Liebe, welche die Liebe in Form eines anderen liebt – die Natur des Universums wird im zeitlosen Verlangen zwischen Mann und Frau und dem Männlichen und Weiblichen sichtbar. Die bewegungslose Tiefe des Er und der endlose Tanz der Sie vereinigen sich. Der Unterschied verschwindet. Das Große Eine ist das Ficken.

Wo auch immer er sein oder nicht sein mag, ich danke Mykonos für das Bier.

Ein Auszug aus Wild Nights (Sounds True 2005)

14
Verstärke das Verlangen durch Sex

Am Montag wollte ich sie wirklich. Ich dachte den ganzen Tag an Sex. Ich stellte mir vor, wie ich mich mit ihr befriedigte. Wir begegneten uns nicht.

Am Dienstag konnte ich es kaum erwarten. Ich konnte ihren Körper an meinem spüren. Ich konnte mich in ihr spüren. Wo war sie?

Am Dienstag traf ich sie schließlich. Wir rissen einander die Kleider vom Leib, und ich drang im Stehen in sie ein.

Ich wollte sofort ejakulieren. Der Druck hatte sich seit Tagen in mir aufgebaut, und jetzt konnte ich ihn in ihr ablassen. Ich wollte es unbedingt.

Aber irgendetwas fühlte sich an wie abgeschaltet. Ich wollte überhaupt nicht mehr mit ihr schlafen. Ich benutzte sie zu meiner eigenen Entladung.

Also begann ich, durch meine Bedürftigkeit praktizieren. Ich spürte meinen ganzen Körper und nicht nur meinen genitalen Drang. Ich spürte aus meinem Herzen in sie hinein. Ich verlangsamte mein Tempo, vertiefte meine Atmung und begann dann, über meinen Atem Energie durch uns beide zirkulieren zu lassen. Ich spürte mich mehr in sie hinein, während sich mein Herz weiter öffnete. Ich entspannte mich in das Lieben, anstatt loszulegen und meine Ladung der Lust zu entleeren.

Während ich mich mehr und mehr in unser Lieben entspannte, wuchs mein Verlangen. Aber es wuchs groß und rund heran. Nicht scharfkantig. Es strebte nicht nach Entladung. So als würde ein riesiger Ball des Verlangens aus meiner Mitte erwachsen, der uns beide in seiner Ausdehnung verschlang. Schließlich fühlte sich das Universum selbst wie die Lust an – unbegrenzt. Es versuchte nicht, sich aufzulösen, sondern wogte in seiner eigenen sich ausdehnenden Hitze.

Wir liebten uns mehrere Tage hintereinander. Ich ejakulierte nie, sondern steigerte weiter meine Lust. In unserer Liebe glättete ich die Kanten der Lust, und das, was zuvor aufdringlich und aggressiv gewesen war, war nun so riesig, so grenzenlos, dass es eine unermessliche Größe besaß. Es hatte nichts mehr mit Ejakulation oder dem Bedürfnis zu tun, den Druck loszuwerden.

Ihre Lust verstärkte sich ebenfalls. Wir bewegten uns in einem Zustand immenser Offenheit. Wir waren voller Kraft und gleichzeitig nur Liebe ohne Bedürfnis. Wir konnten Sex haben oder auch nicht – es machte kaum einen Unterschied.

Ich lernte, dass die Bedürftigkeit der sexuellen Gelüste eigentlich dieses gigantische Verlangen ist, das reduziert und auf ein Ziel konzentriert wird und darauf abzielt, sich zu entladen. Eingepfercht in sexuelle Fantasien, wurde dieses Verlangen wild und erzeugte Gedanken und Motive von penetranter Aggression. Aber genau das gleiche Verlangen, das als Sex seinen Ausdruck findet und sich im Raum der Liebe entspannt, ist die Bewegung allen Lebens.

Das sexuelle Verlangen sollte im großen Ausmaß verstärkt und besänftigt und nicht beim Sex befriedigt oder erschöpft werden. Wie ich bereits in meinem Buch *The Enlightened Sex Manual* (Deutsch: *Erleuchteter Sex*, Goldmann) ausführlich beschrieben habe, wird dein Sex nicht mehr auf eine egoistische Erlösung ausgerichtet sein, wenn deine Sucht nach Ejakulation oder orgasmischer Entladung einmal gebrochen ist. Aggressive Bedürftigkeit wird zu leidenschaftlicher Liebe.

Wenn du feststellst, dass du dich auf den Sex freust, um Spannungen abzubauen, dann übe dich darin, deine Energie durch Sex abzurunden, anstatt sie zu erschöpfen. Öffne dich in die Lust hinein und erkenne deine Kraft. Je mehr du das Verlangen durch Sex ohne Ejakulation verstärkst, desto mehr musst du die Liebe mit deiner Lust in Einklang bringen. Eine immense Sexualenergie erfordert eine immense Liebe. Sonst wird verstärkte sexuelle Lust zum Dämon und stürzt deine Beziehung in eine Arena roher Gewalt, in der du dich verausgabst.

Aber wenn du dein Verlangen in die Offenheit der Liebe entspannst, dann mildert deren Weite ihre Schärfe. In der Unendlichkeit ist jede Menge Platz, und eine riesige Sexualität weitet sich zu riesiger Liebe aus. Nutze den Sex, um die Lust zu verstärken, und nicht, um sie zu verringern. Vergrößere das Verlangen als grenzenlosen Raum dieses Augenblicks.

Für ihn

Dein sexuelles Verlangen kommt in zwei Grundformen vor: dem energetischen Verlangen und dem Verlangen nach Liebe.

Beim energetischen Verlangen geht es nur darum, einen bestimmten Typ Frau oder Energie zu bekommen. Du liebst vielleicht deine Intimpartnerin – vielleicht öffnest du dich mit ihr im Einssein –, aber du siehst dann zufällig eine Frau im Lebensmittelladen, die dich total anmacht. Sie hat etwas, was du willst. Etwas anderes als das, was dir deine Frau gibt. Dein ganzer Körper fühlt sich von dieser Fremden magnetisch angezogen. Es ist so, als böte sie dir ein anderes „Aroma“ weiblicher Energie an, als es deine Frau tut.

Ihr energetisches Aroma ist die Haupteigenschaft, die eine Frau für dich sexuell begehrenswert macht. Bei der Intimpartnerin, die sich auf dich eingelassen hat, wünschst du dir wahrscheinlich auch Tiefe, Intelligenz, Mitgefühl, einen ausgeprägten Sinn für Humor und ein paar andere Eigenschaften. Aber du hast einen bestimmten sexuellen „Geschmack", der mit diesen anderen Qualitäten vielleicht überhaupt nichts zu tun hat. Möglicherweise weißt du überhaupt nichts über die Frau im Laden, aber sie kann trotzdem deine sexuelle Lust wecken. Ihre Energie allein kann bewirken, dass dein Verlangen erwacht.

Manche Frauen sind heiß und angriffslustig. Einige sind kühl und still. Die eine Frau mag die Energie eines unschuldigen kleinen Mädchens haben, während eine andere wie eine ordinäre Schlampe wirkt. Die eine pirscht sich möglicherweise wie eine Tigerin an, während eine andere wie eine Gazelle tänzelt. Manche Frauen wirken elegant und gebildet, während andere teuflisch gefährlich sind. Die eine Frau überfährt dich beim Sex vielleicht wie ein Güterzug, während eine andere dich mit zarten Küssen kitzelt.

Jede Frau – und jeder Mann – kann eine beliebige oder sämtliche Energien verkörpern, ausdrücken und begehren. Trotzdem strahlt jede Frau vorwiegend ein charakteristisches Energiearoma aus, und jeder Mann hat in Bezug auf Frauen eine spezielle Geschmacksrichtung. Um es noch mal zu unterstreichen: Jede Frau besitzt neben ihrer charakteristischen Energiequalität zahlreiche weitere Aspekte, aber gerade diese Qualität ist sehr wichtig, wenn es um dein sexuelles Begehren geht. Wenn du dein Energieverlangen nicht verstehst, dann könntest du es mit deinem Verlangen nach Liebe verwechseln, was ein tiefes Gefühl von Einheit und Offenheit des Seins ist.

Die Hingabe einer Frau – die Tiefe ihrer Liebe – mag dein Herz öffnen und deine Liebe erwecken, aber es ist ihre Energie, die dein sexuelles Verlangen weckt. Am besten ist beides zugleich: eine Frau, die zutiefst liebt und auch die energetischen Eigenschaften ausstrahlen kann, die du sexy findest. Aber selbst eine oberflächliche Frau – eine Frau, die dich überhaupt nicht liebt, eine Frau, die du nicht einmal kennst – kann dich sexuell anmachen, wenn sie die richtige Energie besitzt. Du willst vielleicht nicht den Rest deines Lebens mit ihr verbringen – oder sogar nicht mal den Rest des Tages –, aber dein Körper will ihre Energie schmecken, ob sexuell oder vielleicht einfach nur durch einen flüchtigen Blick.

Die ungeheuer lange und kulturübergreifende Geschichte von Prostitution, Geliebten, Sexshows und Polygamie – häufig auch ungeachtet der Strafen für solche Aktivitäten – spricht in Bezug auf das männliche Bedürfnis nach den verschiedenen Aromen der weiblichen Energie eine deutliche Sprache. Eine Frau mag genug sein – mehr als genug –, um die Sehnsüchte des Mannes nach Liebe, Gemeinschaft und heiliger Vereinigung zu befriedigen, aber sein Körper reagiert Tag für Tag auf zahllose Quellen weiblicher Energie.

Wenn die energetische Bedürftigkeit stark genug wird – wenn er beispielsweise nicht das spezielle Aroma weiblicher Energie von seiner Frau bekommt, die er liebt –, dann wird er woanders danach suchen. Einigen Männern reicht es schon, wenn sie eine Frau im Lebensmittelladen angucken. Manche Männer brauchen eine weibliche Sexenergie, die etwas stärker destilliert ist, und nutzen daher vielleicht erotische Filme oder Sexmagazine, um sich die Aromen einzuverleiben, die sich für ihren Geschmack am großartigsten anfühlen.

Andere wiederum widmen sich dem energetischen Sex, indem sie mit Arbeitskolleginnen flirten oder sich mit Freundinnen unterhalten. Manche Männer entwickeln reichhaltige innere Bilderwelten, in denen sie die Energie ihrer Traumfrau über eine Masturbationsfantasie empfangen. Einige gehen sogar so weit, dass sie eine professionelle weibliche Energiequelle engagieren, um durch Sex, Tanz, Massage oder Rollenspiele das zu bekommen, was sie brauchen.

Viele Männer engagieren Prostituierte oder Stripperinnen nicht vorrangig wegen der sexuellen Dienste, sondern um bestimmte Arten von Energie zu erleben – dominant oder unterwürfig, unschuldig oder nymphomanisch, fürsorglich oder wild. Wenn sich ein Mann nur sexuell entladen möchte, dann ist es für ihn viel einfacher und preiswerter, privat zu masturbieren. Aber Selbstbefriedigung reicht nicht aus, wenn er sich nach einer verkörperten Quelle von weiblicher Energie verzehrt.

Männer sind bekannt dafür, dass sie das Risiko eingehen, die Frau zu verlieren, die sie wirklich lieben, um die weibliche Energie zu bekommen, die sie von einer anderen Frau benötigen. Wenn ein Mann eine Frau wirklich liebt und sie ihm auch die weibliche Sexenergie geben kann, die er braucht, dann wird er von ihr komplett angezogen – auch wenn das seinen Körper nicht unbedingt davon abhält, im Laufe des Tages vorübergehend von irgendwelchen Frauen angezogen zu werden, deren Energie seinem Geschmack entspricht und damit seinen sexuellen Appetit anregt.

Die energetischen Bedürfnisse, die du als Mann hast, können sich im Laufe des Lebens verändern, abhängig von deiner spirituellen Wachstumsstufe, deinen Karriereanforderungen, deiner Gesundheit und sogar davon, wo du dich geografisch aufhältst: Die Frau, die du in Paris attraktiv findest, wird sich deutlich von derjenigen unterscheiden, zu der du dich auf Hawaii oder zu Hause hingezogen fühlst. Und wenn sich deine Arbeitssituation verändert – wenn du beispielsweise zuerst allein im Büro sitzt und später persönlich eine Gruppe von fünfzig Personen anleitest –, dann wird sich die Art von Energie, die dich sexuell anzieht, ebenfalls verändern.

Diese Anziehungskraft hat weder mit Vertrauen, Engagement noch mit Freundschaft zu tun. Es ist einfach eine Anziehungskraft, die auf der energetischen Disposition deines Körpers zu einem bestimmten Zeitpunkt beruht. Diese Anziehungskraft kann intensiv sein – und vielleicht begehst du deswegen eine Riesendummheit –, aber sie hat nichts mit Liebe zu tun.

Eine Frau, bei der Herz und Genitalien miteinander verbunden sind, kann das nicht so leicht verstehen. Für sie kann es schmerzhaft und schwierig sein, sich einem Mann sexuell zu öffnen, dem sie nicht vertraut und den sie nicht liebt. Das bedeutet jedoch nicht, dass sich Frauen nicht von Fremden angezogen fühlen oder keinen gelegentlichen Flirt oder keine Affäre genießen. Manchmal tun sie das.

Manchmal haben Frauen aus dem gleichen Grund eine Affäre, der auch bei den Männern auftritt: Sie wollen ein bestimmtes sexuelles Aroma schmecken. Frauen fühlen sich besonders dazu bewogen, wenn ihr Intimpartner energetisch „tot“ ist oder sich in seinem Körper nicht wohlfühlt. Was aber eine Frau von ihrer Intimbeziehung, auf die sie sich eingelassen hat, wirklich ablenkt, ist ein Mann, dessen Liebe sie tiefer durchdringt als die ihres Partners. Dann ist sie häufig verwirrt. Wenn ein Mann sie durch eine tiefere Präsenz und vertrauensvollere Integrität als ihr Ehemann bewegt – vielleicht ihr Therapeut, Tennislehrer, Kollege oder Lehrer –, kann sich ihr Herz entzweien.

Als Mann weißt du, dass die sexuelle Anziehungskraft von Frauen nicht unbedingt dein Herz entzweit. Ein Mann entdeckt häufig im Laufe einer Beziehung, auf die er sich eingelassen hat, dass die Frau, die er wirklich liebt und mit der er sein Leben verbringen will, ihm nicht die sexuelle Energie vermittelt, die er benötigt. Und er entdeckt, dass er die Intimpartnerin seiner Wahl mit ganzem Herzen weiterlieben kann, während er mit einer anderen Frau eine sexuelle Beziehung unterhält, um die Energie zu bekommen, die er braucht. Nach den Statistiken außerehelicher Affären und Mehrfachbeziehungen scheint die Mehrheit der Männer in den meisten Kulturen auf dieser Erde so zu empfinden. Und es gibt auch mehr als nur ein paar Frauen, denen es so geht.

Zum spirituellen Wachstum gehört, dass du dein Leben auf dein tiefstes Motiv ausrichtest. Auch wenn die sexuelle Anziehungskraft extrem stark sein kann, so ist sie doch selten dein tiefstes Motiv. Tatsächlich ist es so, dass du nach ein oder zwei Ejakulationen meist bereit bist, deine Geliebte oder Prostituierte sausen zu lassen und zu der Frau heimzukehren, mit der du wirklich dein Herz teilst. Die Frage, die du dir beantworten musst, lautet folgendermaßen: Welches sexuelle Verhalten fördert dein Wachstum am meisten, damit du in die Tiefe deines Seins versinken, als die Offenheit, die du bist, entspannen und deine tiefsten Gaben schenken kannst?

Auf diese Frage kann man keine allein gültige Antwort geben. Es gibt keine sexuelle Spielart, die für jeden „richtig" ist. Es hat großartige, hoch entwickelte Männer und Frauen gegeben, die zu ihrer Zeit und an ihrem Ort für ihre großen Gaben an die Menschheit anerkannt worden sind und alle möglichen Formen des menschlichen Zusammenlebens praktiziert haben: Sie lebten im Zölibat, monogam, polygam, als Homosexuelle, Heterosexuelle und Bisexuelle.

Manche bedeutende Männer haben die Gesellschaft der Huren genossen. Andere besaßen königliche Harems oder lebten allein in einer Höhle oder im Dschungel. Oder sie haben ihr ganzes Leben mit einer einzigen Frau verbracht. Einige bedeutende Frauen hatten einen Ehemann und zahlreiche Liebhaber, während andere allein lebten oder die Intimität mit Frauen mehr schätzten als die mit Männern. Wenn du dir eine Lebensweise vorstellen kannst, dann ist sie wahrscheinlich schon von einem Mann oder einer Frau gelebt worden. Da jeder Mensch einzigartig ist, manifestiert jeder Mann oder jede Frau sein bzw. ihre Gaben auf unterschiedliche Weise; von einer Familiengründung mit einem hingebungsvollen Intimpartner bis hin zur Etablierung neuer Kunstformen, die aus den vergorenen Säften von allerlei Vamps, Schlampen oder Herumtreibern hervorgehen.

Im Laufe deines Wachstums wirst du feststellen, dass alte Schalen und Bedürfnisse abfallen und neue Prioritäten entstehen. Da dieser Prozess dein Sexualleben transformiert, solltest du dein Handeln immer deiner tiefsten Wahrheit verpflichten. Übe Disziplin, damit du dich deinem tiefsten Verlangen widmest und ihm gestattest, deine oberflächlichen Wünsche zu regieren.

Spirituell gesehen ist das Verlangen, mit jemandem ins Bett zu gehen, relativ banal – so stark es auch sein mag: Du teilst es mit Regenwürmern, Fischen und Anwälten. Du solltest nicht mit jedem Sex haben, den du anziehend findest. Das reduziert deine Motive auf die rein animalische Lustebene. Aber unterliege um deines emotionalen Sicherheitsbedürfnisses willen auch keiner Selbsttäuschung, indem du deinen wahren Hunger nach bestimmten inspirierenden oder heilenden Energien verleugnest.

Folge weder dem körperlichen Verlangen nach animalischer Lust noch deinem emotionalen Verlangen nach Beistand und zuverlässiger Bequemlichkeit. Entdecke vielmehr, wie du die Details in deinem Leben ordnen musst, um die größte Liebe auf Erden zu manifestieren. Für die meisten Menschen bietet eine langfristige verbindliche Beziehung die beste Gelegenheit zu spirituellem Wachstum, während du lernst, deine tiefsten Gaben zu schenken und die Liebe in der Welt zu manifestieren.

Wie auch immer sich das Ganze gestaltet, es wird deinen Begierden kein Ende setzen. Was geschieht denn, wenn dein Körper wild, fordernd und lustvoll bleibt oder wenn deine Emotionen nach einem komfortablen Nest gieren, das mehr Behaglichkeit und Trost bietet? Das wird sowieso passieren: Selbst wenn du hundert Geliebte hast oder nur eine, die dich vergöttert, wird dein Körper gelegentlich andere haben wollen, und deine Emotionen werden sich hin und wieder nach mehr Sicherheit sehnen. Du kannst nie genug Geld oder Zuneigung, Sex oder Sicherheit haben, um dich vollständig zu fühlen.

Die Vollendung liegt in der völligen Hingabe oder in der Entspannung in deine tiefste Wahrheit, wenn du dich als Fluss der Liebe öffnest und deine wahren Gaben schenkst. Wenn die ungerührte Präsenz deines tiefen Seins deinen Körper, deinen Geist und deine Emotionen sättigt, wirst du wissen, wie du deine Liebe spontan und authentisch zum Ausdruck bringst. Bis dahin werden dich die veränderlichen Gezeiten deines energetischen Hungers und deines Bedürfnisses nach emotionaler Sicherheit hier- und dorthin zerren und dich innerlich spalten.

Das energetische Verlangen ist ungemein echt und natürlich. Du bist kein schlechter Mensch, weil du deine Frau liebst, aber Fantasien darüber hegst, wie du Zeit mit einer in Leder gekleideten Dame verbringst, die dich auspeitscht, oder mit einer Dame im Cheerleader-Outfit, die dir gehorcht, als wenn du ihr Vater wärst. Sage deiner Intimpartnerin, für die du dich entschieden hast und der du dich verpflichtet fühlst, welche Wünsche dich bewegen. Normalerweise kann sie die Eigenschaften weiblicher Energie, die du brauchst, um zu heilen und über deine jetzigen Begierden hinauszuwachsen, in sich selbst finden.

Wenn sie dir diese Energien nicht geben kann oder wenn es dir zu peinlich ist, diese von ihr zu empfangen, dann versuche sie auf andere Weise zu bekommen, aber mit ihr gemeinsam. Sieh dir einen Pornofilm an, der dir die Aromen vermittelt, nach denen du dich verzehrst, aber sieh ihn dir zusammen mit deiner Frau an. Lass ihn zu einem gemeinsamen Erlebnis eurer Beziehung werden, das ihr mit Liebe, Humor und Intimität genießt. So brauchst du diesen Dingen nicht heimlich und voll von Scham- und Schuldgefühlen frönen.

Der Großteil deiner sexuellen Begierden, egal wie schräg oder verdreht sie auch sein mögen, wurzelt in deinem Bedürfnis, Liebe zu geben und zu empfangen oder einen speziellen Part des weiblichen Energiespektrums zu erleben. Diese Bedürfnisse sind ganz natürlich. Wenn sie aber verleugnet oder versteckt werden, dann können sie „pathologische" Formen annehmen, die geheilt werden müssen. Begegnest du diesen inneren Wünschen nicht voller Mitgefühl, dann kannst du eine innere Spaltung erzeugen, die zu einem energetischen Defekt führt.

Wenn dein natürliches Verlangen beispielsweise darin besteht, die Energie weiblicher Unschuld und Verletzlichkeit zu erleben, die einer taubenetzten Blüte bei Sonnenaufgang gleicht, dann kann sich dieser Tick in den pathologischen Drang verdrehen, mit einem unschuldigen und verletzlichen kleinen Mädchen Geschlechtsverkehr zu haben.

Sex mit einem Mädchen zu haben, das zu jung ist, verletzt praktisch immer seine heilige Energie, verwirrt seinen Geist, foltert sein Herz und lässt Wellen von Schmerz und Leid entstehen, die sich durch sein ganzes Leben ziehen. Kein Mann, der sich der Verwirklichung seiner tiefsten Wahrheit widmet und die Liebe in der Welt zum Ausdruck bringen will, würde so etwas tun. Aber wenn du dir aus welchem Grund auch immer nicht erlaubst, diesen weiblichen Energieaspekt in einer reifen intimen Beziehung zu empfangen, dann werden Fantasien und Begierden langsam deine Aufmerksamkeit erregen – und wenn du nur ein paar Bier trinkst und dir das kleine Guckguckspiel in der örtlichen Oben-ohne-Bar anschaust.

Je mehr du spirituell wächst, desto intensiver kannst du dein Verlangen fühlen, anerkennen und annehmen, bevor es zu „dämonischen" oder pathologischen Begierden heranwächst. Erinnere dich immer daran, dass du in deinem tiefsten Kern Liebe geben und empfangen willst, egal wie angespannt oder verwirrt du dich fühlst. Denke daran, dass es für dich eine ganz natürliche Sache ist, über spezielle Schattierungen des weiblichen Energiespektrums Liebe geben und empfangen zu wollen – üblicherweise gilt das für die Anteile, die sich am stärksten von dir entfremdet oder getrennt haben.

Im Laufe deines spirituellen Wachstums wirst du dich schließlich von keiner Energie mehr getrennt fühlen. Du wirst als Liebe mit dem gesamten Spektrum vereint leben und dein sexuelles Verlangen wird sich auf die Liebe ausrichten, die zutiefst in deinem Herzen wohnt, und nicht auf deine vom Herzen abgekoppelten Nischen der Begierde. Aber solange du dich von deinen eigenen Wünschen abschnitten hast. werden diese Teile recht natürlich und unerbittlich nach Anerkennung, Ausdruck und Heilung streben. Es liegt in deiner Verantwortung, einen liebevollen und gütigen Weg für dein energetisches Gleichgewicht zu finden – in der Natur, durch Massage, mit Musik oder Kunst oder beim Spiel mit gleichgesinnten Erwachsenen –, bevor dein Verlangen ein „dämonisches" Leben beginnt, das von deiner tiefen Herz-Integrität abgetrennt ist.

Für sie

Deine Sehnsucht nach Liebe endet wahrscheinlich nie. Gelegentlich wirst du dein Sehnen nicht wahrnehmen, wenn du in Beziehungen vertieft bist oder von Aufgaben abgelenkt wirst. Aber früher oder später erkennst du, dass du nicht tief erfüllt, bis ins Mark beseelt, sondern im Zentrum deines Herzens unglücklich bist. Da wohnt eine Leere, ein Vakuum tief in dir drin, das mit Liebe gefüllt werden möchte.

Wenn du nicht in einer Beziehung steckst, dann machst du dafür vermutlich als Erstes deine Einsamkeit verantwortlich: „Wenn ich nur mit einem guten Mann zusammen wäre, der mich wirklich liebt."

Wenn du dich in einer Beziehung befindest, dann wirst du oft deinen Mann für deine Unzufriedenheit und für die Sehnsucht in deinem Herzen verantwortlich machen: „Wenn er mir doch nur sein Herz weiter öffnen, mich mehr begehren und tiefer lieben würde."

Diese Sehnsucht ist jedoch das natürliche Gefühl des Herzens, das sich noch voll hingeben muss. Dein Mann oder der Mann, den du noch nicht hast, ist nicht für deine Sehnsucht verantwortlich. Du sehnst dich genau in diesem Maß nach Liebe, wie du dich der Liebesfülle momentan noch nicht hingegeben hast. Und selbst wenn du dich hingegeben hast, kann die Sehnsucht deine Liebesfülle ausdrücken.

Sei dir bewusst, wie du deinen Mann für deine eigene Sehnsucht bestrafst. Wenn du ihn verletzen willst, weil er dein Herz nicht erfüllt, dann wirst du dazu neigen, ihm eine Energie zu vermitteln, mit der er nicht umgehen kann. So stark dein Mann auch sein mag – du kennst die Energie genau, die ihn trifft.

Manche Männer können mit dem Ärger ihrer Frau nicht umgehen. Andere Männer schrumpfen, wenn ihre sexuellen, finanziellen oder spirituellen Fähigkeiten kritisiert werden. Die meisten Männer gehen förmlich kaputt, wenn ihre Frauen nicht die erfolgreiche Bewältigung eines Projekt anerkennen, das ihnen ganz besonders am Herzen liegt. Andere Männer werden wiederum vom emotionalen Chaos ihrer Frau in Angst und Schrecken versetzt. Du weißt, was dein Mann am meisten fürchtet, und du weißt genau, wie du es ihm geben kannst.

Wenn dein Mann weiß, wie er damit umzugehen hat, dann kann deine „Testenergie" für ihn ein wahres Geschenk sein, das ihm hilft, seine Schwächen und Abhängigkeiten zu erkennen, was ihn wiederum stärkt. Er kann deinen Ärger oder deine Kritik aufnehmen, das Wahre und Nützliche unterscheiden und die notwendigen Veränderungen im Leben vornehmen, dich mit einem Lächeln akzeptieren und das destruktive Moment deiner Emotionen nicht allzu ernst nehmen.

Aber wenn er noch nicht zu einer Veränderung bereit ist, dann wird deine strenge, wütende oder verschlossene Energie in seinem Leben zur puren Belastung. Während die grundlegende schlechte Laune der Frau das Gefühl ist, nicht geliebt zu werden, besteht die fundamentale schlechte Laune des Mannes darin, sich überlastet zu fühlen.

Du möchtest, dass dich dein Mann liebt, deine Launen akzeptiert und in dein Herz eindringt, um dich mehr als jede andere Frau zu begehren. Dein Mann wünscht sich, dass du ihn von seinem Gefühl der Bürde befreist und ihm die Energie schenkst, die sein müdes Herz und seinen Körper belebt. Wenn du das Gefühl hast, dass dich dein Mann nicht liebevoll begehrt, oder wenn dein Mann das Gefühl hat, dass du ihn nicht durch deine Liebe verjüngst, dann dreht sich der Schlechte-Laune-Zyklus zwischen euch unaufhörlich im Kreis.

Du bestrafst ihn, indem du ihm mehr Energie aufbürdest, mit der er nicht umgehen kann, und er bestraft dich, indem er sich zurückzieht und lustlos abwendet. Schließlich seid ihr möglicherweise voneinander angewidert, wobei jeder von euch das manifestiert, was der andere am meisten hasst. Dein Mann weiß ganz genau, wie er das fehlende Verlangen nach dir äußert, genauso wie du weißt, wie du ihn mit deiner Energie schwächen kannst.

Dein Mann kann lernen, die Freiheit und Offenheit des tiefen Seins zu entdecken. Dann wird er dich weder dafür verantwortlich machen, dass du ihm etwas aufbürdest, noch werden deine Versuche, ihn im Gegenzug zu verletzen, eine große Wirkung zeigen. Er wird dich in wahrer Liebe annehmen, und wenn du nicht aufhörst zu meckern, dann wird er dich liebevoll loslassen und weiterziehen.

Du kannst lernen, die Liebe und Glückseligkeit zu entdecken, die in deinem tiefen Herzen strömen. Dann wirst du deinen Mann weder für deine Sehnsucht verantwortlich machen, noch wird sein Liebesentzug bei dir zu einem Zusammenbruch führen. Du fühlst dich vielleicht von seiner Unlust verletzt, aber du bleibst offen und voller Liebe. Wenn er dich im Laufe der Zeit auch weiterhin nicht liebt, dann kannst du deine überströmende Liebe einem anderen Mann entgegenbringen, der in der Lage ist, der Tiefe deiner Liebe mit der Tiefe seiner Präsenz zu begegnen. Oder du kannst bei deinem Mann bleiben und dich der Liebe direkt hingeben, die durch dich und als du strömt, ob dein Mann nun in der Lage ist, deiner Offenheit in Liebe zu begegnen oder auch nicht. Du wirst ihn nicht reflexartig dafür strafen, dass er nicht in der Lage ist, sich zu öffnen, auch wenn du ihn vielleicht weiter auf die Probe stellst.

Dieses Testen deinerseits ist ganz natürlich. Auszutesten, ob dein Mann mit seiner Liebeskraft energetisch zu dir passt – ob er dich mit seiner Präsenz „ficken" und dich inmitten von dem begehren kann, was du gerade austeilst –, ist ein gesunder Aspekt des weiblichen Spiels mit den Emotionen. Aber wenn du ihn mit deiner verletzenden Energie bestrafst, dann ist das eine Form von fehlgeleiteter Wut. Du machst ihn für deine Sehnsucht verantwortlich, für die nur du verantwortlich sein kannst.

Wenn du einmal gelernt hast, dich frei in den Augenblick hineinfallen zu lassen, und bereit bist zu existieren, nackt, als die Tiefen deiner tiefsten Intuition, dann werden deine Sehnsucht und deine Liebe eins. Intuitiv nimmst du die gigantische Liebe wahr, die du bist. Kraft deiner Sehnsucht lässt du die Tiefen der Hingabe erblühen, du gibst deinen Körper offen hin, um von der Glückseligkeit der Liebe erfüllt zu werden.

Wenn du die Sehnsucht in deinem Herzen verspürst, dann atmest du tief, nimmst mit jedem Einatmen die Liebesenergie in den Körper auf und gibst über jedes Ausatmen die Angst ab. Deine Füße entspannen sich in der weichen Erde, selbst durch harte Böden hindurch. Dein Körper zergeht in einem Fluss der Energien – heiß und kalt, rasant und ruhig, wütend, verletzt, freudig, friedlich und wild. Alles entspringt dem riesigen Ozean der Liebe, der diese unterschiedlichen Strömungen hervorbringt. Unterdrücke nichts und gib dich weit und offen als die Kraft dieses Ozeans hin.

Aus dieser hingebungsvollen Kraft heraus kannst du deinen Partner – oder einen beliebigen anderen Menschen – mit der Energie segnen, die ihm am meisten dient. Manchmal gibst du ihm Energie, die ihn auf die Probe stellt, und ein anderes Mal gibst du ihm Energie, die ihn heilt oder verjüngt. Manchmal setzt du deine Energie ein, um ihn sexuell anzumachen, und zu einem anderen Zeitpunkt nutzt du sie, um seine Aufmerksamkeit zu erregen. Aber du setzt die Kraft deiner Energie nicht mehr ein, um ihn zu bestrafen, denn du sehnst dich nach mehr Liebe, als er geben kann.

Du bist kein Opfer seiner Liebesunfähigkeit. Wenn er dich nicht liebt und begehrt, dann ist das sein Problem. Du magst dich von seiner Unliebe oder seinem Mangel an Lust verletzt fühlen, aber dein Herz weiß, dass eine erneute Kränkung deinerseits kein Weg ist, um seine Verlangen oder Liebe zu wecken. Ein Teil von dir will ihn vielleicht bestrafen – und du weißt auch genau wie –, aber der tiefere Teil deines Herzens ist von Mitgefühl erfüllt. Du weißt, dass du Liebe bist, und tief im Inneren ist es auch dein Mann. Dein Mann durchläuft die Lektionen, die er benötigt, um sich noch tiefer in die Liebe mit dir zu öffnen. Du möchtest diese Liebe vielleicht mit ihm feiern, aber wenn er momentan nicht in der Lage ist, dich zu umarmen, dann braucht deine eigene Fülle nicht aufzuhören.

Wenn du nicht in die Opferhaltung zurückfällst oder deinen Mann bestrafst, weil du ihn für schuldig hältst, bleibst du strahlend, voller Energie und Liebe. Du wirst natürlicherweise einen Mann anziehen, der sich deine Liebesfülle wirklich wünscht, oder du wirst in deinem Mann den Wunsch nach deiner Liebesfülle erwecken, was ihm durch all die Liebeslektionen hilft, die er noch benötigt. Wenn er nicht in der Lage ist, dich zu lieben, und nicht in der Lage ist, dich zu wollen, dann mag die Sanftheit deines Herzens Schmerzen erfahren, aber deine Liebesfülle wird weiterhin kraftvoll bleiben.

15
Verwandle animalische Lust in stürmische Liebe

Sie war ganz feucht, ich war tief in ihr drin und sie bockte wie eine wilde Ziege. Sie packte meinen Hintern und zog mich zu sich heran, so als ob sie mich noch tiefer spüren wollte. Aber tiefer konnte ich nicht gehen. Ich war an sie gepresst und sie rieb sich an mir. Ihr bedürftiges Klagen und Stöhnen klang wie die Verzweiflung, die auf den Wellen von unersättlichem Hochgenuss dahinritt. Ihre Brüste wurden verschwommen, als sie ihren Körper auf und ab bewegte und gegen meinen rammte.

Ihre wilde sexuelle Hemmungslosigkeit ließ mich fast schon kommen. Es war aber nicht einfach nur die körperliche Stimulation. Ihre bestialische Weiblichkeit lockte das wilde Tier in mir. Ich wollte sie wie ein Tier ficken.

Ich begann, wie ein wilder Mann zu stoßen, und hatte das Gefühl, dass ich in einigen Augenblicken literweise Samen tief in ihren hungrigen Körper hineinpumpte. Und plötzlich wurde mir bewusst, dass wir beide nur Tiere waren, die fröhlich miteinander kopulierten. Verloren im Schweiß des Augenblicks. Das Herz von leidenschaftlicher Inbrunst verfinstert.

Als mir das klar wurde, übte ich mich darin, mein Herz zurückzugewinnen. Ich erinnerte mich an die Liebe und atmete Liebe. Einen Moment lang wurde ich langsamer und ließ zu, dass mein Körper von der Liebe durchdrungen wurde, die von meinem Herzen ausging. Mein ungezügeltes Stoßen und Umklammern wurde von dem bösartigen Eifer befreit und regenerierte sich durch die stetige Kraft der Liebe, die ich durch meinen Atem in Gang gebracht hatte.

Das Herz war wiederauferstanden, der Atem wurde voller und der Körper öffnete sich – jetzt befreite ich die Liebe durch das Tier meines Verlangens. Auch ihr Wesen veränderte sich im Handumdrehen. Sie war immer noch wild. Aber jetzt war sie offen und liebevoll. Wir waren immer noch ineinander verkeilt. Unsere Körper klatschten immer noch aneinander, und unser Schweiß flog immer noch, aber die wilde Kraft unserer Hingabe wurde von Liebe bewegt. Obwohl wir ineinander verkrallt waren, vereinten sich unsere Herzen, und unsere Körper entspannten sich in dem mächtigen Ausmaß der Liebe.

Du solltest den Unterschied kennen, ob du dich in animalischer Lust oder durch das Spiel der Begierde hingibst. Lustvolle Hemmungslosigkeit ist in Ordnung. Es gibt Zeiten, in denen du nur Spaß an wildem Sex haben willst. Aber diese Art von Sex ist etwas völlig anderes, als durch die sexuelle Wildheit Liebe zu geben.

Wenn du dich mitten im Gerangel der hemmungslosen Paarung befindest, dann spüre deinen tiefsten Kern der Liebe auf und überreiche diese Gabe durch dein animalisches Fauchen und Schlingen. Der männliche Partner verwandelt die statische Elektrizität der chaotischen Erregung in einen herzzentrierten Blitz der Liebe. Der weibliche Partner öffnet sich so weit wie das Universum und verschlingt alle niederen Kräfte im Sturm des Liebeslichts. Ficke deinen Partner mit so viel Energie, wie du kannst, aber sei auch verletzlich. Lasse erhabene Vereinigung und Übertragung zu. Erinnere dich an die Liebe, auch wenn du die Zähne fletscht und der Schweiß rinnt. Welche Form deine Leidenschaft auch immer annimmt – sende Liebe durch sie hindurch.

Nutze die Gesamtheit des menschlichen Seins und beziehe auch das Tierische und das Engelhafte mit ein – als Medium, um deine Liebe zu übertragen. Übe dich darin, deine sexuellen Fähigkeiten weiterzuentwickeln, damit du durch alle Formen Liebe geben kannst, ob schweinisch oder himmlisch, ob als Tiger oder Deva. Liebe kennt keine Grenzen.

Für ihn

Die meisten Männer haben ziemlich schräge sexuelle Bedürfnisse. Vielleicht hast du als Kind in deinem Kleiderschrank masturbiert, und jetzt macht dich der Geruch von Lederschuhen an. Vielleicht überschnitten sich bei dir elterliche Bestrafung und hormonelle Entwicklung zeitlich, was in dir das sexuelle Bedürfnis nach Ohrfeigen, Peitschen oder Schlägen entstehen ließ. Vielleicht träumst du davon, eine Frau brutal zu vergewaltigen, oder deine Fantasien gleiten in dunkle Bilder von Folter, Erniedrigung, Bestialität, Fäkalien oder Urin ab. Wenn du die Sexszenen sehen könntest, die den Geist mancher Männer manchmal beschäftigen, dann wäre das sicherlich kein schöner Anblick.

Warum sind manche Männer sexuell so verdreht? Da ihre sexuelle Energie nicht von Natur aus mit ihrem Herzen verbunden ist, kann sie frei in die unmoralischen Schlupfwinkel und niederen Verstecke ihrer Psyche fließen. Bei den meisten Frauen geht es beim Sex um Beziehungen: Es ist eine emotionale Angelegenheit, ein miteinander geteiltes Vertrauen und verletzliches Annehmen. Aber für viele Männer ist die sexuelle Energie mehr mit privaten Fantasien als mit einem gemeinsamen Austausch in der Beziehung verknüpft.

Männer sind oft im Nachteil, wenn es darum geht, Liebe, Emotionen und Sex miteinander zu kombinieren, während die meisten Frauen das auf eine viel natürlichere Weise tun. Aber wenn die emotionalen Fähigkeiten eines Mannes einmal wachsen und er in der Lage ist, sich liebevoll sexuell zu verbinden, dann ist die Frau in Bezug auf die nächste Wachstumsstufe manchmal im Nachteil – denn diese geht über die persönliche Verbindung hinaus.

Ihr Bedürfnis nach einer emotionalen Bindung – ihr Wunsch, die eine besondere Frau zu sein, die mit ihrem Mann eine unzertrennliche „Liebeseinheit" bildet – kann die Fülle und Tiefe ihrer Liebe einschränken. Ein Mann der einmal gelernt hat, sich mit seiner Frau tief in Liebe zu verbinden, kann manchmal eher durch die Begrenzungen der persönlicher Hoffnung und des Verlangens hindurchspüren und sich offen als die Liebe entspannen, die alle Lebewesen lebt. Auf dieser Wachstumsstufe gereicht ihm die Tatsache, dass Sex für ihn nicht so stark mit einer persönlichen Bindung verflochten ist, gelegentlich zum Vorteil. Aber zuerst muss ein Mann diese Stufe erreichen, und das ist nicht immer einfach. Unverbunden mit der Tiefe seines Herzens und nicht verwurzelt im Feingefühl einer Beziehung, durchströmt die sexuelle Energie eines Mannes seinen Körper mit der Kraft eines tobenden Flusses – zumindest in seiner frühen Jugend. Weil seine sexuelle Energie nicht so sehr vom Bedürfnis des intimen Austausches angezogen wird, ist sie häufig auf andere Art und Weise gesteuert. Manchmal entscheidet sich ein Mann, seine sexuelle Energie für kreative Zwecke einzusetzen, und schreibt ein Buch, erläutert eine Philosophie oder praktiziert spirituelle Disziplinen. Häufiger folgt dieser sexuelle Energiefluss jedoch einem seltsamen Pfad in der männlichen Psyche.

Dieser Pfad ist durch eine Kombination von animalischem Erbe, Kindheitserfahrungen, kultureller Prägung und zufälligen Neigungen geebnet worden, die von unzähligen Einflüssen geformt wurden. Manchmal ist es möglich, die Ursachen für die sexuellen Begierden und das Verhalten zurückzuverfolgen. So neigt ein Junge, der als Kind missbraucht wurde, als Erwachsener eher zu sexuellem Missbrauch. Aber es gibt viele Beispiele von missbrauchten Kindern, die zu außergewöhnlich liebevollen Menschen herangewachsen sind, genauso wie Kinder, die sehr viel Liebe empfangen haben, zum Schrecken der Gesellschaft werden können. Nicht alle Charakterzüge eines Menschen können so einfach auf belegbare Ursachen zurückgeführt werden.

Destruktive sexuelle Bedürfnisse und Verhaltensweisen müssen entsprechend gehandhabt werden. Es gibt ein Gesetzessystem, das Männer bestraft, wenn sie einem anderen Menschen etwas antun, und Personen abschottet, die der Gesellschaft auf Dauer gefährlich sein können. Wenn die Biochemie eines Mannes nicht im Gleichgewicht ist, können Medikamente verwendet werden, um seine Verhaltensweisen zu regulieren. Verschiedene Formen von Psychotherapie und medizinischer Behandlung können dabei helfen, gestörten Männern ein Minimum an sexueller Gesundheit und Balance zu bieten.

Aber viele „gesunde" Männer – praktisch alle Männer – verbergen Begierden, die sie nicht zugeben wollen, weil sie ihnen peinlich sind. Diese Wünsche und Begierden können komplett im Reich der Fantasie verbleiben. Vielleicht erinnerst du dich beim Masturbieren an ein Mädchen aus einer Fernsehshow, die du als Kind gern gesehen hast. Oder du stellst dir möglicherweise vor, dass du ein König bist, der von nackten Haremsfrauen umgeben ist. Im Alltag magst du ein „normaler" und liebevoller Typ sein, aber in deinen privaten Selbstbefriedigungsfantasien stellst du dir vielleicht vor, dass stranguliert wirst, wenn du deinen Höhepunkt erreichst. Wahrscheinlich kannst du deine eigenen „seltsamen" Fantasien in dir selbst wahrnehmen. Die Landschaft deiner geheimen sexuellen Wünsche wird von allen möglichen Einflüssen aus Vergangenheit und Zukunft geprägt. Du hast weder deine Mutter darum gebeten, dich übermäßig zu beschützen, noch deinen Vater, dich schwach fühlen zu lassen. Noch hast du darum gebeten, dass dein erstes Masturbationserlebnis mit einem Onkel, einem Tier oder beim Stuhlgang stattfand oder von Marilyn-Monroe-Filmen oder Fernsehwiederholungen von „Gilligans Insel" inspiriert war.

Vielleicht bist du nicht dafür verantwortlich, auf welche Weise du dir die geheimen sexuellen Fantasien und Wünsche angeeignet hast, die du in dir birgst. Aber du bist dafür verantwortlich, wie du mit ihnen umgehst. Wenn du spirituell wächst, dann müssen deine sexuellen Fantasien und Wünsche geistig verarbeitet, verstoffwechselt und assimiliert und nicht ignoriert oder unterdrückt werden – und zwar in der Offenheit und Liebe deines tiefen Seins.

Abgesehen von den rechtlichen, pharmazeutischen, medizinischen und psychologischen Möglichkeiten, die bei Bedarf genutzt werden können, um deine sexuellen Wünsche und Verhaltensweisen zu regulieren und zu heilen, gibt es eine weitere Maßnahme, die ergriffen werden kann, will man spirituell wachsen: Nimm deine sexuellen Begierden an – egal wie seltsam sie dir erscheinen – und umschließe sie mit den Armen der Liebe und mit der natürlichen Offenheit deines tiefen Wesens. Wenn du für deine sexuellen Wünsche vollkommen präsent sein kannst, ohne sie zu vermeiden, zu unterdrücken oder ihnen zu folgen, nehmen sie durch die Kraft deiner vollen Präsenz eine neue Form an.

Bewusstsein befreit Energie. Wenn du eine beliebige Energie oder ein Verlangen fühlen und durch es hindurchspüren kannst, ohne daran festzuhalten oder auszuweichen, dann kannst du als offenes Bewusstsein verweilen, auch wenn eine Begierde auftaucht. Der Wunsch entsteht in deiner natürlichen Offenheit und wird von der Anspannung befreit. Er verwandelt sich von einem ängstlichen Druck in einen Energiesegen.

Deine sexuellen Fantasien sind häufig Reflektionen deiner unbefriedigten spirituellen Bedürfnisse. Möglicherweise hast du den Kontakt zu deinem tiefen Wesen verloren und fühlst dich daher von der authentischen Kraft abgekoppelt. Also suchst du einen Ersatz für dieses Allmachtsgefühl in Fantasien, in denen du eine Frau mit Gewalt nimmst.

Oder vielleicht hast du dich jahrelang mit deiner Fähigkeit identifiziert, Verantwortung zu übernehmen und andere zu führen – zum Beispiel als Führungskraft oder Oberhaupt einer Gemeinschaft –, und dann beginnst du, dich nach anderen Aspekten deines essenziellen Wesens zu sehnen, die du bisher ignoriert hast. Vielleicht sehnst du dich danach, die Glückseligkeit der Ergebenheit, Hingabe und des Vertrauens zu erleben, aber es fällt dir schwer, die Kontrolle und Verantwortung abzugeben. Also hast du Fantasien, in denen du gefesselt, verletzlich und der sexuellen Gnade einer dominanten Frau unterworfen bist.

Wie gehst du mit gewohnheitsmäßigen Sexmustern um? Am besten arbeitest du mit ihnen, sobald sie auftauchen. Stell dir vor, dass du mit deiner Frau Sex hast. Die Intensität baut sich auf. Sie beißt dich fest in die Schulter. Zuerst entsteht Schmerz, und dann steigt deine Wutenergie auf. Du gibst ihr eine sanfte Ohrfeige und sie schlägt zurück, und zwar ziemlich kräftig – sodass deine Lippe blutet und dir die Nase wehtut. Wenn du an diesem Punkt nicht achtsam bist, dann kann deine Wutenergie in einen Pfad einbiegen, der von deinen vergangenen Gewohnheiten angelegt wurde.

Wenn du aggressive Energie gewohnheitsmäßig als etwas „Schlechtes“ angesehen hast, dann verschließt du dich vielleicht emotional, deine Erektion erschlafft, du rollst dich von deiner Liebsten herunter und schmollst. Wenn du gewalttätige Sexfantasien aktiv gepflegt hast, dann kann deine entfachte Energie den Pfad durchströmen, der von deinen bösartigen Masturbationsträumen geebnet wurde, und du stellst fest, dass du außer Kontrolle gerätst und deine Frau erbarmungslos schlägst.

Vertiefst du deine Sexualität spirituell, dann werden gewohnheitsmäßige Energien angenommen und aufgelöst: Über ihre innewohnende Offenheit befreien sie sich selbst, anstatt zurückgewiesen oder befolgt zu werden. All deine Energien – ob pervertiert oder tugendhaft – entstehen als Bewusstseinsformen im Fluss deines tiefen Seins. Sie steigen wie Kräuselwellen an die Oberfläche des Ozeans und lösen sich in der Tiefe deiner Offenheit auf. Wenn die Erkenntnis der sich selbst befreienden Natur deiner Fantasien kraftvoll genug geworden ist, dann kannst du sie als Tore zu größerer Offenheit nutzen, anstatt sie als Hindernisse auf dem Weg zur Liebe zu begreifen.

Deine Frau beißt dich fest, und du wirst von intensiver Energie erfüllt: Fühle den Energiefluss in dir in allen Einzelheiten. Ist er heiß oder kalt? Strömt er von deinem Bauch aufwärts oder vom Kopf abwärts? Ist die Energie spitz oder rund, abgehackt oder gleichmäßig? Spüre deine Liebste. Ist sie offen oder verschlossen? Ist sie mit der Liebe tief in ihrem Herzen verbunden, oder hat sie sich in den Energien des Augenblicks verloren? Was braucht sie von dir, das ihre Liebe noch mehr nach vorne bringt: einen Klaps, einen Biss oder vielleicht ein sanftes Kuscheln?

Bleibe für deine eigenen Sinneswahrnehmungen, Emotionen, Gelüste, Schmerzen und Gedanken und auch für die Wahrnehmungen deiner Partnerin vollkommen präsent. Selbst wenn du dich schämst, dir mulmig wird oder du Schwäche empfindest – so als würde sich ein Loch in der Magengrube öffnen –, verweile bei diesem Gefühl. Selbst wenn du dich selbst anwiderst, weil du auf deine Liebste einschlagen willst, gib dieses Gefühl nicht auf. Gehe nicht darauf ein. Denke nicht darüber nach oder versuche, dich besser zu fühlen oder dich abzuwenden. Bleibe einfach total präsent mit allem, was du denkst, fühlst und spürst – in dir selbst und in deiner Partnerin.

Deine Präsenz, die Kraft deines bloßen Bewusstseins, wird damit beginnen, deine Energien und Begierden zu durchdringen. Du magst den Schmerz an der Stelle fühlen, wo dich deine Frau geschlagen hat. Vielleicht spürst du die heiße Wut, die in deinem Körper wallt und Druck im Kopf aufbaut. Aber du bleibst auch für dieses Gefühl präsent und entspannst, während es in die Offenheit des tiefen Seins wieder aufgesaugt wird.

Wenn du feststellst, dass sich deine Atmung verkrampft, dann nimm sie wahr wie einen Sonnenuntergang, dessen Essenz du künstlerisch festhalten möchtest, oder wie ein Kind, das du liebevoll an deiner Brust hältst. Nimm alle Eigenschaften deiner beengten Atmung ganz genau wahr. Liebe deinen beengten Atem. Bleibe präsent für deinen beengten Atem. Ohne ihn zu verändern, wird sich deine Anspannung in reine Präsenz auflösen, in Offenheit und Liebe. Dein zornvolles Dranggefühl wird sich in der tiefen Offenheit des Seins verlaufen.

Spüre des Weiteren jegliche aggressive Energie, die sich in dir bewegt, dich von innen drängt und „veranlasst", deine Frau ebenfalls zu schlagen. Spüre diesen Druck in dir, liebe ihn, nimm ihn an und wandle ihn in der Offenheit deines Seins um. Wenn sich dein Atem in die natürliche Offenheit entspannt hat, kannst du seinen ruhigen Rhythmus nutzen, damit sich dein innerer Druck ins Meer zurückziehen kann, so wie Wellen, die immer wieder an den Strand spülen – ein Ein- und Ausatmen, Ein- und Ausatmen.

In jedem präsenten Moment steigt deine Wutenergie in der Offenheit auf, die du bist. Wenn die Wut als solches erkannt wird, dann wird sie als eine energetische Kräuselwelle im Ozean des tiefen Seins wahrgenommen. Im Raum dieser Offenheit verliert die aggressive Energie ihre „verzerrte" Eigenschaft und bewegt sich als liebevolle Leidenschaft. Deine sexuellen Handlungen strömen wie entspannte Blitze der Liebeslust und verlocken deine Frau zur Offenheit. Euer sexuelles Spiel mag weiterhin rau und wild sein, aber ihr agiert aus der Liebe heraus und sorgt füreinander. Deine Frau spürt dein Herz in jedem Augenblick des sexuellen „Kampfes".

Wenn du Jahre damit verbracht hast, gewalttätige Sexfantasien zu hegen, dann mag es schwierig sein, sich inmitten von sexueller Wutenergie an die Liebe zu erinnern. Als Erstes musst du vielleicht die in meinem Buch *The Enlightened Sex Manual* (Deutsch: *Erleuchteter Sex,* Goldmann) beschriebenen Atemübungen praktizieren, um die Energie zirkulieren zu lassen. Während du beim Sex für den Fluss der Wutenergie präsent bleibst, musst du lernen, sie durch deine natürlichen inneren Schaltkreise fließen zu lassen. Atme die Wutenergie auf deiner Körpervorderseite nach unten und deine Wirbelsäule hinauf, während du aus dem Herzen durch dich und deine Partnerin hindurchspürst und dich tief als Offenheit der Liebe entspannst.

Indem du beständig die hier beschriebenen Wege praktizierst, lockern sich deine sexuellen Verkrustungen, egal welche einzigartigen Fantasien und Gewohnheiten du auch besitzt. Deine Energie und Aufmerksamkeit werden frei genug, damit du üben kannst, deine Fantasien zu erkennen, zu lieben und zuzulassen, sodass sie sich entwirren und in der gigantischen Offenheit des Seins selbst befreien.

Schließlich gehst du nicht mehr voller Schuld- oder Lustgefühle auf deine Fantasien ein, sondern mit einer gewissen Kompetenz und einer sehr weit reichenden Akzeptanz. Du brauchst deine Fantasien nicht länger zu unterdrücken oder auf sie zu reagieren, sondern lässt sie im Ozean deines Seins aufsteigen, nimmst wahr, wie sie sich an der Oberfläche kräuseln, und dann werden sie – mit Hilfe einer gekonnten Kombination von Atemarbeit, aktiver Liebe und aufrechterhaltener Gefühlsoffenheit – im Licht deines Bewusstseins umgewandelt und erneut vom Ozean deiner Tiefe aufgesogen.

Deine größten Gaben sind häufig mit deinen perversesten Energien verflochten. Männer und Frauen, die der Welt Großartiges geschenkt haben, sind häufig in genauso großem Umfang mit seltsamen sexuellen Begierden und Energien gesegnet. Die sexuelle Energie ist eine Reflexion deiner Gesamtenergie. Wenn du wirklich große Gaben schenkst, dann fließt bei dir eine gigantische Energie. Ein winziges Rinnsal kann sich zu einem riesigen Kraftungestüm vergrößern. Das bedeutet, dass eine zarte Sexfantasie, die jeder Mann möglicherweise einen Moment lang hegt, sich in einem Mann, der von immenser Energie erfüllt ist, verstärken kann.

Das ist ein Grund, weshalb so viele politische Führer, Entertainer und spirituelle Lehrer in „Sexskandale" verwickelt sind. Diese Menschen tragen gigantische Kräfte in sich, damit die gewöhnlichen und trüben Träume der mittelmäßigen Menschen außergewöhnlich energetisiert werden und zu kraftvollen Handlungen erwachsen, die herrlich hell und dunkel, tugendhaft und pervers sein können.

Im spirituellen Wachstumsprozess ist es unserer aller Pflicht, sexuelle Verdrehtheiten im Humor der offenen Liebe zu verarbeiten. Wenn unsere Energien immer weiter anwachsen, gilt das auch für unsere sexuellen Begierden und Fantasien – unsere absonderlichen Angewohnheiten tönen so laut, wie unsere Gaben leuchten. Sie erhalten übermäßig viel Energie.

Wenn wir unsere Energie zurückhalten, um diese Ticks und Eigenarten nicht zu spüren, dann halten wir auch unsere tiefsten Gaben zurück. Ohne Scheu sollten wir unsere Gaben wachsen und unsere seltsamen sexuellen Wünsche an die Oberfläche kommen lassen. Dann können wir voller Mitgefühl, bewusst und geschickt diese Kräfte der Gewohnheitsenergien entflechten, die oft von einer Geschichte geprägt wurden, die jenseits unserer Kontrolle liegt.

Für sie

Du bist auf einer Party und hast ein paar Gläser Wein getrunken. Dein Intimpartner ist nicht zu sehen. Eines deiner Lieblingslieder wird gespielt, und plötzlich zieht dich ein Mann auf die Tanzfläche. Du kennst ihn nicht besonders gut, weißt aber, dass er alleinstehender Arzt ist, ein paar Bücher über Spiritualität geschrieben hat, es genießt, in seinem Privatjet auf tropische Inseln zu fliegen, und sich zwischendurch um seine Ranch kümmert und Geld spendet, um die Hungernden zu versorgen. Zudem ist er ein wirklich guter Tänzer.

Durch den Wein bist du gelöster, und dein Körper fließt mit der Musik. Dein Tanzpartner spürt sich in deinen Rhythmus und Stil ein und stimmt seine Bewegungen auf dich ab. Dann beginnt er zu führen, reizt dich mit komplizierteren und humorvollen Tanzschritten und zieht dich in seine fröhliche Energie hinein. Du nimmst den Ball auf und gehst mit, wobei du feststellst, dass es dieser Typ wirklich mit dir aufnehmen könnte, wenn er auch noch zu deiner Anmut und Freude passt. Das tut er.

Ohne Vorwarnung nimmt er dich in den Arm und lässt dich nach hinten fallen. Du bist überrascht, fühlst dich aber in der sanften Kraft seiner Arme total sicher. Du merkst, wie du dahinschwindest, und du bist dir nicht sicher, ob es der Wein oder das Tanzen ist.

Er zieht dich zu sich heran und schaut dir in die Augen. Dein Körper ist offen und energiegeladen. Sein Blick ist verspielt, intensiv, wissend. Du fühlst dich nackt. Er drückt dich noch fester an seinen kraftvollen Körper, während ihr beide in der Zeitlosigkeit schwebt und atmet.

Das Weibliche ist ein Wunder der Hingabe, eine Blüte der Kraft, die sich entweder öffnet oder schließt. Als Frau kannst du dein männliches Unterscheidungsvermögen einsetzen, um festzulegen, in welche Richtung du dich bewegen möchtest. Wenn deine Energie jedoch ganz stark zum Weiblichen bewegt wird – beispielsweise durch einem Mann mit einer großartigen männlichen Präsenz –, dann kannst du den Zugang zu deiner männlichen Zielgerichtetheit verlieren. In solchen Momenten stellst du vielleicht fest, dass du in der Lage bist, dich zu öffnen oder zu verschließen. Und das ist es.

Das ist der Grund, weshalb das Thema der sexuellen Integrität für die Männer so wichtig ist, die sich in einer Position befinden, in der sie den Frauen ihre männliche Führung als Lehrer, Therapeut oder religiöser Berater anbieten: Selbst eine Frau mit hohem Unterscheidungsvermögen verliert ihr Gefühl für die Perspektive in dem Augenblick, in dem sie von einem sehr präsenten Mann in ihre extreme Weiblichkeit polarisiert wird. So wie die Ausstrahlung einer Frau einen Mann dazu bringen kann, fast alles zu tun, so kann die Präsenz eines Mannes eine Frau so öffnen, dass sie Vertrauen und eine verletzliche Durchlässigkeit zeigt. In einem Augenblick der starken Polarisation öffnet sie sich vielleicht und stimmt zu, Sex zu haben, während sie in einem Moment der schwächeren Polarisation eine andere Richtung gewählt hätte.

Auf dem Tanzboden und in den Armen eines liebevollen, starken und vollständig präsenten Mannes, der dich begehrt, öffnet sich dein Körper gemeinsam mit deinem Herzen. Sicherlich kannst du widerstehen. Du kannst dich genügend verschließen, damit du nicht von seiner magnetischen Präsenz davongetragen wirst. Aber wenn du offen genug bist, um wirklich frei zu tanzen, dann bist du mit Sicherheit auch offen genug, um mehr „verfügbar" für seine männliche Präsenz zu sein als üblich.

Wenn du körperlich offen bist, dann öffnest du dich emotional. Wenn dein eigentlicher Intimpartner plötzlich auftauchen und dich in den Armen eines Fremden dahinsinken sehen würde, Auge in Auge, in ohnmächtiger Hingabe, dann würde er sich wundern, was da los ist. Und du dich auch.

Es ist vollkommen natürlich, sich als Reaktion auf die Präsenz eines starken Mannes zu öffnen, selbst wenn es sich um einen Fremden handelt. Und wenn du dich öffnest, dann wirst du das körperlich und emotional spüren. Das Weibliche gedeiht in der Hingabe, findet in der Hingabe seine Glückseligkeit. Ob du dich jedoch der Lust eines Mannes hingibst, deiner eigenen Lust oder der göttlichen Lust, hängt davon ab, auf welcher Ebene der Liebe du dich gerade befindest.

Liebe ist Liebe. Du bist entweder offen als Liebe oder bis zu einem gewissen Grad verschlossen. Aber wem du dich öffnest, wird von deiner Wachstumsstufe bestimmt, von deiner spirituellen Reife. Nimm einmal an, dass du mit dem netten Fremden über die Tanzfläche fliegst, der dich total mitgerissen hat. Du hast dich vollkommen geöffnet. Dein Körper ist offen. Deine Emotionen sind offen. Du schmilzt in der Glückseligkeit der Hingabe dahin. Aber wem gibst du dich hin?

In deiner Offenheit könntest du dich diesem Mann schenken. Du könntest dich seiner Lust hingeben. Dies ist eine eher niedere Stufe der Offenheit, bei der deine Richtung von seiner Lust beeinflusst wird. Und wie gesagt, das ist ein vollkommen natürlicher und unvermeidlicher Weg, sich zu öffnen. Wenn du erst einmal dahingeschwunden bist, kannst du nichts dagegen tun – bis du die nächste Wachstumsstufe erreicht hast.

Auch auf der nächsten Stufe öffnest du dich noch und gibst dich hin, aber die Kraft, die dich bewegt, die Kraft, der du dich wahrhaft hingibst, ist stärker als der Mann, den du vor dir hast. Vielleicht bist du verheiratet und deine tiefste Hingabe gilt der Kraft deiner Verpflichtung auf die Ehe. Selbst wenn dein Körper und deine Emotionen auf deinen Tanzpartner reagieren und sich weit öffnen, wirst du nicht in erster Linie vom Begehren deines Tanzpartners, sondern von deinem eigenen Wunsch gelenkt, deine Ehe aufrechtzuerhalten. Dies ist eine tiefere Form der Hingabe, die eher der Wahrheit des Herzens entspricht, als das, was du in einer kurzen Ohnmacht mit dem Mann auf der Tanzfläche verspürst.

Aber was geschieht, wenn du deinen Kopf wendest und deinen Mann neben dir auf der Tanzfläche entdeckst? Er ist mit einer lebhaften Frau unterwegs, die scheinbar nicht genug von ihm kriegen kann. Ihre Wangen berühren sich und ihre Becken schmiegen sich eng aneinander. Wie offen wird dein Herz dann sein? Wenn du dein Herz der Ehe widmest, dann ist das sicherlich viel tiefer gehend, als es einem Mann zuzuwenden, der dich zufällig auf der Tanzfläche zum Schmelzen bringt. Aber es gibt eine Hingabe, die tiefer ist, weniger zerbrechlich und die der tiefsten Sehnsucht deines Herzens mehr entspricht.

Es ist sehr schwierig, diese Hingabe in Worte zu fassen, da sie in der heutigen Welt nicht so verbreitet ist und in unserer Alltagssprache nicht so einfach beschrieben werden kann. Es geht um eine Hingabe an die Kraft der Liebe selbst. Es ist eine Hingabe deines ganzen Körpers und deines vollen Herzens an die göttliche Liebe, damit du schließlich von Liebe erfüllt wirst, von ihr gelebt und bewegt wirst – anstatt vom Begehren eines Mannes oder deiner eigenen Lust. Im Licht dieser Liebe sind dein reizender Tanzpartner und dein abgelenkter Ehemann beide nur ein verschmitztes, bärtiges Zwinkern, egal wie sexy, präsent oder engagiert sie auch sein mögen.

Die Präsenz eines großartigen Tänzers und die Integrität eines Mannes, der sich dir vollkommen verpflichtet hat, sind niedriger eingestufte Versionen der Tiefe und Kraft der göttlichen Liebe. Die Präsenz der göttlichen Liebe erfüllt dich, dringt in dich ein – und zwar so wie ein leidenschaftlicher Liebhaber. Die Vertrauenswürdigkeit der göttlichen Liebe ist absolut – sie ist, wer du bist, sie lebt als alles und jedermann, und du kannst niemals von ihr getrennt sein. Die Präsenz des Tänzers und das Engagement deines Ehemanns erfüllen dich mit einer Art von Glückseligkeit, weil sie Miniaturversionen der tiefen Liebe sind, die du bist, aber nach der du noch immer suchst, weil deine nicht vorhandene Hingabe ein Herzvakuum entstehen lässt.

Die Glückseligkeit, die du bei einem anmutigen Tänzer oder deinem loyalen Ehemann spürst, ist echt. Es spielt keine Rolle, wie offen du in der göttlichen Liebe bist – du wirst immer noch bei der großartigen Präsenz eines Tänzers dahinschwinden und dich durch das Engagement deines Ehemanns in Hingabe öffnen. Du wirst immer noch das Gefühl haben, dass du im Stich gelassen worden bist, wenn sich herausstellt, dass der Tänzer ein Trottel ist, oder am Boden zerstört sein, wenn du herausfindest, dass dein Ehemann eine Geliebte hat. Die Hingabe an die göttliche Liebe lässt die Freuden und den Schmerz von Beziehungen nicht verschwinden. Du bist einfach nicht länger davon abhängig, dass dir Partnerschaften das geben, was du bereits bist: glückselige Fülle, die sich als strahlende Liebe hingibt.

Bis du göttliche Liebe durch deinen ganzen Körper geatmet und dich als die Kraft der Liebe selbst hingegeben hast, besitzt du in einer Beziehung anscheinend nur zwei Optionen: Abhängigkeit und Unabhängigkeit. Du kannst dich entweder einem Mann hingeben oder eine ungebundene und selbstverantwortliche Frau sein, die sich für ihre eigenen Wünsche einsetzt. Aber deine Wünsche sind genauso egoistisch und letzten Endes genauso sinnlos wie die eines jeden Mannes. Du musst dich nur umsehen, um zu erkennen, dass Frauen, die auf sich selbst ausgerichtet sind – „unabhängige" Frauen, die sich vielleicht für einen sozialen Zweck oder ihre eigene wirtschaftliche Freiheit einsetzen –, nicht notwendigerweise glücklicher sind als Frauen, die sich einem Mann widmen.

Eine Frau erlebt Glückseligkeit, wenn sie sich in hingebungsvoller Liebe öffnet – ihrem Mann, sich selbst, ihrer Kunst oder ihrer Gemeinschaft. Aber ihre Glückseligkeit wird tiefgreifender, wenn sie sich den tieferen Quellen der Hingabe öffnet. Wer kann bestreiten, dass die Hingabe zu einem Kind eine der tiefsten Glückseligkeiten ist, die eine

Mutter erleben kann? Nur eine Frau, die sich offen als strahlende Liebe hingibt und als das tiefe Mitgefühl der Göttlichen Mutter lebendig ist – nur eine solche Frau kann den Stich fühlen, der entsteht, wenn sich ihre Liebe und Hingabe auf eine Handvoll exklusiver Beziehungen beschränkt.

Nur wenige Frauen sind dazu bereit, sich als diese Tiefe der Liebe und Fülle hinzugeben, genauso wie es nur wenige Männer gibt, die bereit sind, sich durch ihr gesamtes Streben nach Erfolg hindurchzuspüren und als die Tiefe zu verweilen, die sie bereits die ganze Zeit über gewesen sind. Dennoch werden alle Frauen jeden Tag von Hinweisen auf die göttliche Liebe angezogen und aus der Fassung gebracht, ob auf der Tanzfläche, in den Augen ihrer Kinder und dem Lächeln ihres Geliebten.

Schließlich öffnest du dich als tiefe Liebesfülle und gibst und empfängst göttliche Liebe über jeden Atemzug, jede Geste deines Körpers und in jeder Beziehung, einschließlich deiner Familie und Freunde. Bis dahin wirst du dich mit der gelegentlichen Glückseligkeit einer kurzen Hingabe zufriedengeben, wo immer du sie auch bekommen kannst, während deine Sehnsucht zu dem völlig hingebungsvollen Verlangen heranwächst, voll als die Liebe zu leben, von der dich die nicht gelebte Hingabe getrennt hat.

16

Setze das Verlangen ein, um deine Gaben zu übertragen

Sie steht an der Spüle in der Küche und hat nichts an. Ihre Pobacken sind perfekt geformt, und ihre langen Beine ziehen meine Augen an wie sich ergießendes Wasser. Als sie sich zu mir umdreht, werden ihre Brüste sichtbar, und mein Verlangen wächst weiter.

Ich kann spüren, dass ich sie will. Ich will sie anfassen. Ich will mich an sie drücken. Ich will so tief in sie eindringen, dass wir uns vereinen und die Sehnsucht im Licht des grenzenlosen Schlunds unserer Liebe verschwindet.

Ich kann verschiedene Stränge meines Verlangens ausmachen. Ein Teil von mir will sie besitzen. Ein Teil von mir will sie erleben, berühren, sie schmecken, riechen und ihren weiblichen Glanz in jeder Weise spüren. Ein Teil von mir möchte von meinem Verlangen nach ihr befreit werden, sich verausgaben, damit ich diesen Drang nicht mehr spüre.

Aber wenn ich meinem grundlegendsten Bedürfnis nachspüre, dann geht es darum, mit jedem Zentimeter meines Seins die absolute Wahrheit zu erkennen. Die fundamentale Offenheit des Seins, das Liebe ist. Ich muss diese Liebe sein, ausgedehnt und raumgreifend, in Harmonie mit allem, jenseits von allem – oder ich leide. Die Spannung, diese gigantische Wahrheit zu ignorieren – den Strudel des Selbst anschwellen zu lassen, während ich mich aus dem Ozean des Seins zurückziehe –, ist unerträglich.

Und damit wird Sex zur falschen Lösung. Wenn ich mich voll verausgabe, glaube ich, mich der Spannung zumindest vorübergehend entledigen zu können. Aber tief im Inneren weiß ich, dass dies fruchtlos, erniedrigend und schwächend ist. Also praktiziere ich so gut wie möglich eine andere Art von Sex.

Wenn ich es mir erlaube, mein tiefstes sexuelles Verlangen zu spüren, nämlich vollkommen in einer Intensität von Liebesglück dahinzuschwinden, die so tief ist, dass sie nicht mehr übertroffen werden kann, dann falle ich durch das Loch meines sehnsuchtsvollen Herzens hindurch. Ich betrachte ihren wunderschönen Körper, spüre mein Verlangen nach ihr, und ich schenke mich durch dieses Verlangen. Ich erlaube dem Verlangen, mich zur tiefsten Wahrheit des Seins zu führen.

Sie stellt alles dar, was ich will – nicht als Objekt, sondern als Erweckung. Alles, wofür ich lebe, ist in ihrer Form und im Versprechen unserer Vereinigung zusammengefasst. Alles Grobe, Schwache und Dumme, genauso wie alles Mühelose, Freie und Tiefe.

Und so nähere ich mich ihr. Nicht um mich zu verausgaben. Nicht um sie zu besitzen. Sondern um mein Getrenntsein aktiv in der Säure des nicht zielorientierten Verlangens zersetzen zu lassen. Ohne nach dem einen oder anderen zu gelüsten. Ohne das einengende Bedürfnis nach einer Brustwarze oder Vagina schreite ich voran, um mich in der Öffnung der immensen Lust zu verzehren.

Wir fallen in diesen Raum hinein – angezogen vom scheinbaren Versprechen, uns des endlosen Wollens bewusst, hingegeben als die Kraft des ursprünglichen Verlangens.

Wir geben uns voll hin, nicht einfach nur im glückseligen Schwinden der Anspannung unseres Selbst, sondern im unendlichen Glanz der Liebe.

Wir schenken unsere Gaben über das Öffnen des Verlangens. Wir schenken unsere menschlichen Gaben der Lust, Fürsorge und Zuneigung, ja. Aber wir entfalten uns auch als der Moment, der sich auf eine Weise kräuselnd in einem lächelnden Mundwinkel offenbart, dass er für unsere Alltagsblicke unsichtbar bleibt. Wenn wir das Vertraute abstreifen, dann können wir wie das Licht selbst sehen. Was als Titten und Arsch begann, leuchtet als das strahlende Mysterium tremendum auf, in vollkommener Auflösung und im perfekten Ausdruck und sich von diesem Augenblick nicht unterscheidend. Derart ist mein Begehren nach ihrer Form.

Erlaube deinem Verlangen, dich in das tiefste Geben von Liebe hineinzuziehen, das möglich ist. Wenn du dich nach deiner oder deinem Liebsten sehnst, dann widerstehe diesem Verlangen nicht, und verbinde es auch nicht mit irgendetwas, das geringer ist als deine tiefste gefühlte Liebe. Keine fleischliche Umarmung an sich ist mit ewiger Liebe zu vergleichen. Keine anatomische Perfektion befriedigt die Leere, die durch ungeschenkte Gaben entsteht. Keine genitale Reibung trägt zum Feuer des ungebundenen Herzens bei.

Lass zu, dass das Verlangen ein Tor ist, durch das du deine Gaben darbieten kannst, statt ein bedürftiger Drang, über den du dir etwas holen willst. Verwandle das sexuelle Bedürfnis nach Behaglichkeit in Grenzenlosigkeit. Lass die Gaben deines Herzens so vollkommen werden, dass du in das Licht der Liebe stirbst, gemeinsam mit deinem Partner durch die Flamme der sexuellen Verbrennung emporgetragen wirst und dabei sämtliche Ecken und Kanten verpuffen.

Empfangt den Augenblick des Verlangens als dringliche Ein
euch an eure tiefsten Wünsche und eure Herzensgaben zu e
und diese aktiv zu beleben. Das, was du wirklich willst, ist a
was du wirklich geben möchtest. Liebe. Endlos. Ganz tief im Inneren weißt du das. Sex kann die jetzige Form sein, in der sich dieser ewige Glanz des Wissens enthüllt. Das Verlangen ist ein Fragment dieses Lichts. Gehe durch das Verlangen und die Einladung der Liebe hindurch und tauche erwacht in der gleichen Klarheit auf, in der du – wie du jetzt erkennen kannst – begonnen hast.

Für ihn

Du kannst deiner Frau nur so viel Bewusstsein bieten, wie du besitzt. Männer träumen oft davon, einen großen Penis zu haben, weil er ihnen das Gefühl vermittelt, wirklich in der Lage zu sein, in eine Frau einzudringen, sie zu öffnen und zu spalten, um ihr „zu geben, was sie will", und um ihre tiefsten Gelüste zu erfüllen. Aber der Penis ist nur ein physisches Zeichen für Bewusstsein – sowohl in der religiösen Ikonografie als auch in Bezug auf deinen Körper.

Männer verbinden einen „großen Penis" mit einem „großen Bewusstsein". Sie wünschen sich insgeheim, dass eine Frau ihren Penis wie einen Gott verehrt. Bei den meisten Männern ist das wirklich ein ganz inniger Wunsch. Die meisten Männer wissen allerdings nicht, dass sie göttliches Bewusstsein sind und ihre Frau mit einem riesigen Bewusstsein „ficken" können, ungeachtet der Größe ihres Penis. Männer erfassen intuitiv ihre Fähigkeit, eine Frau zu totaler Liebe, Glückseligkeit und Hingabe hinreißen zu können. Sie empfinden das sogar als eine Art Verpflichtung. Aber dann schauen sie auf ihren kleinen Schniedel hinab und zweifeln an ihrer Fähigkeit, dass sie ihr das geben können, was sie braucht.

Deiner Frau zu geben, „was sie braucht", bedeutet, sie kraft deines Bewusstseins über die rein persönlichen Aspekte von Liebe und Sex hinauszutragen. Die meisten Männer betrachten Bewusstsein als etwas, das mit ihrem Kopf in Verbindung steht. Das ist ein Fehler. Bewusstsein ist ein anderes Wort für Liebe, den offenen Raum der Existenz, das bewusste Strahlen des Seins, in dem alle Dinge schimmern – auch dein Körper. Und die einzige Art und Weise, wie deine Frau wahrhaftig von deinem Bewusstsein „gefickt“ wird, erfolgt über deinen Körper.

Die meisten Männer verstehen, was es bedeutet, durch Worte, Bücher, Diskussionen, Selbstsuche und Erkenntnis spirituell zu wachsen. Den meisten Frauen ist das unverständlich (außer den etwa 10 %, die eine männliche sexuelle Essenz haben). Das Verständnis der Frauen steht dem der Männer sicherlich in nichts nach, aber das Wachstum einer Frau beruht zumeist mehr darauf, die Fülle der Liebesenergie statt die Klarheit des Verstehens zu pflegen. Selbstsuche und „spirituelle Diskussionen“ sind für Frauen gelegentlich nützlich, selten aber so aufschlussreich oder überzeugend, wie sie es für viele Männer sind. Die meisten Frauen identifizieren sich mit Licht oder Energie und nicht mit Bewusstsein, und daher ist ihrem Wachstum durch Licht oder Energie am unmittelbarsten gedient.

Weil sie sich mit Licht und Energie identifizieren, wollen die meisten Frauen auch als wunderschöne Wesen gesehen und als Liebe wahrgenommen werden. Deine Frau möchte wahrscheinlich als Hauptattraktion in deinem Leben verehrt, bewundert und begehrt werden, so wie du dir wahrscheinlich wünschst, dass deine Frau deinen Penis verehrt und dich wie einen Gott behandelt. Frauen verwechseln ihre Fülle der strahlenden Liebe mit ihrem persönlichen Wert an Intimität, so wie Männer ihre Bewusstseinsfülle mit ihrem sexuellen Heldenmut (und dem Erfolg in der Welt insgesamt) verwechseln.

Wie jeder junge Casanova weiß, zieht nichts mehr bei einer Frau, als wenn man ihr sagt, wie sehr man sie liebt und dass sie etwas Besonderes ist. Man verkündet lauthals ihre wahre Schönheit und lässt verlauten, dass man immer mit ihr zusammenbleiben und sie wie eine Lady behandeln wird. Und wie jede Verführerin weiß, zieht nichts mehr bei einem Mann, als wenn man seine Meisterschaft verehrt, sein großartiges Werkzeug bewundert und ihn wie einen König behandelt.

Diese Wünsche sind bei Männern und Frauen stark ausgeprägt, und zwar genau deshalb, weil sie kleinere Enthüllungen unserer tiefsten Wahrheiten sind. Das volle Bewusstsein und das volle Strahlen sind es durchaus wert, verehrt zu werden. Ein Mann erfasst intuitiv die furchtlose, grenzenlose und nicht zu bedrohende Kraft des offenen

Bewusstseins, das die Welt durchdringt. Und daher möchte er diese Eigenschaften in seinem Leben spüren – finanziell, kreativ und sexuell. Er möchte spüren, dass er das Universum bis hin zur Hingabe „ficken" oder durchdringen kann, dass er alles von sich geben und die Welt und die Frauen in eine dankbare und glückselige Offenheit erblühen lassen kann.

Er ist hingerissen, wenn ihn eine Frau wie den besten Geliebten der Welt behandelt, weil er eine Resonanz mit der tiefen Wahrheit spürt, nämlich dass göttliches Bewusstsein – mit dem er sich am tiefsten identifiziert – das ist, was die Welt, die „ultimative Geliebte", durchdringt.

Eine Frau erfasst intuitiv die Fülle, den Glanz, die Schönheit und das Strahlen in ihrem Herzen, und daher möchte sie spüren, dass ihre Liebe in der Beziehung geschätzt und bewundert wird. Sie möchte das Gefühl haben, von ihrem Mann und der Welt begehrt zu werden, damit sie sich sowohl körperlich als auch emotional vollkommen als Segen der Liebe und Anmut des Lebens hingeben kann – als der göttliche Lichtfluss, der sie wahrhaftig ist. Sie wird sogar ihre eigene Autorität in der Hoffnung aufgeben, das männliche Begehren nach ihrem selbstlosen Geben gewinnen zu können, was eine Miniaturversion der Fülle von Liebe und Hingabe ist, die ihrem Herzen auf natürliche Weise entströmt.

Beim Sex besteht der Trick darin, diese Wünsche zum Wohle des Wachstums einzusetzen. Anstatt sie zu vermeiden oder kleinzureden, sollten sie bewusst genossen werden, um sie von Hindernissen in günstige Umstände verwandeln.

Spüre beispielsweise, dass dein Penis riesig ist. Nicht einfach fünfundzwanzig oder dreißig Zentimeter lang, sondern wirklich riesig. Während du mit deiner Frau schläfst, soll es sich so anfühlen, als würde sich dein Penis wie ein massiver Ballon aus Licht und Kraft in ihren gesamten Körper ausdehnen, ihre Vagina erfüllen, ihre Gebärmutter, ihren ganzen Bauch, ihre Brust, ihr Gesicht und ihren Kopf.

Spüre, als wäre dein Bauch die Basis deines Penis. Atme mit einigen Atemzügen Energie auf der Körpervorderseite nach unten und erfülle deinen Bauch mit tiefer Kraft. Verlagere dein Bewusstseinszentrum vom Kopf in deinen Bauch. Dringe von deinem Bauch aus in deine Frau ein, so als wäre er die Quelle deiner sexuellen Liebeskraft. Und währenddessen öffnest du dein Gewahrsein, spürst von deinem Herzen nach außen, in deine Frau hinein und durch sie hindurch, während du weiter Kraft in deinen Bauch hineinatmest.

Das Ausmaß an Bewusstsein, mit dem du deine Frau verführen kannst – die Größe deines „spirituellen Penis" sozusagen –, wird davon bestimmt, wie du dich als Offenheit und Liebe hingegeben hast. Übe, als Offenheit zu verweilen, als freies Wesen, als unbegrenzte Liebe, selbst wenn Gedanken kommen und gehen, Ängste dich packen und wieder verfliegen und das Verlangen anschwillt und verebbt.

Spüre durch die Freuden des Körpers deiner Frau genauso wie durch die Fantasien, die vielleicht in deinem Geist auftauchen. Verharre nicht in einer Art von Beobachterrolle abseits der sexuellen Wallungen und Verrenkungen. Öffne dich als der gesamte Augenblick, wozu die Gefühle, Sinneswahrnehmungen, Gedanken und das Verlangen von dir und deinem Partner gehören.

Spüre durch alles hindurch und nimm deine Frau trotzdem durch alles mit. Bringe sie an einen Ort von absoluter Freiheit, indem du frei und völlig offenen Herzens bist, während du sie mit starker und sensibler Liebesenergie durchdringst, die über deinen ganzen Körper übertragen wird – vor allem von deinem Bauch und deinem Atem aus.

Wenn dein Bauch von genügend Kraft erfüllt ist und deine Präsenz an Stärke gewonnen und sich im gesamten Körper deiner Frau „aufgebläht" hat, wirst du in der Lage sein, ihr zu geben, „was sie braucht". Zuerst wird sie durch die Intensität der Lust und Energie, die durch ihren Körper schießt, in tausend Stücke zerspringen. Dann wird sie in einer Liebe verschwinden, die sowohl ihr wesentlichstes Verlangen als auch ihre wahrste Natur ist.

Diese Liebe ist viel größer und realer als ihr Bedürfnis, dafür geschätzt zu werden, wie sie etwas von sich gibt. Und deine Bewusstseinsfülle währt ewiger als die Penisverehrung, für die du deine Seele verkaufen würdest. Aber du kannst dieses geringere Verlangen einsetzen, um deinen Weg zu diesem Ort zu ebnen, an dem du dich mit deiner Frau in der Fülle der Liebe komplett auflöst.

Für sie

Nehmen wir einmal an, dein Mann kritisiert dich. Vielleicht macht er dich darauf aufmerksam, dass du dich in irgendeiner Weise egoistisch verhalten hast. Daraufhin fühlst du dich möglicherweise verletzt und wirst wütend. Du hast doch so viel für ihn getan, so viel von dir gegeben. Wie kann er es wagen, dich als egoistisch zu bezeichnen?

Spirituelles Wachstum bedeutet, dass du dich nach und nach mehr mit dem Menschen identifizierst, der du wirklich bist, der die Liebe selbst ist, und nicht mehr mit deinem Selbstbild, das sich schnell bei Lob gebauchpinselt und bei Kritik gepiesackt fühlt. Aber wie kannst du die tiefe Liebe sein, die du bist, wenn du dich in deinem Körper so verschlossen, engherzig, wütend oder durcheinander fühlst?

Beim weiblichen Weg geht es nicht so sehr darum, durch die Emotionen, Sinneswahrnehmungen und Gedanken in die Offenheit oder den Raum des Seins hineinzuspüren. Das ist der Weg des Mannes. Da das Männliche in der Leere zu Hause ist, wird es von der Offenheit oder dem Raum des Gewahrseins angezogen. Aber das Weibliche ist in der Energie oder im Licht heimisch, dem „Stoff" des Lebens. Das Weibliche will nicht durch alles in die Offenheit des Seins hineinspüren. Das Weibliche will fühlen. Alles. Voll und ganz. Und dabei entspannt sich das Weibliche als Liebe, welche die Offenheit des Seins darstellt.

Wenn du wütend bist, dann sei wütend! Versuch erst gar nicht, durch die Wut hindurchzuspüren. Versuch auch nicht, über die Wut hinauszugehen. Sei total wütend. Spüre die Wut in deinen Zehen und Beinen, deiner Vagina und deinem Hintern. Lass zu, dass sich der Ärger durch deinen Bauch hindurchbewegt, durch deine Brust, deinen Kopf, dein Gesicht, deine Arme und Hände.

Sei ein Körper der Wut. Bewege dich mit der Wut. Atme mit der Wut. Tanze mit der Wut. Erlebe die Wut von innen nach außen – als Kraft, als Energie, als Gefühl, als Motiv. Lebe als Wut.

Wenn du zulässt, dass dein ganzer Körper und dein Atem frei mit der Wutenergie fließen, dann wirst du schließlich – innerhalb von Minuten oder Stunden – feststellen, dass sich dein Herz gemeinsam mit deinem restlichen Körper öffnet. Das Weibliche wächst spirituell, indem es seine Identität über die Fülle und Energie erkennt – und nicht, indem es versucht, über eine Emotion oder „Blockade“ hinauszugehen. Das Weibliche wird vielmehr zu dieser, vollkommen und mit dem ganzen Körper. Wenn du deinem Körper und deinem Atem erlaubst, vollkommen zu sein und eine beliebige Energie zum Ausdruck zu bringen, dann bist du ebenfalls in der Lage, die „wesentliche Struktur“ der Energie zu spüren – die Liebe.

Wut ist stechende Liebe. Kummer ist verletzte Liebe. Angst ist zusammengekauerte Liebe. Als Frau erkennst du die Liebe nicht, indem du durch die Hindernisse hindurch- oder über sie hinausgehst, sondern dadurch, dass du dieses sogenannte Hindernis verkörperst und folglich in dieser bestimmten Energiestruktur Liebe bist.

Das weibliche spirituelle Wachstum verlangt die Bereitschaft, mit deinem gesamten Körper und Atem alles und jedes wahrzunehmen – einschließlich der schmerzhaftesten Emotionen. Es erfordert enorm viel Übung sowie Mut und Bereitschaft zu spüren, dass du wertlos bist.

Die meisten Frauen haben ein starkes Gespür dafür, was es bedeutet, eine „gute Frau“ zu sein. Ihr Gefühl von Wert und Selbstwert beruht dann häufig darauf, nett, gut, liebevoll, hingebungsvoll, hilfsbereit, großzügig oder schön zu sein. Einer solchen Frau wird es widerstreben, irgendeine Energie zu inkarnieren, die nicht ihrem Gefühl des „Gutseins“ entspricht. Sie wird es nicht zulassen, dass bestimmte Energien wild und frei durch ihren Körper und ihren Atem strömen. Sie wird es sich selbst nicht gestatten, bestimmte Gefühle auszudrücken oder sie voll wahrzunehmen.

Sie wird sich weigern, als die vollste Inkarnation von Liebe zu leben und sich als sämtliche Strukturen der Liebe zu bewegen und zu atmen – sowohl die „hässlichen“ als auch die „schönen“. Und das ist der Grund, weshalb sich Teile von ihr so anfühlen, als wären sie nicht von Liebe erfüllt. Sie verweigert sich selbst der völligen Tiefe der Liebe, indem sie ihrem Körper die Freiheit vorenthält, als jede Schattierung der Liebe zu leben: Wut, Angst, Trauer, Hass, Freude, Lust, Kummer, Bedürftigkeit, Rachsucht, Verletzlichkeit – jede einzelne Textur im Gesamtspektrum der emotionalen Energie.

Für die Frau bedeutet spirituelles Wachstum, dass sie in der Lage ist, als sämtliche Energien der Liebe zu leben, sich als diese zu bewegen, als sie zu atmen und zu wirken – spontan, uneingeschränkt und mit jedem Zentimeter ihres Körpers. Wenn du das tust, dann wirst du dich ganz natürlich als Liebe entspannen. Wenn du mit deinem ganzen Körper und Atem eine Emotion verkörperst – selbst eine sogenannte „Blockade“ oder ein „Hindernis“ –, dann bist du als die Energie offen, wie du sie im Inneren wahrnimmst. Alles zu fühlen – die Natur von allem, das essenzielle Licht der gesamten Existenz –, ist die Liebe, die du bist.

Selbst die schmerzhaftesten Emotionen sind nur Liebe, die sich in einer Struktur des Schmerzes kräuseln. Während ein Mann für die Leere empfänglich ist und deshalb freudig durch den Schmerz hindurch in die Offenheit des Seins hineinspüren wird, ist eine Frau empfänglicher für die Fülle, und wird daher nicht besonders motiviert sein, spüren zu wollen, was jenseits des Schmerzes liegt. Sie wäre lieber von schmerzvoller Liebesenergie erfüllt, als überhaupt keine Liebesenergie in sich zu spüren.

Allerdings schrecken die meisten Frauen davor zurück, sich zu gestatten, gänzlich von schmerzvoller Liebesenergie erfüllt zu sein, sodass ihr Körper ein Körper des Schmerzes und ihr Atem ein Atem des Schmerzes ist. Wenn eine Frau nicht davor zurückweicht, dann wird sie feststellen, dass sie als die essenzielle Liebesenergie des Schmerzes lebendig ist. Und diese Liebesenergie strömt als die gleiche Offenheit des Seins, die ein Mann entdeckt, wenn er durch seine Gefühle und Sinneswahrnehmungen hindurchspürt. Das Weibliche begehrt die Fülle der Liebe und das Männliche begehrt die Freiheit der Leere. Daher gibt es zwei sexuelle Wege, die zu der einen spirituellen Glückseligkeit führen.

Wenn dich dein Mann kritisiert – vielleicht nennt er dich egoistisch – und du stellst fest, dass du in Wut gerätst, dann versuche nicht, über die Wut hinauszugehen oder dich von ihr zu befreien. Trage die Wut stattdessen wie einen modischen Mantel. Trinke die Wut wie einen leckeren Saft. Atme die Wut wie dein Lieblingsparfüm. Bewege die Wut wie bei einem verrückten Tanz. Sei die Wut, von deinem Herzen bis hinein in Spitzen deiner Finger und Zehen und deiner Zunge.

Das bedeutet nicht einfach, dass du wild in Rage geraten sollst. Es besteht ein großer Unterschied zwischen einem wilden „Selbstausdruck“ und der totalen Inkarnation von wilder Wut. Wenn du dich nur ausdrücken willst, dann brauchst du weder voll zu atmen noch dein Herz als Wut zu öffnen. Wenn du eine komplette Inkarnation der Wut sein willst, dann übe dies und erlaube dir, dich mit offenem Herzen als Rage zu bewegen und die Wut zu atmen. Dann kannst du die Wut lieben. Und wenn du die Wut liebst, dann bist du Liebe, die als Wut tanzt. Das unterscheidet sich völlig davon, die Wut frei, aber oberflächlich zum Ausdruck zu bringen, ohne dass dein Herz und dein Körper als Liebe innerhalb der Wuttextur immer weicher werden.

Wenn du jeden Teil von dir öffnest, damit du als Wut atmen und dich als sie bewegen kannst, entdeckst du wahrscheinlich die darunter liegende Emotion. Oft ist es eine Wunde, die von einer Verletzung herrührt. Als dich dein Mann kritisierte, hast du dich wahrscheinlich zuerst verletzt gefühlt, bevor du wütend wurdest. Aber indem du die Wut voll inkarnierst, gestattest du dir, die dahinter liegende Emotion zu spüren – die ursprüngliche Emotion, die Verletzung. Übe dich dann darin, diese Verletzung zu inkarnieren.

Lass zu, dass sich dein Körper als eine große Verletzung öffnet. Vielleicht weinst du, dein Körper zittert, vielleicht brichst du zusammen und rollst dich wie eine Kugel auf dem Boden ein. Atme dabei. Atme als Verletzung. Entspanne deinen Körper und öffne dich weiter, damit du die Verletzung in deinen Knien und im Kiefer, in den Oberschenkeln, im Herzen und in jedem Teil von dir spüren kannst. Wenn du das voll und ganz tust, dann wird die Liebe ganz zwangsläufig durch deinen Körper aufsteigen. Aber bis dahin ist ein starkes Durchhaltevermögen erforderlich, um deinen Atem, dein Herz und deinen Körper offen zu halten, damit sie mit der Energie deiner Emotionen fließen können.

Wenn du die Verletzung spürst, wirst du fühlen, wie sehr du doch geschätzt und geliebt werden möchtest. Du wirst vielleicht erkennen, wie oft du etwas für deinen Mann tust, um geliebt zu werden. Wenn du das begreifst, reagierst du vielleicht entsprechend und tust Dinge dir selbst zuliebe, damit du dich in Bezug auf dein Selbstwertgefühl weniger von einem Mann abhängig fühlst. Diese beiden weiblichen Strategien – sich anderen hinzugeben und unabhängig den eigenen Selbstwert zu finden – müssen scheitern, denn sie sind kein Ausdruck deiner essenziellen Natur – der Liebesfülle, die als Gesamtheit aller Energien lebendig ist. Solange du nicht als alle Energien lebendig bist, wirst du das Gefühl haben, dass etwas in deinem Herzen und deinem Körper fehlt. Du wirst diese Leere oder dieses „Loch" als ein Fehlen von Liebe und Selbstwert wahrnehmen. Du wirst vielleicht versuchen, dieses Loch mit Liebe zu füllen, indem du anderen Freude bereitest, eine „gute Frau" bist oder indem du dich unabhängig machst und dich selbst mit Bestätigung versorgst. Denn du weist bestimmte „hässliche" Strukturen deiner eigenen femininen Energieinkarnation zurück. Du willst von deinem Mann rückversichert werden, dass er dich begehrt, dass er dich will und dich hübsch findet. Oder du überzeugst dich selbst, dass du es wert bist – ob dich nun ein Mann begehrt oder nicht.

Das alles sind natürliche Auswirkungen deiner spirituellen Naivität. Männer wollen auf ihrer Mission erfolgreich sein, da sie natürlicherweise auf die Freiheit des Bewusstseins ausgerichtet sind; bei der Erleichterung, die sich nach der Erfüllung (oder Ejakulation) einstellt, kommen die meisten Männer der Entspannung als offener Raum am nächsten. Frauen wollen sich geliebt und begehrt fühlen, denn sie identifizieren sich mit dem Licht der Liebe. Aber die meisten Frauen wehren sich dagegen, die Totalität des Lichts zu inkarnieren – das gesamte Spektrum der Liebesenergie. Und deshalb spüren sie, dass etwas in ihrem Herzen und ihrem Körper fehlt.

Als Frau versuchst du vielleicht, deine Leere mit allen Arten von Energien zu füllen – beispielsweise mit dem Geschmack von Schokolade oder der Hitze der Leidenschaft. Du wirst dich vielleicht in jeder erdenklichen Weise hingeben in der Hoffnung auf das Gefühl, von einem Mann begehrt zu werden; so tief sitzt deine Angst, keine Wertschätzung zu erfahren, und so zerbrechlich ist dein Selbstwert. Wenn du dir jedoch selbst gestattest, diese Gefühle der Angst, Bedürftigkeit und Leere vollkommen zu inkarnieren – wenn du dich als sie öffnest, als sie atmest und deinem Körper erlaubst, von ihnen bewegt zu werden –, dann lässt du zu, dass du als die volle Kraft der Liebe lebst. Du gestattest deinem Körper, von jeder nur möglichen Energie erfüllt zu sein, allesamt Texturen im breiten Spektrum der Liebe, die du bist.

Dann kann die Fülle deiner Liebe deinen Mann lehren, wie er das Leben – und deine Energien – furchtlos umarmt. Die Offenheit des tiefen Seins deines Mannes kann dich wiederum lehren, wie man frei und ausgefüllt ist, selbst wenn der Körper altert und alles Leben dahinschwindet. Du kannst ihn die Glückseligkeit der Fülle lehren, während er dir die Glückseligkeit der Leere nahebringt. Du bringst ihm bei, wie man vertraut miteinander umgeht, während er dir zeigt, wie man loslässt. Du kannst deine Intimbeziehung genießen, ohne sie dazu zu zwingen, dich zu erfüllen. Und er kann sich an seinen Projekten erfreuen, ohne ihnen die Pflicht aufzuerlegen, ihm ein Gefühl der Erleichterung zu vermitteln. Bereits lebendig als Liebe und Offenheit können du und dein Mann damit aufhören, die Bewunderung des anderen einzufordern, an der ihr insgeheim zweifelt, dass ihr sie verdient.

17
DURCHTRENNE NIE DIE SEXUELLEN BANDE

Wir liebten uns schon fast eine Stunde lang. Waren umgeben von einem süßen und hellen Kokon der Liebe. Und dann tat ich ihr weh.

Das war nicht meine Absicht. Mein Penis ging ein bisschen zu weit, im falschen Winkel. Oder wie auch immer. Jedenfalls tat ich ihr weh. Sie zuckte zusammen. Für den Bruchteil einer Sekunde konnte ich nicht sagen, ob ihr Zucken dem Schmerz oder der Lust entsprang. Daher bewegte ich mich weiter in ihr. Und tat ihr wieder weh.

Dann machte sie wirklich zu. Sie schob mich weg, legte die Hände übers Gesicht und begann zu weinen. Sie wirkte mehr emotional als körperlich verwundet.

Meine zufälligen Bewegungen konnten insgesamt sicherlich nicht mehr als ein oder zwei Sekunden gedauert haben. Es war so, als ob ihre Erinnerung an die vorangegangene Stunde der tiefen liebevollen Begegnung vollkommen ausgelöscht wäre. Sie verhielt sich, als hätte ich sie missbraucht und wäre nicht der Mann, der sie liebte, der sie mit wahrer Empathie und Sensibilität geliebt hatte und der ihr zufällig einen Augenblick lang wehgetan hatte.

Bewusstsein und Liebe müssen mit jedem Stoß, jedem Stöhnen und jedem Blick übertragen werden. Eine einzige distanzierte Bewegung oder ein Ton können das Herzensband zerreißen, das dich und deine Geliebte miteinander verknüpft, und dadurch einen emotionalen Kollaps auslösen. Vor allem die Partnerin reagiert sehr sensibel auf dieses Band. Selbst wenn der Partner nur einen Augenblick lang abdriftet, können die Liebe, die Energie und die Verbindung zusammenbrechen, die bis zu diesem Punkt aufgebaut worden sind.

In nur einem Moment der emotionalen Loslösung oder Trennung der Herzensverbindung kann das Vertrauen einfach verpuffen, vor allem in Zeiten tiefer sexueller Verletzlichkeit. Je tiefer du und dein Geliebter sich in die Liebe entspannt haben, desto empfindsamer reagieren eure Herzen auf eine Störung, die durch eine subtile Unterbrechung verursacht wurde. Der Wind weht, das Fenster quietscht, du erinnerst dich an wichtige Unterlagen, die du im Auto liegen gelassen hast; deine Aufmerksamkeit wandert oder driftet ab, einen Augenblick lang sind deine Bewegungen mechanisch oder automatisch, und deine Geliebte spürt plötzlich deine Ablenkung. Der Fluss des Verlangens verebbt völlig.

Hoffentlich kann man solche Momente spüren, verstehen und über sie lachen. Jeder driftet gelegentlich ab. Jeder Mensch – ob Mann oder Frau – durchlebt Augenblicke der Ablenkung, Vergesslichkeit und des sexuellen Automatismus. Ja, diese Momente können verletzen. Sie können das Band des köstlichen Liebens zerreißen, das sich im Laufe einer langen und herzöffnenden sexuellen Begegnung entwickelt hat. Am besten erkennt man das Geschehene an, ohne dass sich die Partner gegenseitig beschuldigen. Versucht, dem stümperhaften Verhalten etwas Humorvolles abzugewinnen. Richtet das Gewahrsein wieder voll auf den gegenwärtigen Augenblick des Atems und lächelt. Und spült die Überbleibsel der Achtlosigkeit fort, indem ihr euch an die Liebe erinnert.

Für ihn

Manchmal willst du einfach abschalten und es deiner Frau überlassen, dich zufriedenzustellen. Du möchtest nicht für die führende Rolle beim Sex verantwortlich sein. Du wünschst dir vielmehr, dass deine Frau die Initiative ergreift. Du willst, dass sie lustvoll und wild ist – eine Hure, eine Nymphe, die nach deinem Sex hungert. Wenn deine Frau aber stattdessen immer verlangt, dass du supersensibel bleibst und dir ihrer subtilen Bedürfnisse gewahr bist, dann beginnt sich Sex wie eine Belastung anzufühlen.

Viele Männer empfinden das Leben als Last. Sie fühlen sich nicht heimisch im Leben. Für sie ist es etwas, das man meistert oder vor dem man flüchtet. Anstatt sich als Liebhaber des Lebens zu entspannen, versuchen die meisten Männer, „zu gewinnen" und aus dem Leben als Sieger hervorzugehen, oder sie „ziehen sich zurück" und flüchten vor dessen Anforderungen. Für die meisten Männer ist das Leben „etwas da draußen", mit dem man umgehen muss. Vor allem in Bezug auf Frauen.

Frauen sind das rohe, naturbelassene Leben. Sie konfrontieren dich schonungslos mit dem Leben. Sie schenken dir die süßesten und auch die bittersten Früchte, die es zu bieten hat.

Es gibt sehr wenig in deinem Leben, das reizvoller oder belastender für dich ist als eine Frau. Die meisten Männer können mit finanziellen Krisen, kreativen Blockaden und Naturkatastrophen souveräner umgehen als mit den Launen, Bedürfnissen, Wünschen und der Energie einer Frau. Für die meisten Männer sind Frauen das Beste und das Schlimmste, was ihnen im Leben passieren kann.

Manchmal sind die Frauen und das Leben gut, manchmal nicht so gut, aber fast immer wartest du auf mehr, auf eine imaginäre Zukunft – auf das „eines Tages". Wahrscheinlich leidest du unter der männlichen Illusion, dass die Dinge eines Tages anders sein werden, wenn du jetzt hart genug arbeitest. Vielleicht lebst du dein Leben momentan nicht genau so, wie du es dir vorstellst, aber eines Tages wird es so sein. Vielleicht wird sogar eines Tages deine Frau weniger nervig sein.

Der Fehler des Mannes besteht darin, dass er sein Leben so lebt, als würde es eines Tages im Vergleich zu genau diesem Augenblick grundlegend anders aussehen. Das ist aber nicht der Fall. Das gegenwärtige Leben ist ebenso tief erfüllend, glückselig und frei, wie du bereit bist, es zu sein – und zwar genau jetzt. Und das Gleiche gilt für jeden Augenblick.

Deine Fähigkeit, sich als die Offenheit des Augenblicks zu entspannen, verändert sich im Laufe der Zeit – und nicht immer zum Besseren. Aber die Dinge, die du im Leben tust, werden in deiner Wahrnehmung niemals eine grundlegende Veränderung bewirken in Bezug darauf, wie erfüllt oder frei du in einem bestimmten Moment bist. Und es hat auch keine Auswirkungen, wenn sich deine Frau verändert.

Egal wie sehr sich dein Leben oder die Frau verändern, du wirst nicht zufrieden sein, solange du auf die Zufriedenheit und den Wandel der Dinge wartest. Wenn du nicht voll als Bewusstsein entspannt und im Einklang mit den Freuden und dem Kampf dieses Augenblicks bist, bedeutet das, dass du das aufschiebst, auf das du wartest. Und das ist der Grund, warum deine Frau beim Sex so heftig auf deine mangelnde Präsenz reagiert – selbst wenn es nur ein kurzer Augenblick ist.

Sie ist das Leben. Sie nimmt deine mangelnde Präsenz unmittelbar wahr. Sie will deine vollste Hingabe in der Liebe, deine tiefste Entspannung im Bewusstsein – und zwar jetzt. Die Tatsache, dass du in den letzten drei Stunden mit ihr gemeinsam sehr präsent gewesen bist, macht keinen Unterschied, wenn du jetzt gedankenversunken abdriftest und überlegst, was morgen zu tun ist. Ein Augenblick des Präsenzverlustes in der Gesellschaft deiner Frau – oder beim Bergsteigen, Autorennen oder Boxen – resultiert in einer unmittelbaren Rückmeldung, egal wie präsent du bis dahin gewesen bist.

Die meisten Augenblicke im Leben wirken eher locker. Wir können einen Moment lang abdriften, ohne ernsthaft darunter zu leiden. Das Leben scheint uns jede Menge Raum zu geben, um unbewusst oder abgelenkt zu sein, in Gedanken oder Tagträumen umherzuwandern, ohne dass wir aufgrund unserer mangelnden Präsenz dadurch ums Leben kommen. Aber die meisten von uns gehen ziemlich lasch damit um, auch wenn wir womöglich ständig beschäftigt bleiben. Vielleicht beschäftigen wir unsere Aufmerksamkeit mit Dingen, die noch zu erledigen sind, aber selten verpflichten wir uns wirklich dazu, als die totale Präsenz des tiefen Seins im jetzigen Augenblick zu entspannen. Daher bleiben wir mitten in unseren Projekten und beim Sex irgendwie oberflächlich und unbefriedigt.

Die meisten Männer tolerieren ein Gefühl des chronischen Unbefriedigtseins, während sie darauf warten, dass sich die Dinge eines Tages ändern werden. Diese männliche Faulheit – deine volle Präsenz und das tiefste Schenken deiner Gabe auf einen Augenblick in der Zukunft zu verschieben – ist für das Weibliche unerträglich.

Deine Frau leidet unter deiner Aufschieberitis, selbst wenn du zwischenzeitlich hart dafür arbeitest, um „dorthin zu kommen". Sie weiß intuitiv, dass es dieses „Dorthin" nicht gibt. Wenn du jetzt nicht präsent bist und den Mangel an Tiefe jetzt noch verstärkst, wie soll das deine Fähigkeit verstärken, in Zukunft noch wesentlich präsenter zu sein?

Selbst wenn es Arbeit zu tun gibt – und die gibt es immer –, bedeutet wahres Wachstum, das du die Fähigkeit entwickelst, inmitten deines Handelns frei und präsent zu bleiben – und nicht nur, wenn es abgeschlossen ist. Es ist in Ordnung, sich auf etwas zu konzentrieren; nicht aber, die Liebe unnachgiebig kollabieren zu lassen und ein Arschloch zu sein, bis deine Arbeit erledigt ist. Genauso wenig ist es in Ordnung, die authentische Glückseligkeit aufzuschieben, weil du in die Mittelmäßigkeit der funktionalen Aufmerksamkeit abdriften willst, wobei du deine Seinstiefe zugunsten der Erreichung oberflächlicher Ziele ins Triviale ziehst.

Die Belastungen, die dir das Leben und die Frau aufbürden, finden scheinbar nie ein Ende. Und doch brauchst du dich nicht auf eines Tages zu freuen, denn selbst jetzt wird deine Freiheit nicht wirklich in irgendeiner Weise von deinen Aufgaben im Leben und den Launen deiner Frau eingeschränkt. Genau in diesem Augenblick bist du so frei, tief und als offenes Sein entspannt, wie du es dir erlaubst.

Du hast es dir wahrscheinlich zur Gewohnheit gemacht, auf „Dinge" und „Taten" zu achten, anstatt dich als Freiheit des tiefen Seins zu öffnen. Gewohnheiten sind schwer zu durchbrechen. Es kostet dich viel Mühe, dich als tiefes Sein zu entspannen, während du bestimmte Dinge tust, weil du einen starken Impuls von oberflächlicher Aufmerksamkeit ausgebildet hast. Es ist diese Oberflächlichkeit, dieser Mangel an tiefer Präsenz, der deine Frau stört, und nicht dein Arbeitsdrang

– und auch nicht dein Bedürfnis, dich zurückzulehnen und ungestört auszuruhen.

Jeder muss sich ausruhen. Jeder braucht eine „Auszeit". Erholung und Verjüngung sind ein wesentlicher Bestandteil des Lebens. Aber deine Frau reagiert ziemlich sensibel auf deine Selbsttäuschung. Sie ist wahrscheinlich mehr als glücklich, dein Ruhebedürfnis unterstützen zu können. Aber sich auszuruhen und oberflächlich zu sein sind zwei verschiedene Paar Schuhe. Wenn du dich gefangen fühlst, eingeengt oder vom Leben erdrückt, dann kannst du dir sicher sein, dass du oberflächlich bist – und dich kaum den unendlichen Aufgaben und Entscheidungen widmest, die als das Leben auftauchen. Wenn deine Quelle nicht in der Tiefe des offenen Seins liegt, dann beginnst du, das Leben zu hassen.

Deine Frau spürt, wenn du das Leben hasst. Sie bezieht den „Hass" auf sich, selbst wenn du es gar nicht so meinst. Das Weibliche ist das Leben. Wenn du vom Leben „die Schnauze voll hast", dann leidet deine Frau unter deinem männlichen Fehler, anstatt einfach nur zu spüren, dass du dich ausruhen möchtest. Sie nimmt deinen Mangel an Tiefe und Gewahrsein – deinen Mangel an Liebe – wahr und kann dir nicht vertrauen.

In den meisten Beziehungen kann diese Dynamik recht subtil sein. Die meisten Männer schieben ihre Tiefe an Präsenz ständig auf, um eine Aufgabe oder ein Projekt abzuschließen, und daher lernt eine Frau, sich auf die Oberflächlichkeit ihres Mannes und seine damit verbundenen Launen der Unzufriedenheit einzustellen: Belastung, Frustration, Unerfülltheit oder Wut. Als Antwort darauf stellt sie ihr Leuchten ein, weil sie ihren Körper verschließt, um nicht ihren eigenen Schmerz, die Enttäuschung und das mangelnde Vertrauen in ihrem Herzen zu spüren. Ihr Verschließen und ihr mangelndes Strahlen wirken auf ihren Mann noch belastender. Und so weiter. Ohne genau zu wissen warum, beginnen gegenseitiger Groll und subtile Spannungen die Beziehung zu durchdringen.

Deine Frau kann sich sexuell nur vollständig öffnen, wenn sie dir total vertraut. Und sie kann dir nur voll vertrauen, wenn du dir über dein tiefes Ziel im Klaren bist und dein Leben entsprechend ausgerichtet hast, damit du in der Lage bist, deine Gaben herzuschenken und immer dein Bestes zu geben, um als der zu entspannen, der du wirklich bist, als tiefe Präsenz, selbst wenn du „Dinge tust". Deine Frau möchte sich deiner tiefen Präsenz öffnen, und nicht einem Mann, der einer Selbsttäuschung unterliegt und nicht einmal weiß, dass sein Gewahrsein von einem Strom von Verpflichtungen aufgesaugt wird, der nirgendwo hinführt, außer zu weiteren Verpflichtungen – bis hin zum Tode.

Dieser Augenblick ist göttliche Glückseligkeit. Dieser Moment ist so tief und so frei wie du zu sein bereit bist. Aber selbst wenn du bereit bist, braucht es Übung, weil du so viele Momente damit verbracht hast, auf die Kräuselwellen der Ereignisse zu achten statt auf den Ozean des tiefen Seins, in dem sie auftauchen.

Wenn du die beim Sex mit deiner Frau das Band des Gewahrseins verlierst, dann ist das eine Miniaturversion dessen, was du tagsüber die meiste Zeit tust. Vielleicht meinst du, dass es deiner Frau nicht so viel ausmacht. Vielleicht hast du das Gefühl: „Hallo, was stimmt hier nicht? Gerade habe mich an etwas erinnert, was ich bei der Arbeit erledigen muss, und deswegen war ich ein paar Sekunden lang nicht so präsent für dich. Das ist doch keine große Sache." Aber für deine Frau könnte der erste Augenblick des Verletztseins den Absturz in einen grundlegenden Vertrauensmangel bedeuten.

Glücklicherweise wird sie deine fehlende Präsenz vergessen – wenn es die Ausnahme und nicht die Regel ist – und zwar genauso schnell, wie sie die drei Stunden deiner totalen Präsenz vergessen wird, die deinem Ausrutscher vorausgegangen sind. Kehre einfach wieder zu deiner Präsenz zurück, sobald es dir möglich ist. Was dein Abdriften angeht, sei offen, ehrlich und humorvoll, und vertiefe eure Zweisamkeit in der Liebe.

Wenn du erkennst, dass du chronisch von oberflächlichen Aktivitäten in Anspruch genommen wirst, dann zeig Mitgefühl für deine Frau und für dich. Sie hat unzählige Tage oder Jahre deiner mangelnden Tiefe und Präsenz durchlitten, genauso wie du selbst. Mangelnde Tiefe ist Leiden. Der männliche Fehler besteht darin, zu glauben, dass dieses Leiden durch Aktivitäten und Errungenschaften beendet werden kann.

Deine Frau erinnert dich daran, dass diese Tiefe – die Liebe – entweder jetzt stattfindet oder nie.

Die Tiefe ist deine Natur. Du bist von Natur aus offen und liebevoll. Du bist Offenheit und Liebe. Entspanne dich als der, der du bist, und dazu gehören die Frauen und die Welt. Du wirst sie weder meistern, noch wirst du ihnen entkommen. Sie sind du. Das Licht deines Bewusstseins erscheint als die Frauen und die Welt. In dem Moment, in dem du in die vermeintliche Trennung abdriftest, so als ob du sie überwinden oder ihnen entfliehen könntest, werden sie nach dir schnappen. Das ist die Art, wie sich das Universum daran erinnert, wer es ist: das Bewusstsein, das als sein eigenes Erstrahlen und lebendig als Liebe auftaucht.

Selbst wenn du voll präsent und lebendig als Liebe bist, können Frau und Welt immer noch nach dir schnappen – einfach so. „Mami" kümmert sich vielleicht nicht um dich, wenn du gut bist. „Sie" folgt ihrem eigenen Impuls. In dieser Welt kann man deiner Liebe begegnen, indem man dich kreuzigt oder dich bejubelt.

Deine Vorstellung davon, wohin die Dinge laufen, hat sehr wenig damit zu tun, welche Richtung sie wirklich einschlagen. Falls du das noch nicht herausgefunden hast: Die Frauen und die Welt befinden sich weit jenseits deiner Kontrolle. Eines Tages wird es vielleicht nicht gelingen. Aber in einem jeden Augenblick der völligen Hingabe als die Tiefe, die du wirklich bist, muss nicht alles gelingen, damit die Liebe echt ist. So wie die Dinge sind, bist du lebendig als Liebe und offen als Bewusstsein, das sich selbst in allen Formen erscheint. Deine Handlungen und wahren Gaben, dein Bedürfnis nach Sieg oder Flucht, deine Frau und die gesamte Welt erblühen spontan aus diesem glückseligen Ozean des offenen Seins heraus – und lösen sich darin auf.

Für sie

Ohne den starken Einfluss einer Frau neigen Männer dazu, sich vom Fluss des Lebens abzutrennen. Männer verfolgen gerne das „Ultimative": ultimative spirituelle Errungenschaften, ultimative sportliche Erfolge, ultimative wissenschaftliche Theorien. Männer setzen ihre Körper ein, um etwas zu erreichen. Sie strengen sich an, um Projekte abzuschließen, sie essen, was auch immer ihnen vorgesetzt wird, und haben Sex, um die Spannung abzubauen, damit sie sich ausruhen und dann wieder an die Arbeit gehen können.

Für Männer, denen es an weiblichem Einfluss fehlt, wird die Welt zu einem Problem, das gelöst werden muss, statt zu einem lebendigen Energiefluss. Sie spüren die Pflanzen und Tiere nicht mehr, sondern studieren sie. Sie reagieren nicht mehr auf die Launen der Natur, sondern versuchen, das Wetter zu analysieren, um Planungssicherheit zu haben. Häufig sind sie sich der natürlichen sinnlichen Welt kaum mehr bewusst, so sehr sind sie in Büros, Computerbildschirmen, Büchern, Magazinen, Zeitungen, Fernsehsendungen, Meditation und Projekten gefangen.

Ohne starken weiblichen Einfluss (ausgehend von ihrer inneren Weiblichkeit, einer Frau oder einer externen weiblichen Quelle wie der Natur) verlieren Männer die Bindung zu einer liebevollen Beziehung, zu Sinnlichkeit, Lust und dem Lebensfluss selbst.

Was geschieht, wenn es einer Frau an einem starken männlichen Einfluss fehlt (ausgehend von ihrer inneren Männlichkeit, einem Mann oder einer anderen externen Quelle)? Sie wird verwickelt in Beziehungen, die Sinnlichkeit und den Fluss der Natur. Ihr Leben ist wie das Wetter. Zumeist wird es von den Kräften ihrer Launen und den Aspekten einer Beziehung bewegt.

Nie scheint sie wirklich in der Lage zu sein, das Geplante zu verwirklichen, falls sie überhaupt plant, dies zu tun. Das Telefon klingelt, und sie unterhält sich eine Stunde lang mit ihrer Freundin, anstatt ihre Steuern zu erledigen. Ihre Stimmung schwankt, sie verbringt einige Tage versunken in blutroten Schattierungen, jeglichen Humors und jeglicher Perspektive beraubt. Ihre Stimmung färbt sich so, wie sich ihr Körper, ihre Emotionen und intimen Beziehungen momentan anfühlen, anstatt der Blüte der Liebe zu gleichen, die ständig ihr Herz schlagen lässt.

Männer, die alleine sind, neigen dazu, die Fülle des Lebens und die Beziehung zugunsten etwaiger Ziele zu vernachlässigen. Frauen, die sich selbst überlassen sind, tendieren dazu, die mögliche Tiefe des Lebens zugunsten ihrer aktuellen Emotionen und Beziehungen zu missachten. Vielen Frauen fällt es beispielsweise schwer, eine schlechte Beziehung für eine möglicherweise bessere zu verlassen, die aber erst noch auftauchen muss.

Die meisten Menschen werden mit einer signifikant stärkeren männlichen oder weiblichen sexuellen Essenz geboren. Etwa 80 % aller Frauen werden mit einer sexuellen Essenz geboren, die weiblicher ist, und bevorzugen es deshalb, zu fließen statt zu gehen. Beim Einkaufen stöbern sie lieber und nehmen sich Zeit, statt hineinzurennen, sich das zu schnappen, was sie benötigen, und dann wieder hinauszustürzen. Beim Essen genießen sie eher die Aromen und Texturen, statt einfach das Nötigste zu essen, um ihre Ziele erreichen zu können. Beim Reden genießen sie eher den Energiefluss, statt ein Argument vorzutragen, den Austausch zu beenden und sich „wichtigeren Dingen" zuzuwenden.

Wenn du zu dieser Mehrheit von Frauen gehörst, dann sehnst du dich wahrscheinlich nach einem männlichen Einfluss von außen, um nicht chronisch im Fluss der Emotionen und Beziehungen eingebettet zu sein (so wie die Mehrheit der Männer einen externen weiblichen Einfluss benötigen, damit sie nicht zu leistungs- und ideengesteuerten Robotern werden, die von ihrem Herzen abgetrennt sind). Diese Bedürfnisse sind natürlich. Deine emotionale und sexuelle Gesundheit hängt von der Berücksichtigung dieser Bedürfnisse ab. Um spirituell zu wachsen und zu einem Durchbruch in der Entwicklung zu gelangen, muss jeder seine wahren emotionalen und sexuellen Bedürfnisse in der Partnerschaft verstehen.

Es besteht ein großer Unterschied zwischen Bedürftigkeit und einem einfachen, ehrlichen Bedürfnis. Wenn du in deiner Handtasche Pralinen versteckst und dich heimlich mit Eiscreme vollstopfst – nur um dich später schuldig und aufgedunsen zu fühlen –, dann kann man dieses Verhalten als Bedürftigkeit bezeichnen. Andererseits hat jeder ein gesundes und ehrliches Bedürfnis, gelegentlich etwas Süßes zu essen, ohne dass es kompliziert wird oder in einen Exzess ausartet. Auf die gleiche Art und Weise brauchen die meisten Frauen einen äußeren männlichen Einfluss – normalerweise in Form eines Intimpartners. Wenn du dieses Bedürfnis verspürst, bedeutet das nicht, dass du bedürftig bist.

Wenn dein Leben nicht in die gewünschte Richtung verläuft, du dir vielleicht nicht einmal sicher bist, wohin du willst, dann benötigst du einen stärkeren männlichen Einfluss im Leben. Wenn du in einer Beziehung festsitzt, die sich nicht richtig anfühlt, oder wenn du dazu neigst, von Emotionen der Verletzung, des Selbsthasses oder der „Gefühllosigkeit" überschwemmt zu werden, dann benötigst du einen stärkeren männlichen Einfluss im Leben.

Wir haben bereits die weibliche Praxis diskutiert, die eine volle Inkarnation emotionaler Energie sein kann, um die Herzenstiefe der Liebe zu enthüllen. Jetzt sprechen wir über die Gaben der Praxis, die zwischen den Partnern ausgetauscht werden können.

Ein männlicher Einfluss schafft Raum und Perspektive in deinem Leben. Du kannst das große Bild wahrnehmen, anstatt in Launen, Gefühlen und den Flüssen der Beziehung stecken zu bleiben. An Launen, Gefühlen und Beziehungen genauso wie am Streben nach der ultimativen Erlangung von Perfektion ist ganz offenkundig nichts auszusetzen. Aber es ist nur die eine Seite der Medaille. Das Weibliche neigt dazu, das Leben auf die Frage „Liebst du mich?" in all ihren Variationen zu reduzieren, und das Männliche reduziert das Leben tendenziell auf die Frage: „Wie kann ich letztendlich frei oder erfolgreich sein?"

Das Weibliche und das Männliche – Liebe und Freiheit, Umarmung und Loslassen, Strahlen und Präsenz – sind untrennbar. Je mehr dich beispielsweise die Liebe beschäftigt, desto eher wirst du dich zu einem Partner hingezogen fühlen – und diesen auch anziehen –, dem Freiheit wichtig ist. Deine Wünsche und die deines Partners besitzen wahrscheinlich die gleiche Tiefe: Wenn du für deinen Körper geschätzt werden möchtest, dann wird dein Partner wahrscheinlich für sein Geld geschätzt werden wollen. Wenn du für eine tiefere Form deines weiblichen Strahlens gewürdigt werden möchtest, dann wird dein Partner wahrscheinlich für eine tiefere Form seiner männlichen Präsenz gewürdigt werden wollen.

Das Weibliche und das Männliche ziehen einander an und lassen ein Ganzes entstehen. Des Weiteren wächst jede Partnerschaft durch unterschiedliche Ebenen weiblicher Liebe und männlicher Freiheit.

Auf den niederen Ebenen ist eine Partnerschaft voller Bedürftigkeiten. Wenn du eine feminine Essenz besitzt, dann brauchst du die ständige Rückversicherung, dass du geliebt wirst und erwünscht und attraktiv bist. Und dein männlicher Partner ist bedürftig danach, dass du seinen Erfolg und seine Errungenschaften bewunderst.

Der nächste Wachstumsschritt besteht oft darin, dass man das Kind der Bedürftigkeit mit dem Bade der Bedürftigkeit ausschüttet. Du erkennst, dass du dich nicht bedürftig fühlst (was ein Zeichen von Wachstum ist), und glaubst, dein inneres Männliches ausreichend entwickeln zu können, damit du keinen männlichen Partner brauchst.

Einige Frauen – die 10%, die mit einer neutralen sexuellen Essenz geboren wurden oder diejenigen, die ein Alter erreicht haben, in dem sich ihre angeborene Neigung schon „abgeschliffen" hat – können diese in sich geschlossene, unabhängige Ganzheit erreichen. Viele Frauen sind aber nicht dazu in der Lage. Ein Großteil der Frauen – inklusive der 80% mit einer weiblichen sexuellen Essenz im frühen und mittleren Lebensalter – braucht einen angemessenen männlichen Einfluss, egal ob dieser von einem Geliebten, Lehrer, Therapeuten oder Freund kommt. Vielleicht gefällt dir die Vorstellung, eine „unabhängige Frau" zu sein, aber Tatsache ist, dass wir alle untereinander verbunden und voneinander abhängig sind. Unsere Gesundheit beruht auf einem angemessenen Gleichgewicht von Luft, Essen, Ideen, Geld, Liebe und sexueller Energie.

Ohne den richtigen und ausreichenden männlichen Einfluss im Leben bist du irgendwann deprimiert und entmutigt. Wenn du dieses sexuelle Ungleichgewicht nicht ausgleichst, dann wirst du bedürftig. Du entwickelst ein exzessives Verlangen nach „dem Richtigen". Du verzehrst dich nach einem Mann, der auf irgendeine Weise in dein Leben treten kann – emotional oder physisch – und dich glücklich erblühen lässt. Du suchst nach einem Erlöser in Form eines Geliebten, Lehrers, Therapeuten, einer Bewegung oder sogar einer Karriere. Wenn du schließlich keine Quelle des männlichen Einflusses finden kannst, die für dich vertrauenswürdig genug ist, fügst du dich vielleicht in ein Leben, in dem du eine schmerzende und empfindungslose, aber selbstgesteuerte Unabhängigkeit pflegst.

Wenn du dir aber dein natürliches Bedürfnis nach dem Männlichen in deinem Leben ehrlich eingestehst, dann kannst du es bekommen, ohne bedürftig zu werden und dafür die Opferrolle einzunehmen. Die sexuelle Wahrheit ist unkompliziert: Deine Launen müssen durch männlichen Humor, Raum und in männlicher Perspektive geöffnet werden. Die starren Gedanken und Taten deines Mannes müssen im Körper deiner Liebe aufgeweicht und durch das Strahlen deiner Liebe erleuchtet werden. So schlicht und ergreifend ist das für die meisten Frauen und Männer.

Du brauchst dich weder schwach noch schuldig zu fühlen, weil du diese Bedürfnisse hast, genauso wenig wie du dich schwach oder schuldig fühlst, weil du etwas essen musst. Wahrhaft gesunde Partnerschaften beruhen nicht auf Bedürftigkeit oder Angst vor Bedürftigkeit, sondern auf einem tiefen Verständnis für die gegenseitigen Gaben und Segnungen der männlichen und weiblichen sexuellen Kräfte.

Manchmal stellst du vielleicht fest, dass du von deinem Mann etwas verlangst, von dem du weißt, dass es unvernünftig ist. Dieses Verlangen mag in Worte gefasst sein, kann aber auch durch deine Launen zum Ausdruck kommen. Dieser „unvernünftige Wunsch" kann ein Zeichen dafür sein, dass du nicht die männlichen Gaben erhältst, die du benötigst. Und deshalb hast du begonnen, ein bedürftiges Verlangen zu entwickeln.

Das Bedürfnis nach männlichen Gaben wächst stufenweise. Auf den frühen Stufen des Wachstums ist eine Frau vielleicht mit einem Mann zufrieden, der sie mit Zuneigung und Geld versorgt, mit ihr Kinder hat und Engagement entgegenbringt. Auf den mittleren Stufen des Wachstums benötigt eine Frau einen tieferen Gedankenaustausch, gemeinsame Interessen, eine Verbesserung der Lebensumstände und das Gefühl, dass beide gemeinsam wachsen, Komfort genießen und Freude haben – ein „gutes Leben".

Auf der fortgeschrittenen Wachstumsstufe sehnt sich eine Frau nach einem Mann, dessen tiefe Präsenz ihr Herz mit der Glückseligkeit der Liebe, Zuwendung und Hingabe erfüllt. (Es sei angemerkt, dass dieser tiefste Austausch nichts mit den äußeren Errungenschaften oder der Persönlichkeit eines Mannes zu tun hat. Eine Frau auf dieser

Stufe kann wählen, sich als glückselige Fülle in einer hingebungsvollen Beziehung mit der tiefen Präsenz des göttlichen Seins zu öffnen, ohne dass sie einen Intimpartner hat. Sie kann es ebenfalls auf dieser oder jeder anderen Stufe vorziehen, die maskulinen Gaben, die sie braucht, von einer anderen Frau zu empfangen.)

Du wirst einen Geliebten anziehen, der Stufe um Stufe zu deiner Tiefe passt. Wenn beispielsweise eine sichere Beziehung für dich wichtiger ist als die Vertiefung der Liebe (die erfordert, dass eine Beziehung in ihrer aktuellen Form fortgesetzt wird oder auch nicht), dann wirst du einen Mann anziehen, der mehr auf Sicherheit bedacht ist, anstatt alles für eine tiefe Herzensöffnung zu riskieren.

Weil du nicht unbedingt in einem Stück wächst, fühlst du dich möglicherweise innerlich verwirrt oder gespalten. Ein Teil von dir, der weniger spirituell gereift ist, mag nach Sicherheit in der Beziehung streben, während sich ein anderer Teil von dir nach der Glückseligkeit der Hingabe in einer grenzenlosen Herzensöffnung sehnt. Wenn du einen loyalen Mann gewählt hast, der sich für dich und die Kinder einsetzt, gut verdient und gemeinsame Interessen mit dir teilt, dessen tiefe Präsenz aber durch sein Bedürfnis nach äußeren Errungenschaften und Sicherheit beeinträchtigt ist, wird sich ein Teil von dir sicher fühlen, während ein anderer Teil beginnt, sich nach mehr Tiefe zu sehnen. Schließlich wirst du für deinen Mann Wut und Groll empfinden, auch wenn er versucht, in Bezug auf dich und die Familie alles richtig zu machen.

Hast du dich mit einem sexuellen und emotionalen Leben abgefunden, das dich viel weniger erfüllt, als du es eigentlich willst? Wenn das der Fall ist, dann wirst du frustriert und wütend auf deinen Mann sein. Du wirst feststellen, dass du ihn energetisch attackierst und mit Energien testest, von denen du weißt, dass er mit ihnen nicht umgehen kann. Und warum? Wenn ihn der Teil in dir gewählt hat, der nach Komfort, gegenseitigem Interesse und emotionaler Sicherheit strebt, dann kannst du ihn nicht dafür verantwortlich machen, dass er dich nicht an tiefere Orte mitnimmt. Einem Mann, der die Tiefe besitzt, dich immer wieder liebevoll in die glückselige Hingabe des Herzens hineinzuführen, wird die konventionelle emotionale Sicherheit bestimmt egal sein. Er wird diese Bedürftigkeit bereits lange Zeit hinter sich gelassen haben.

Die emotionale Bedürftigkeit deiner heranwachsenden Identität und die innewohnenden Bedürfnisse deiner tiefen Herz-Essenz sind zwei verschiedene Dinge. An einem gewissen Wachstumspunkt wirst du bereit sein zu üben, dich als die Liebe zu öffnen, die du wirklich bist. Du wirst dazu bereit sein, den Bedürfnissen deines tiefsten Herzens zu begegnen, die mit der bequemen Sicherheit von Beziehungen mit emotionaler Anhaftung wenig zu tun haben. Auf dieser Stufe wird ein Mann, dessen Bedürfnisse sich auf dem gleichen Niveau befinden, über seine Bedürftigkeit nach finanzieller Sicherheit und dem Gefühl, etwas vollbracht zu haben, hinausgewachsen sein.

Das bedeutet nicht, dass du im Laufe deines Wachstums eine engagierte Beziehung oder finanzielle Errungenschaften ablehnst. Möglicherweise genießt du eine hingebungsvolle Beziehung und großartigen finanziellen Erfolg, aber diese Bedürfnisse werden durch tiefere Bedürfnisse ersetzt. Wenn deine Beziehung die Form verändern soll oder deine Lebensgrundlage neu geordnet werden muss, damit du deine Herzensfülle und deine Gaben der tiefen Liebe besser entwickeln kannst, dann soll es so sein.

Wenn du deinen Mann darin unterstützen willst, dass er für dich voll präsent ist – und sich nicht bedürftig mit seinen Gedanken, Sorgen und Projekten beschäftigt –, dann strahle in vollem Maße, wenn du mit ihm zusammen bist, und befasse dich nicht mit deiner emotionalen Bedürftigkeit, begehrt oder geschätzt zu werden. Wenn du einen Mann angezogen hast, dem es an voller Präsenz fehlt, der beim Sex abschweift und das Band deiner Herzverbindung durchtrennt, dann kannst du ziemlich sicher sein, dass deine Liebesstrahlung genauso geschwächt ist. Ihr habt euch gegenseitig angezogen, um die notwendigen Lektionen für ein weiteres Wachstum zu lernen.

Ihr wachst, indem ihr lernt, euch einander das zu schenken, was ihr wirklich braucht, ohne auf die Bedürftigkeit einzugehen. Er gibt ehrlich zu, dass er manchmal deine strahlende Liebe benötigt, die ihm dabei hilft, ihn aus dem Kopf in eine tiefere Herzverbindung hineinzuziehen. Du gestehst ehrlicherweise – und ohne ein Gefühl von Schuld oder Schwäche –, dass du manchmal seine Präsenz, seinen Humor und seine Perspektive benötigst, die dir dabei helfen, dich nicht emotional zu verschließen oder verwirrt zu sein, sondern dich der offenherzigen Freude zu öffnen.

Bei deinen fehlgeleiteten Versuchen, „alles selber zu schaffen", durchläufst du vielleicht Zyklen von Langeweile, emotionaler Hysterie oder Verwirrung und besitzt die eiserne Engherzigkeit einer nur scheinbar unabhängigen Frau. Bevor sich deine unerwiderten Bedürfnisse in bedürftiges Verlangen verwandeln, solltest du einen neuen Weg finden, um den männlichen Einfluss zu empfangen, den deine weibliche Essenz für ihre ausgeglichene Gesundheit und das weitere Wachstum benötigt. Auch wenn viele Wege dorthin führen, ist die intime Beziehung für das Männliche und das Weibliche doch einer der besten Wege, um ihre wahren Gaben von Freiheit und Liebe auszutauschen.

18

Sei sexuell für die Liebe verfügbar

Sie ging mit diesem Blick in ihren Augen auf mich zu. Ihre Hände hielten meine Taille, als ihr Körper sich langsam meinem näherte. Zuerst berührten mich ihre Brüste, dann ihr Bauch und ihre Beine. Sie fuhr mit einer Hand meinen Rücken entlang nach oben, hin zu meinem Hals und meinem Kopf. Während ihre Finger durch mein Haar glitten, begann sie, mir sehnsuchtsvoll in die Augen zu schauen.

Mir war gerade nicht nach Sex. Ich war nicht einmal in der Stimmung zu lieben. Ich war müde und dachte an all die Dinge, die ich noch zu erledigen hatte. Das Letzte, was ich wollte, war eine Frau, die sich an mir rieb und nach meiner Aufmerksamkeit verlangte.

Aber ich hatte herausgefunden, dass mein eigenes Verschließen eine Angewohnheit war. Eine schlechte Angewohnheit. Geschäftliche Angelegenheiten zu erledigen, ist das eine. Aber es ist etwas ganz anderes, den Körper durch eine Haltung von Selbstabschottung und Beziehungsverweigerung zu prägen. Das ist eine kindische Einstellung. Der Inbegriff der Unliebe.

Anstatt mich deshalb von ihr loszureißen, fühlte ich ihren Liebesruf. Ich willigte ein, mich in meinen Körper hineinzuentspannen, für ihre Liebe präsent zu sein und meine Energiebremse zu lösen. Als wir dastanden und uns umarmten, floss eine Wärme zwischen uns und durchdrang unsere weichen Oberflächen.

Mein Körper wurde durch ihre Liebe lebendiger. Sie schob ihre Hand zwischen meine Beine und drückte sanft. Einige Augenblicke zuvor, als ich noch verschlossen gewesen war, hätte ich mit den Zähnen geknirscht und sie weggeschoben, weil ich nicht in meinem engstirnigen Aktivitätsmodus gestört werden wollte. Aber da ich mich geöffnet hatte, empfing ich ihre Liebesgeste, atmete tief ein und wurde durch ihren Schwall an Zuwendung immer größer. Als sie meine sexuelle Wurzel erneut belebte, durchströmten Energie und Lust meinen Rumpf und jede einzelne Verzweigung meines Körpers.

Wir atmeten gemeinsam tief – entspannt und belebt. Unsere Körper übertrugen Liebe durch ihr ganzes Fleisch. An diesem Punkt hätten wir Sex haben können. Mein Herz und mein Körper waren so bereit wie ihrer. Oder wir hätten uns glücklich trennen können. Ich hätte mit meiner Arbeit fortfahren können, erfrischt und dankbar für ihre liebevolle Fürsorge, die meine Energie viel kraftvoller, ganzkörperlicher und geerdeter werden ließ, als wenn ich ihrer Liebe nicht zugestimmt hätte. Ob wir nun Sex hatten oder nicht, sie hatte mich dadurch geöffnet, dass sie mich mit ihrer Liebe und Energie beschenkt hatte und mich daran erinnerte, die Liebe zu wählen, statt sich zu verschließen. Indem sie geschickt die Kraft des Verlangens erweckt hatte, brachte sie Würze in mein eintöniges Leben.

In einer sexuell polarisierten Beziehung zwischen gesunden Liebenden ist die sexuelle Verfügbarkeit oft ein Zeichen von Offenherzigkeit und energetischer körperlicher Fülle. Auf der anderen Seite ist das sexuelle Verschließen häufig ein Zeichen von Unliebe, Engherzigkeit und einer Abspaltung vom Körper. Übe dich darin, deinen Körper entspannt, dein Herz geöffnet und deine Energie fließend zu halten. Mit anderen Worten, übe die Bereitschaft, sexuell für die Liebe verfügbar zu sein, ohne zwangsläufig Sex zu haben. Sexuelle Verfügbarkeit bedeutet einfach, dass du die Fähigkeit besitzt, mit der energetischen Offenheit deines Körpers auf die Liebe zu reagieren.

Ob Mann oder Frau – wenn du in deinem Kopf festsitzt, in deinen Ideen, Plänen und Sorgen, dann werden deinem Körper Bewusstsein und Energie verweigert. Es ist, als ob du nur in den oberen Zentimetern deines Schädels existierte, wobei der Rest von dir wie eine Marionette an den Fäden deiner mentalen Absicht baumelt.

Wenn du dir die volle und bewusste Verkörperung verweigerst, dann beginnt dein Körper zu verwelken und steif zu werden. Wenn du die Energie ununterbrochen nach oben in die kopfgesteuerten Reiche der Strategien und zukünftigen Ziele hineinziehst, dann versiegt die Sexualität. Hast du dann überhaupt noch Sex, verkommt er zu einem hastigen Schnellschuss, einer flüchtigen Methode, um mit deiner Partnerin oder deinem Partner in Kontakt zu kommen, ein kurzes lustvolles Zucken und dann ab in den Schlaf. Diese Art von Sex nimmt dem Körper die wenige Energie, die er noch zurückgehalten hat, und hilft dir dabei, einzuschlummern, damit die Arbeit am nächsten Tag beginnen kann, sobald der Wecker klingelt.

Kein Wunder also, dass viele Menschen für Liebespartner sexuell nicht zur Verfügung stehen; sie sind in ihren Köpfen gefangen: Ihre sexuelle Energie ist ausgelaugt, ihre Emotionen sind abgeschnürt oder sie haben sich einfach vom vollen Fluss der Liebe in ihrem Körper abgeschnitten oder sind ihn nicht mehr gewöhnt.

Wenn deine Liebste oder dein Liebster sich dir liebevoll nähert und du einfach zu beschäftigt bist, um sexuell zu reagieren, dann ist das in Ordnung. Es ist gesund und notwendig, in der Lage zu sein, sich auf die Arbeit oder die Kinder zu konzentrieren und „Nein" zu deiner oder deinem Liebsten zu sagen, wenn es angemessen ist. Aber wenn dein „Nein" von einem erschlafften Körper begleitet wird, einem trockenen Körper, einem leeren Körper, einem widerstrebenden Körper, einem wütenden Körper, einem ängstlichen Körper, einem flach atmenden Körper, einem steifen Becken und genitaler Abwesenheit, dann stellt dieses „Nein" keine Wahl dar. Dann bist Sklavin oder Sklave der Gewohnheit der Unliebe.

Ein sichtbares Zeichen dafür, inwieweit du deinen Körper bewohnst, ist die genitale Bereitschaft. Ob Mann oder Frau, strömt Energie durch deinen Körper, wenn dich dein Partner liebevoll berührt? Oder bist du so sehr in deinem Kopf gefangen, dass dein Körper einer solchen Zuwendung widersteht? Auch in diesem Fall besteht ein Unterschied zwischen Wahl und Widerstand. Wenn du eine Wahl triffst, dann ist das eine liebevolle, sanfte und intime Entscheidung. „Nein, Liebes, jetzt nicht." Widerstand ist eine reflexartig verschlossene oder einfach gefühllose Nichtbeantwortung, eine Unfähigkeit, über den Körper Liebe zu empfangen oder zu geben.

Wenn dein Körper keine Liebe empfangen bzw. nicht durch Liebe bewegt werden kann, dann wirst du nicht in der Lage sein, deine wahren Gaben über deine Arbeit oder deine Familie zu verteilen. Alle Gaben sind Geschenke der Liebe. Deine Liebesfähigkeit lässt sich anhand deiner sexuellen Verfügbarkeit und deiner Fähigkeit, mit der sexuellen Energie zu fließen, schnell messen. Wenn dein Körper nicht in der Lage ist, sexuelle Energie zu empfangen und zu geben – nur einen Moment lang, bevor du zur Arbeit zurückkehrst –, ist es umso wahrscheinlicher, dass es deinem Leben an Liebe mangelt.

Wenn deine Energie geblockt ist, dann übe, mit deinem ganzen Körper Liebe zu empfangen und zu geben, mit jedem Ein- und Ausatmen, selbst während du deinen notwendigen Verpflichtungen nachgehst. Bei der sexuellen Verfügbarkeit geht es darum, dass du dich in die natürliche Offenheit und Kraft, die du bist, entspannst, indem du atmest und aus deinem tiefen Kern heraus voll und beständig fühlst. Dann kann die wahre Tiefe deiner Liebe und deines Bewusstseins frei über deinen Körper zum Ausdruck kommen, während du dich Tag und Nacht auf den Beischlaf mit der Welt einlässt.

Für ihn

Wenn sich dein Herz und dein Penis stärker miteinander verbinden – indem du die Energie entlang deiner Wirbelsäule hinauf- und auf der Vorderseite hinunterzirkulieren lässt, voll und tief atmest und lernst, selbst bei intensiver sexueller Stimulation zu lieben (so wie ich das in meinem Buch *The Enlightened Sex Manual* (Deutsch: *Erleuchteter Sex*, Goldmann) genauer beschrieben habe) –, dann wirst du feststellen, dass dein ganzer Körper sexuell erwacht. Wenn du eine attraktive und begehrenswerte Frau siehst, dann spreizen sich deine Zehen, deine Atmung vertieft sich, der Bauch entspannt und das Herz öffnet sich. An diesem Punkt kannst du deine sexuelle Freizügigkeit getrost vergessen und deine intime Bindung vertiefen. Du bist nicht willkürlich davon getrieben, Sex mit allen Frauen zu haben, die dich antörnen. Stattdessen bist du viel tiefer inspiriert, was durch deinen gesamten Körper zum Ausdruck kommt.

Deine Energie bleibt nicht in Kopf oder Penis stecken, was in hungrigen Fantasien oder genitalem Drang resultiert. Stattdessen zirkuliert sie durch sämtliche Körperteile und Emotionen, erfrischt und belebt deinen Geist, deine Knochen und dein Herz. Das Betrachten einer verführerischen Frau wird zur segensreichen Inspiration.

Eine attraktive Frau kann dich inspirieren. Sie kann dich bewegen. Aber wozu? Auf der animalischen Ebene fühlst du dich bewogen, körperlich in sie einzudringen. Auf der konventionellen menschlichen Ebene regt sie dich zu sozialem Verkehr an: „Hallo, du wirkst interessant. Magst du etwas trinken?" Wenn du spirituell wächst, dann gestattest du deiner Aufmerksamkeit, sich von der Frau anziehen zu lassen – was sowieso passiert. Und dann spürst du dich durch sie hindurch und ruhst als zeitloser „Orgasmus" der unendlichen Offenheit.

Das, was du wirklich bist – die Offenheit des strahlenden Bewusstseins –, ist das, was sie wirklich ist. Du brauchst nichts dafür zu tun, um die Glückseligkeit der tiefen Vereinigung mit ihrem erotisierenden Strahlen zu erleben. Während du sie betrachtest und dich deinen Beschränkungen ergibst, schwillt die Glückseligkeit bis zum offenen Erstrahlen an, das du bist – erregt im Bewusstsein durch den Reiz ihrer Erscheinung.

Wenn du ihr Licht jedoch nicht als dein Licht erkennst, dann wirst du sie unvermeidlich auf irgendeine Weise „wollen". Ihr Strahlen ist eben deine eigentliche Natur, aber als Mann neigst du dazu, dich mit dem Bewusstsein zu identifizieren, das vom Licht getrennt ist. Du bist „hier", und sie ist „dort" und – ach du meine Güte, du hast den Wunsch, dass ihr beide miteinander in Glückseligkeit verschmolzen seid.

Solange du es ablehnst, das tiefe Sein anzuerkennen, das du bist, wirst du verworren denken und vielleicht auch entsprechend handeln. Egal wie sehr du dich deiner intimen Beziehung verpflichtet hast, wirst du von der scheinbaren Verlockung einer sexy Lady angezogen und abgelenkt werden. Ihr Körper, ihre Lippen und Augen, die Art, wie sie sich bewegt, lächelt und dich ansieht. Sie scheint so lebendig und sinnlich zu sein. Sie scheint dir eine strahlende Heilung für dein Un-Wohlsein anzubieten, eine Frische, die deine müde Seele belebt, eine Erlösung von deinem Verlangen, das dich stresst. Du möchtest in ihre Schönheit eintauchen und in der Glückseligkeit der liebenden Vereinigung von allen Belastungen befreit werden, wenn auch nur für einen Augenblick.

Also tu es. Aber mach es total. Ohne sie zu berühren, ohne dich überhaupt körperlich auf sie zuzubewegen, tu das, was du wirklich willst: Vereinige dich mit ihr, bis ihr eins seid. Spüre ihren Körper aus der Entfernung, so als wäre es deiner. Atme ihren Atem und entspanne in ihrer Energie. Atme ihr frisches Strahlen ein und lasse es voll durch deinen Körper zirkulieren. Spüre das Verlangen in deinem Herzen, sich mit ihr zu öffnen, und tu es – jetzt.

Verehre sie – sexuell, mit der Fülle deines Bewusstseins. Wie ein Magnet erweckt ihr Strahlen deine Präsenz auf ganz natürliche Weise. Lass deine Präsenz so stark sein wie ihr Leuchten. Diese Erweckung ist ihr Geschenk an dich, ihr weiblicher Segen. Sie zieht dich an, hinein in die Verehrung, in eine Herz und Körper öffnende Ehrfurcht. Sie ohrfeigt dich mit der Bekenntnis, dass das Leben nicht nur aus Ideen, Projekten und hochfliegenden Zielen besteht. Das Leben lebt. Das Leben ist Energie. Das Leben ist sie. Und du vermisst sie so, insbesondere wenn du sie vergessen, verlassen und bei der raketenartigen Verfolgung deiner Mission ignoriert hast.

Das Weibliche zu verehren und seine Segnungen zu empfangen, ist, was es bedeutet, sexuell verfügbar zu sein – und zwar nicht nur innerhalb deiner verbindlichen Intimbeziehung, sondern auch während du dich in der Welt bewegst. Erlaube dem Weiblichen, dass es in all seinen Formen deine Ehrfurcht erweckt. Gib dich von Kopf bis Fuß dem unvermeidlichen Sog deines tiefsten Verlangens hin. Erlaube deiner Präsenz, sich in Glückseligkeit mit ihrem Strahlen zu vermählen. Und dann lenkst du aus deinem tiefsten Lebenssinn heraus die Liebesenergie deiner Erregung zum Wohle aller Wesen.

Auch wenn Frauen für ihre natürliche Strahlung verehrt werden möchten, wollen sie normalerweise nicht angemacht werden. Außerhalb deiner Intimbeziehung ist es wichtig, die Energie einer Frau zu empfangen, ohne sich in ihr Leben einzumischen. Wenn sich dein vom Herzen abgekoppelter sexueller Wille auf sie richtet, wird ihr Körper zurückschrecken und sich verschließen, um sich zu schützen. In der Welt der psychischen männlichen Geschosse muss das Weibliche sein wahres Herz bewachen. Diese verringerte Strahlung bedeutet für alle einen Verlust. Lass zu, dass dir die erotisierende Energie einer Frau dazu dient, die Tiefe deiner Präsenz in die Welt zu entfalten, und zwar zum Wohle aller.

Für sie

Für das Weibliche bedeutet sexuelle Verfügbarkeit unter anderem, sich für den Humor zu öffnen. Wenn du zu launisch, ernst oder angespannt bist, um den Humor einer Situation zu erkennen, dann bist du für diese wichtige männliche Gabe nicht empfänglich.

Humor ist etwas anderes als Genuss. Die Natur ist voller Lust (und Schmerz), aber in der Natur existiert kein Humor. Die Bäume, der Ozean, die Sterne und Berge sind von Licht, Energie und Freude erfüllt, aber es fehlt ihnen jeglicher Humor.

Humor entstammt der Fähigkeit, eine Situation von außen zu betrachten und eine Perspektive einzunehmen. Alles kommt und geht. Jeder, der lebt, stirbt. Alles, was du als wichtig empfindest – deinen Körper, deine Familie, die Menschheit, die Erde, das Sonnensystem –, ist vergänglich.

Letztendlich ist jede Situation vergänglich und nutzlos, egal wie ernst oder real sie erscheint, wenn du dich in ihr befindest. Kosmischer Humor besteht darin, dass man die nutzlose Beschaffenheit aller Dinge erkennt. Diese absolute Freiheit ist vor allem eine männliche Gabe.

Das Weibliche lacht voller Lust und Vergnügen. Das Männliche lacht, weil letztendlich nichts wirklich zählt – alles ist ein großer Witz. Die Freude des Lebens und der Humor der nicht vorhandenen Notwendigkeit sind beides Teile der vollen menschlichen Erkenntnis. Wenn eine Frau dem Männlichen sexuell zur Verfügung steht, dann bedeutet das zum Teil, dass sie in der Lage ist, die ausgedehnte Freiheit des Humors zu empfangen.

Nimm einmal an, du bist aufgewühlt und schlecht gelaunt. Dein Mann kommt auf dich zu und entschärft die Situation auf humorvolle Weise. In vielerlei Hinsicht lautet seine Botschaft an dich: „Warum regst du dich denn so auf? Das ist doch keine große Sache.“ Aber du kannst nicht loslassen. Momentan bist du nicht empfänglich für die Sichtweise des männlichen Humors.

Das ist in Ordnung so. Manchmal bist du dafür eben nicht verfügbar. In diesen Momenten, in denen du emotional festsitzt, solltest du dich darin üben, die emotionale Energie zu verkörpern und zu atmen, damit du in ihrer Textur als Liebe tanzen kannst. Wie bereits beschrieben ist dies eine grundlegende weibliche Praxis.

Aber zum spirituellen Wachstum gehört auch, dass man sich gegenseitig mit Glückseligkeit beschenkt. Deine strahlende Energie kann deinem Mann dazu dienen, sich in die Glückseligkeit zu entspannen, genauso wie seine Präsenz und sein Humor dir in gleichem Maße nützlich sein können. Es wird Zeiten geben, in denen er sich nicht öffnen wird, um dein Strahlen zu empfangen. Aber genauso wird es auch Zeiten geben, in denen du dich seinem Humor nicht öffnen wirst.

Sexuelle Verfügbarkeit bedeutet, dass du für seinen Humor offen bist. Du öffnest dich für seine Freiheit, in deine Stimmungsenergie einzudringen. Manchmal macht er vielleicht etwas total Witziges – er schneidet eine Grimasse oder hüpft albern herum – und plötzlich lächelst du. Klammer dich nicht an deine Stimmung, als wäre es dein kostbares „Recht“, zu meckern und zu jammern. Ehre seinen Humor, so wie du dir wünschst, dass er dein Strahlen ehrt. Öffne dich, indem du auf seinen Humor reagierst, so wie du dir wünschst, dass er auf deine Liebesenergie reagiert und sich öffnet. Empfange seinen Humor als Segen. Humor kann sehr sexy sein.

Der Humor eines Mannes kann deine schwere Energie augenblicklich beiseitefegen und dich in Freiheit und Freude öffnen. Sein Humor kann dich aus dem Strudel der Beziehungen, Emotionen und Gedanken befreien, der dich gefangen hält. Je mehr du festgefahren bist und je schwerer oder verwirrter du dich fühlst, desto mehr hast du dir den wahren männlichen Humor im Leben verweigert.

Das Leben ist reich an Fülle. Beziehungen spielen eine bedeutsame Rolle. Deine Gefühle sind wichtig. Verleugne nicht die Wirklichkeit deines körperlichen und emotionalen Lebens. Aber lehne auch nicht die männliche Gabe ab, die dir Befreiung durch Gelächter schenkt. Letztendlich zählt nur die Liebe. Entweder lebst du als Liebe, oder du hast die Liebe im Durcheinander von auf und ab, links und rechts, er oder sie verloren. Ob du in dieser Freiheit der Liebe durch „Ficken" geöffnet wirst, hängt teilweise davon ab, inwieweit du für die männliche Gabe des befreienden Humors zur Verfügung stehst.

19

Nutze deine dunkle Seite, um die Energie zu erhöhen

Wir schlafen miteinander, und es fühlt sich ein wenig banal an. Die Liebe ist voll da, irgendwie auf der mittleren Skala angesiedelt, aber unsere Bewegungen sind matt. Unsere gegenseitige Zuneigung ist echt, auch wenn unsere Paarung irgendwie glatt ist.

Ich versuche, so tief wie möglich in mein Herz und in ihres hineinzuspüren, aber ich habe das Gefühl, festzusitzen. Unsere Energie fühlt sich gedämpft und oberflächlich an.

Also tauche ich in meine dunkleren Tiefen. Ich finde die animalischen Anteile in mir, die ungezähmten, wilden und aggressiven Teile meiner selbst. Ich beginne, sie zu kneifen, packe ihr Fleisch und kralle mich in sie hinein, beiße sie und lecke sie mit nasser Zunge.

Sie macht mit, schlägt mir auf den Brustkorb, zerkratzt mir mit ihren Nägeln den Rücken und ringt mit mir in all ihrer verdorbenen Kraft.

Ich werde noch finsterer. Ich werde zum Alptraum, zum Dämon, zum Mörder. Ich stoße und dränge aus meiner dunkelsten Energie heraus in sie hinein.

Sie liebt es. Sie wird richtig wild. Sie wird zur Zerstörerin, würgt mich mit ihren Händen, beißt mich richtig fest, zerrt an meinen Haaren und prallt mit gewaltiger Kraft gegen mich.

Wir sehen einander in die Augen und lächeln. Inmitten dunkelster Dissonanz frohlocken unsere Herzen und unsere Körper. Unsere Energie hat sich vom Nettsein befreit.

Nach einigen Minuten der finsteren, stampfenden, mörderischen Vergewaltigung liegen wir beieinander und lieben uns mit einer Kraft, die über das tägliche Lächeln und die täglichen Küsse hinausgeht. Selbst wenn wir jetzt bewegungslos und eng umschlungen daliegen und einander tief in die Augen schauen, schmälert keine schüchterne Zuneigung unsere Herzverbindung.

Mit jedem Biss, jedem Knurren und jedem stillem Verschmelzen hat sich unsere Liebesenergie ausgedehnt.

Deine dunkle Seite ist eine Quelle großartiger sexueller Energie. Hier liegt deine animalische Vergangenheit, dein Erbe des wallenden Blutes. Du kannst deine Partnerin nicht zur sexuellen Liebe hinreißen, wenn du das Temperament eines Softies besitzt. Es braucht gebeugte Knie und einen geschmeidigen Unterleib, um es wild zu treiben. Du brauchst die Zunge einer Schlange und den Schwanz eines Tigers, um gewandt auf diesem schmalen Grat der sündhaften Vereinigung zu balancieren, bei der Vulva und Penis durch das Herz und noch darüber hinaus gehoben werden. Ohne die dunkle Seite ist Sex schal und still – ein genitales Herumgestochere.

Die meisten Menschen haben sich von ihrer dunklen Seite distanziert. Sie haben Angst vor ihrer eigenen Leidenschaft, zu der die Energien der Wut, Aggression und des Hungers gehören. Manchmal schlägt die Leidenschaft unvermittelt zu, manchmal zertrümmert sie, manchmal verschlingt sie etwas. Leidenschaft ist gefährlich. Leidenschaft ohne Liebe ist destruktiv. Aber ohne Leidenschaft ist die Liebe erbärmlich.

Leidenschaft und Liebe verweben sich zum Stoff der Sexualität. Zusammen reizen und provozieren, lindern und besänftigen sie. Aber wenn zu wenig Liebe vorhanden ist, dann verwandelt sich die Leidenschaft in Missbrauch. Wenn zu wenig Leidenschaft vorhanden ist, dann wird die Liebe lauwarm. Um mehr Liebe zu schenken, musst du dein Herz öffnen, du musst vertrauen und aus deinem tiefsten Inneren geben. Eine Möglichkeit, mehr Leidenschaft zu erzeugen, besteht darin, von deiner dunklen Seite aus Liebe zu geben. Je dunkler dein Ausdruck, desto größer die Leidenschaft.

Durch den Zugang zu deiner dunklen Seite kannst du Energie, die sich auf einem niedrigen Level befindet, erhöhen und bewegen. Wenn du einen kurzen Atemzug von der dunklen Seite nimmst, so wie ein Löwe oder eine Hure, oder sogar ein bisschen schlägst, kratzt oder die Zähne zeigst, dann kann das plötzlich deine Verlangen steigern und Energie in Bewegung setzen. Ob du nun träge Energie in Schwung bringen oder die bereits vorhandene Bewegung verstärken möchtest, ein kurzer Ausbruch von ernsthaft empfundener dunkler Energie – vermischt mit Liebe und synchronisiert mit Atem und Bewegung – ist eine der besten Möglichkeiten, dies zu erreichen.

Für ihn

Wenn du eine männliche sexuelle Essenz besitzt, denn ist ein Teil von dir wahrscheinlich von Gewalt und Tod fasziniert, zumindest in den Unterhaltungsmedien. Möglicherweise erfreust du dich an Actionfilmen, die von Krieg, Verbrechensbekämpfung, Kampfkunst oder politischen Intrigen handeln. Oder vielleicht bevorzugst du einen ritualartigeren „Wettkampf bis zum Tod“ in Form von Sport, Poker oder sogar Schach. Ein beliebiger „Kampf“, Mann gegen Mann, vom Businessdeal bis hin zur politischen Debatte, kann die maskuline Essenz eines Mannes in Erregung versetzen.

Einiges davon ist reine Biologie, ein Nebenprodukt der testosterongetränkten männlichen Nervensysteme, die über die Jahre der Evolution darauf programmiert wurden, zu „kämpfen“, zu „ficken“ oder zu „flüchten“. Einiges davon spiegelt die männliche spirituelle Präferenz für Leere wider, den zeitlosen und todesähnlichen Stillstand von Begierden und Gedanken, den die „Höhepunkte" in Kampf und Wettbewerb häufig bieten. Einiges davon entspringt der Freude an dem männlichen Spiel, sich in eine beengende Situation oder Falle zu begeben (Sport, Glückspiel, Philosophie, Kampfkunst, Kreuzworträtsel oder Meditation), um sich anschließend den Weg freizukämpfen: Für die meisten Männer gibt es kein größeres Vergnügen, als ihren Weg in die Freiheit zu finden und ihr Ziel zu erreichen, ob bei einer Grenzerfahrung oder bezogen auf das reine transzendentale Sein.

Dieser männliche Trip kann dir entweder dabei helfen, dich zu beschmutzen oder dich zu reinigen. Wenn du dich und das Spiel zu ernst nimmst, dann erniedrigst du dich und verlierst den Kontakt zu der Essenz, die du bist, während du dich mit dem Spielverlauf identifizierst. Wenn du dir jedoch deines tiefsten Wesens gewahr bleiben willst – und noch wichtiger, wenn du als der Ausdruck dieser offenen Tiefe und liebenden Präsenz leben kannst –, dann kann das Ausagieren des männlichen Spiels dir tatsächlich dabei helfen, die Neigungen aufzulösen, die deine Aufmerksamkeit gefangen halten und Leid entstehen lassen.

Stell dir vor, du bist mit deiner Liebsten im Kino. Auf der Leinwand siehst du eine Gewaltszene: Im Wald wird eine nackte Frau mit weit ausgestreckten Gliedern am Boden festgebunden. Die Bösen quälen sie sexuell und sind kurz davor, sich schändlich an ihr zu vergehen. Im letzten Augenblick taucht der Held auf und kann selbst nur knapp dem Tode entrinnen. Aber schließlich schafft er es, all seinen Mut und seine übermenschlichen Fähigkeiten zusammenzunehmen, um die Bösen zu töten. Sein nackter muskelbepackter Körper ist von Schmutz und Blut bedeckt, als er die dankbare Frau von ihren Fesseln befreit, die ihn umarmt und ihren weichen und verletzlichen Körper an seine verschwitzte Brust drückt.

Du kommst mit deiner Frau nach Hause und gehst ins Bett. Der Film hat dich wirklich in Fahrt gebracht. Dein Adrenalin pulsiert im Körper. Du bist von Bildern von gefesselten Frauen und Nahtodbegegnungen erfüllt. Selbst deine Liebste scheint ein bisschen erregt zu sein. Du hast daraufhin aggressiveren Sex als gewöhnlich mit ihr. Sie beißt dich in die Schulter, zerkratzt deinen Rücken und schlägt dir mit den Fäusten auf den Brustkorb. Das macht dich wirklich richtig wild, und deine Stöße sind tief und hart. Ist diese Art von Sex gut für dein spirituelles Wachstum, oder verdirbt sie die Liebe?

Der Kinofilm hat wahrscheinlich bestimmte Engramme oder Handlungsmuster geweckt, die biologisch, psychologisch, kulturell und spirituell in dir konditioniert wurden. Die Art und Weise, wie du entscheidest, das „Problem" deiner Aggression anzugehen, hängt davon ab, wo du die Wurzel deiner Aggression vermutest. Nachdem du jedoch ausreichend gewachsen bist und ein relativ freies und tiefes Bewusstsein entwickelt hast, ist es weitgehend (wenn auch nicht völlig) irrelevant, ob deine sexuelle Aggression in deinem animalischen Erbe, in einem Übermaß an Gewalt im Fernsehen oder in deinem Kriegerherzen wurzelt. Für dein weiteres Wachstum zählt nur: Verlierst du dich in der Lust der Aggression oder bist du als Liebe in der Textur der Aggression lebendig?

Das ist der Unterschied, den das folgende Beispiel illustrieren soll. Nehmen wir an, du bist Vater. Wenn du und deine beiden Söhne miteinander Ball spielen, kann sich ihre ganze Welt auf das Spiel reduzieren, während du weißt, dass du das Spiel spielst. Deine Söhne sind vielleicht stundenlang beleidigt, je nachdem wie das Spiel ausgegangen ist. Aber für dich ist das Spiel einfach ein Weg, um Liebe mit ihnen zu teilen: Es ist egal, wer gewinnt.

Mitten im Spiel ist dein Gewahrsein wesentlich stärker erweitert als ihres. Du verfolgst die Zeiger auf deiner Uhr, behältst deine Tochter im Auge, die im Hof mit ihren Freundinnen spielt, und genießt die Liebe und die „schönen Momente" mit deinen Söhnen so richtig. Es ist ganz natürlich und macht Spaß, so die Zeit mit ihnen zu verbringen. Aber die Übertragung der Liebe kann ebenfalls stattfinden, wenn du mit ihnen campen gehst, ein Restaurant besuchst oder ihnen eine Gute-Nacht-Geschichte vorliest.

Einer der wunderschönen Aspekte der Intimität besteht darin, dass sie dir eine Chance bietet, innerhalb der Textur sämtlicher Energien zu lieben – auf die sanfte oder harte Weise „Ball" zu spielen, und auf jede Art, die dazwischenliegt. Dabei werden alle Energien zu einem Ausdruck der Liebe.

Ohne den weiten Raum der Liebe ist die aggressive sexuelle Energie einfach ein Ausdruck ihrer Ursachen. Möglicherweise spricht das

Testosteron aus deiner plötzlichen Leidenschaft. Vielleicht entladen sich auch lange unterdrückte Emotionen, die entstanden sind, als dich deine Eltern geschlagen haben. Es mag sich gut anfühlen, das „rauszulassen“. Es mag sich gut anfühlen, deine „dunkle Seite auszudrücken“. Aber den wahren Unterschied macht es, wenn du es rauslassen und mit der gleichen Liebe zum Ausdruck bringen kannst, die du beim Ballspielen mit deinem Sohn zeigen würdest. Sonst verstärkst du die Energie der Aggression, anstatt sie zu transformieren.

Aggression an sich kann destruktiv sein. Weil sich alle Gewohnheiten durch Wiederholung verstärken, ist ein schlichtes Ausagieren der Aggression eine gute Möglichkeit, diese fortzusetzen. Es kann sich gut anfühlen und mag auch gesund sein, aufgestaute Anspannungen zu lösen. Doch dabei wird nichts wirklich transformiert. Es kann dazu beitragen, dass eine Wunde heilt, aber du wächst dabei nicht.

Wachstum – so wie wir den Begriff verwenden – beinhaltet, dass sich der Schwerpunkt verschiebt. Du verlierst dich nicht mehr im Spiel, sondern spielst es, um Liebe zu übertragen. Harten Sex mit deiner Frau zu haben, kann Spaß machen und sogar heilend sein, falls unterdrückte Aggressionen in dir schlummern. Aber beim Wachstum geht es darum, Liebe zu sein, Liebe zu atmen, die Liebe im Herzen deiner Frau zu spüren und dir zu erlauben, dich zu öffnen, sodass die Kraft der Liebe leben kann als du – auch während du dich mit aggressiven Sexspielen vergnügst.

Im Laufe der Zeit lernst du nicht nur, die Gesamtheit deiner dunklen und hellen Energien zum Ausdruck zu bringen, sondern auch „unreine“ Emotionen in einen Ausdruck der Liebe zu verwandeln. Egal wie gewahr du wirst, es gibt wahrscheinlich immer noch einige Winkel in deiner Psyche, die im Verborgenen bleiben. Oft liegen diese Nischen im Schatten der Sexualität. Auch wenn du dein Bewusstseinswachstum fördern und unterstützen kannst, kannst du dir diese Bereiche nicht immer „bewusst machen“. Wann und wie schnell diese dunklen Winkel ans Licht kommen, bestimmen sie selbst. Und wenn das geschieht, dann ist es wichtig, dass du sie erkennen und mit ihnen arbeiten kannst.

Vielleicht siehst du einen Kinofilm, der ein paar schlafende Schlangen in den Winkeln deiner sexuellen Psyche weckt. Später zu Hause im Bett stellst du fest, dass du mit deiner Liebsten sexuell aggressiver umgehst als normal. Das mag ein heilender Moment sein, ein Augenblick, der deine meist verborgene dunkle Seite zeigt. Darüber hinaus kannst du jedoch die dunklen Energien bewusst annehmen und üben, dich in die Tiefen deines offenen Wesens zu entspannen, und es der Liebe gestatten, in ihrer Form zu leben. Anstatt dann die Aggressionsenergie zu verstärken, stärkst du deine Fähigkeit, als Liebe zu leben – in welcher Form sie auch immer spontan hervorgerufen wird.

Wenn du feststellst, dass du bei hartem Sex deine Aufmerksamkeit verlierst – so wie sich dein Kind in einem Ballspiel verliert –, dann erinnere dich an die Liebe. Mache die Liebe wieder in deinem Herzen und im Herzen deiner Frau ausfindig, die Liebe, die als der Tanz in diesem Augenblick lebt. Atme Liebe, indem du beim Einatmen Liebe empfängst und beim Ausatmen Liebe gibst. Wenn du in der Liebe ruhst, dann nimm die besonderen Erfahrungen dieses Augenblicks wahr. Dazu gehören deine Geliebte, deren Zähne sich in das Fleisch deiner Schulter hineingraben, und der aggressive Druck, der dich zum Ejakulieren zwingt. Spüre nach, „wer" sich da dieser Erfahrungen gewahr wird. Übe, dich als dieses erweiterte, offene „Wer" des Gewahrseins zu entspannen, während die Liebe beim aggressiven Sexspiel strömt. Sei erkennende Offenheit, lebendig als Energie der aggressiven Liebe.

Es erfordert Übung und wahres Wachstum, deine Aggression zu transformieren. Du kannst deinem Sohn sagen: „Pass auf, das ist nur ein Ballspiel. Was wirklich zählt, ist, dass wir uns lieben." Er könnte dir einen Moment lang zustimmen, aber er wird sich wahrscheinlich immer wieder im Spiel verlieren, bis sein Bewusstsein genug gewachsen ist, dass seine Liebe zur Priorität wird und das Spiel einfach eine weitere Möglichkeit darstellt, Liebe zu leben. Das Gleiche gilt, wenn emotionale und sexuelle „Unreinheiten" in einen Ausdruck der Liebe, Tiefe und des offenen Seins verwandelt werden. Du wirst nur über die Fixierung deiner Spiele hinauswachsen, wenn du dazu bereit bist.

Du kannst nicht vorhersagen, wann ein verborgener Teil von dir auftauchen wird. Einige deiner Zwangsvorstellungen von Gewalttätigkeit, Tod und Wettbewerb liegen unter Jahren strategischer Verleugnung begraben, die vor langer Zeit unbewusst geworden sind. Wenn diese Teile an die Oberfläche steigen, dann kannst du lange Zeit in der einen oder anderen Form von Aggression versunken sein, bevor du erkennst, dass du ehrgeizig versuchst, ein Spiel zu gewinnen, anstatt als Liebe in Form des Spiels zu leben.

Die meisten Männer bleiben den Großteil ihres Lebens in der Ernsthaftigkeit eines Spiels gefangen. Sie versuchen, finanziell, sexuell, emotional oder spirituell zu siegen, anstatt sich als offenes Wesen zu entspannen, als spontaner Fluss der Liebe zu leben und dabei alle anderen mit dem Geschenk ihrer tiefsten Präsenz zu segnen. Für jeden von uns ist es wichtig, unser selbst geschaffenes Leiden mit großem Humor und Mitgefühl anzugehen. Wir haben unsere Gegenspieler entworfen, um Liebe in Form eines Befreiungskampfes auszudrücken, der zum großen männlichen Vergnügen gehört. Aber wenn wir einmal erkannt haben, dass unser Leiden entsteht, weil wir uns im Spiel verloren haben, dann können wir uns entspannt als die Freiheit des tiefen Seins öffnen. Wir können lernen, das Spiel zu genießen, und es tadellos spielen, nicht aus aggressivem Zwang heraus, sondern als der von uns gewählte Ausdruck von Liebe.

Für sie

Vielleicht stellst du fest, dass eine bestimmte Art von Kleidung nicht nur deine Stimmung zum Ausdruck bringt, sondern sie schmückt, verstärkt und mit ihr auf fast archetypische Weise in Resonanz tritt. An einem Tag trägst du ein luftiges Sommerkleid. Am nächsten Tag schleichst du im schwarzen Slip und auf zwölf Zentimeter hohen Absätzen ums Haus. Weit entfernt von Frivolitäten kann die Beziehung einer Frau zur Energie – über Kleidung, Schmuck und Make-up – ein wichtiger Bereich spiritueller Praxis sein, wenn dieser voll und ganz verstanden wird.

So wie kein Mann völlig zufrieden ist, bis er sich nicht absolut frei fühlt, ist keine Frau befriedigt, bis sie nicht die Fülle der Liebe verspürt. Das Weibliche sucht die Liebe über die körperliche Fülle. Neben Essen und Trinken kann diese Fülle über Schwangerschaft, Sex, Schmerz und Liebe gefunden werden. Alles, was den Körper mit Sinneseindrücken

(Schokolade, Bäder, Massagen) oder Emotionen (Liebesgeschichten, Klatsch, Musik) erfüllt, wird der Leere vorgezogen.

Nach dieser Fülle kann auf vielerlei Weise gesucht werden. Eine Gruppe Frauen kann sich zu einer Art „Teegesellschaft" zusammenfinden, essen und trinken, aber vor allem Energie austauschen – quatschen, lachen, nichts „Wichtiges" sagen – und sich trotzdem von der Liebe erfüllt und erfrischt füllen, die zwischen den Freundinnen übertragen wird. Das Weibliche braucht ganz im Gegensatz zum Männlichen keinen Wettbewerb oder Schlussfolgerungen, um sein Bewusstsein zu klären. Dem Weiblichen ist oft mehr durch den vollen Fluss von Liebesenergie gedient als durch eine intellektuelle Erklärung.

Wie bereits gesagt, besteht ein wichtiger Aspekt des weiblichen Wachstums darin, in der Lage zu sein, das volle Energiespektrum in allen Formen der Liebe zu verkörpern. Kleidung, Make-up und Schmuck sind ein integraler Bestandteil dieser Praxis der Energieinkarnation. Unsere Kultur orientiert sich mittlerweile so stark an einem maskulinen Wertemaßstab, dass Männer und Frauen diese Dinge oft als etwas Triviales oder Oberflächliches ansehen, was aber nicht der Fall ist. Genauso wenig trivial sind die dazugehörigen weiblichen Freuden, wie shoppen gehen, prüfen, was andere Frauen tragen, sich gut angezogene Models in Zeitschriften oder im Fernsehen ansehen oder mit Freundinnen über Kleidung und Accessoires reden.

Solche Interessen und Diskussionen entsprechen dem Gerede der Männer über Sportergebnisse oder die eigentliche Natur der Wirklichkeit. Sport, Business, Philosophie und Wissenschaft stellen männliche Bestrebungen dar, Freiheit zu erlangen, während Tanz, Essen, Kleidung, Intimität und das Verschmelzen im Gespräch ein weibliches Bestreben ist, die Fülle der Liebesenergie zu spüren. Jeder Mann und jede Frau befasst sich bis zu einem gewissen Grad sowohl mit den männlichen als auch mit den weiblichen Zielen.

Auch wenn man auf den ersten Blick eher sagen würde, dass die männlichen Bestrebungen wichtiger sind, so wird dieses Vorurteil im hohen Maße durch die gegenwärtige einseitige Ausrichtung auf das Männliche geprägt. Was ist für das menschliche Glück wichtiger, Tanz oder Philosophie? Wissenschaftliche Analyse oder körperliche Heilung?

Offensichtlich ist beides notwendig und gleichermaßen wichtig. Der Klamottenwahn – der nur eine Form von energetischer Fertigkeit ist, bei der die Frauen die subtilen Kräfte körperlicher Energie meistern –, ist nichts anderes als die Sportbesessenheit, die mehr mit dem männlichen Wunsch zu tun hat, die Fesseln zu sprengen und in die Freiheit einzutauchen.

Offensichtlich gibt es nichts, was an Wissenschaft oder Sport falsch wäre. Aber das menschliche Wachstum beinhaltet mehr als die Faszination für Technologie oder Entscheidungsspiele. Das Männliche in uns allen muss wachsen, um die Tiefe der Freiheit anzunehmen – die wahre Entspannung als Offenheit des tiefen Seins –, damit seine Freuden in den Kontext der Liebe eingebettet werden, um sie so von den rein ergebnisorientierten Motiven zu trennen.

Ähnlich muss das Weibliche wachsen, um etwas intuitiv erkennen zu können und die äußerste Tiefe der Liebe durch die entspannte Hingabe als strahlender Glanz anzunehmen. Dann sind Gespräche, Kleidung und Make-up nicht mehr länger Wege, um Liebe zu suchen, sondern es sind Wege, um die Liebesenergie energetisch zu schmücken, auszudrücken und mit ihr zu kommunizieren. Das Wissen um die Kleidung ist zu einer weiblichen Kunstform geworden – ein Mittel der energetischen Heilung und Balance, um den Fluss der Freude in der Welt und bei sich selbst zu verstärken –, anstatt eine Hoffnung darzustellen, die nach mehr Liebe und Aufmerksamkeit trachtet.

Dessous können für einen Menschen mit weiblicher Essenz genauso bedeutungsvoll sein wie Heidegger für einen Menschen mit männlicher Essenz. Der geschickte Einsatz von Kleidung oder Philosophie kann zu größeren Erkenntnissen bezüglich der Liebesenergie oder der Freiheit führen. Natürlich sind die meisten Käuferinnen von Dessous in ihrer Liebe so oberflächlich wie das Bewusstsein der meisten Leser philosophischer Werke. Kleidung (oder welche energetische Kunstform du auch immer genießt) und Philosophie müssen beide im Kontext der echten Tiefe praktiziert werden, damit sie ihr größtes Potenzial entfalten.

Jeder Klugscheißer kann inbrünstig philosophische Werke lesen und glauben, dass er etwas kapiert, aber er versagt darin, sich als offene Freiheit des tiefen Seins zu entspannen. Jedes Flittchen kann

Dessous shoppen und trotzdem die Glückseligkeit der Liebe auf das Bewundern seines Hinterteils im Spiegel oder auf das Gefühl reduzieren, von Männern begehrt zu werden. Die Kunstformen der intellektuellen Herausforderung und der körperlichen Verschönerung stehen in Resonanz mit göttlicher Freiheit und göttlicher Liebe, wenn diese mit Tiefe praktiziert werden. Andernfalls sind es simple Pfade, auf denen die Menschen ihre endlosen Begierden wiederverwerten.

Stell dir vor, dass du und deine Freundinnen sich zu einem Abend des weiblichen Wachstums und weiblicher Freuden verabreden. Wie könnte das aussehen? Eine der zahlreichen Möglichkeiten ist eine Dress-up-Party, bei der man sich so richtig in Schale wirft. Jede von euch bringt alle möglichen Klamotten mit – Dessous, Pelze, Lederoutfits, Bikinis, elegante Kleider, Highheels, flache Schuhe usw. – sowie eine Auswahl von Schmuck und Make-up, vom schwarzen Nagellack bis zum Silberglitter.

Dann zieht ihr euch gegenseitig an und schmückt euch. Geht intuitiv vor und spürt, was jede Frau am meisten heilen und für eine tiefere Inkarnation von Liebesenergie öffnen würde, als sie sich normalerweise zustände. Du entscheidest vielleicht, dass eine deiner Freundinnen eine Federboa, schwarze Netzstrümpfe, roten Lippenstift, weiße Perlen und sonst nichts tragen muss. Als du ihr das vorschlägst, sagt sie: „Nur über meine Leiche." Stell fest, ob sie angespannt oder nervös wird, sich distanziert oder verschließt. Wenn sie das tut, dann hast du wahrscheinlich genau das Richtige herausgesucht, um sie in ihrer Heilung zu unterstützen.

Die Praxis besteht darin, dass du lernst, dich in voller Liebesvereinigung mit deinen Freundinnen zu entspannen, während ihr das gesamte Energiespektrum inkarniert – und vor allem die Aspekte, denen ihr Widerstand leistet (euch selbst und anderen gegenüber). Eine deiner Freundinnen könnte sich in einem durchsichtigen Body total wohlfühlen, weigert sich jedoch vielleicht rigoros, sich wie ihre Mutter zu kleiden. Eine andere Freundin hätte vielleicht nie daran gedacht, das mit Nieten besetzte Lederoutfit einer Domina zu tragen. Sie leistet auch keinerlei Widerstand, wenn du es ihr anziehst, aber es bringt sicherlich einen Aspekt ihrer „zügellos-lasterhaften" Energie ans Tageslicht, den sie stets hinter dem Image der „netten“ Frau versteckt, vor allem wenn sie noch eine Peitsche in ihren mit Samthandschuhen bekleideten Händen hält. Möglicherweise ziehst du einer leidenschaftlichen Businessfrau ein hauchdünnes Kleid an, das einen sanften, sinnlichen und ätherischen Glanz verströmt, und sie bricht in Tränen aus, während alle anderen wahrnehmen können, wie schön sie ist.

Wenn jede Frau so gekleidet ist, dass es ihrer Energieinkarnation dient, dann geht die „Party“ erst richtig los, um sich zu noch tieferer Liebe zu verpflichten. Spielt eure Lieblingsmusik und die Musik, die ihr überhaupt nicht ausstehen könnt. Tanzt zum gesamten Spektrum – von klassischer bis Discomusik, von religiösen Chören bis Hardrock.

Es kann Frauen leichtfallen, sich der Tiefe zugunsten von Spaß, Gelächter und Tanz zu verweigern und ihre Zeit miteinander zu genießen, ohne dass sie ihre Energie der offenherzigen Hingabe widmen. Sei achtsam und lass nicht locker, falls eine Frau dazu neigen sollte, oberflächlich zu bleiben. Wenn du mit ihr tanzt und sie berührst, dann verpflichtest du sie damit, sich noch mehr zu öffnen und sich noch tiefer mit dir in der Liebesvereinigung hinzugeben. Vertraue deiner tiefsten Intuition, und du wirst spontan wissen, was zu tun ist, um der Offenheit deiner Freundinnen von Augenblick zu Augenblick zu dienen.

Überredet euch gegenseitig dazu, euch noch weiter zu öffnen. Öffnet euer Herz und euren Körper durch eine breite Palette von Tänzen, durch das An- und Ausziehen, Gelächter, Massagen und vielleicht auch mit etwas Wein, den ihr mit in Schokolade getauchten Erdbeeren genießt. Lobt gegenseitig eure Schönheit, eure Offenheit und euren Mut. Feiert voll sinnlicher Freude und ohne Vorbehalte, aber was noch wichtiger ist: Übt, euch in eine noch tiefere liebevolle Verbundenheit mit euren Freundinnen zu öffnen.

Während du die Kleidung trägst, in der du auf keinen Fall gesehen werden willst (nach der du dich aber am meisten sehnst), und während du die Aspekte deiner Energie tanzt, die du am meisten versteckst, öffnest du dich als Liebe ohne Verschlossenheit. Übe dich darin, die volle Energie in den Teilen deines Körpers und Herzens zu inkarnieren, die sich leer anfühlen, und übe, in Liebe zu kommunizieren, egal wie dumm, nervös, verklemmt oder verschlossen du dich fühlst. Bei dieser Art von Party geht es nicht nur um den „Ausdruck deiner dunklen Seite“ oder ums „Freisein“. Es geht darum, dass du deine Fähigkeit vertiefst, die liebevolle Verbundenheit in der Gemeinschaft aufrechtzuerhalten.

Wenn ihr das voll praktiziert, denn werdet ihr wahrscheinlich in Tränen des Schmerzes und Gelächters ausbrechen. Augenblicke des Ekels und der Begierde erleben. Und wenn ihr alle so müde seid, dass ihr kaum noch weitermachen könnt, dann übt euch noch weiter darin, konsequent offen zu bleiben. Es gibt wirklich keine Ausrede dafür, sich zu verschließen und nicht mehr zu lieben. Dein Körper mag müde sein, aber das bedeutet nicht, dass dein Herz aufhören muss, sich mit deinen Freundinnen in Liebe zu verbinden.

Die meisten Frauen (und natürlich auch Männer) besitzen ihre persönliche Rechtfertigung, warum sie nicht weit offen als glückselige Liebe leben: Sie sind zu erschöpft, sie werden nicht geliebt, sie können ihren Freunden nicht vertrauen, sie müssen ihren Schutzschild aus sozialen oder finanziellen Gründen weiter tragen. Auch wenn dies scheinbar die harte Wirklichkeit abbildet, kann die Liebe mit einiger Übung auch gelebt werden, wenn man erschöpft auf der Couch liegt, mit einer ungeschickten Freundin zu tun hat oder Geld verdient.

Zur weiblichen spirituellen Praxis gehört zum Teil auch, dass du deinen Körper wiederholt in die höchstmögliche Liebesenergie eintauchst und dein Herz mit dem Drang nach Öffnung erfüllst, auch wenn du eher verschlossen bleibst. Die Männer profitieren am meisten, wenn sie einander auf ihre angstvoll zurückgehaltenen Schwächen und Neigungen hinweisen und sich gegenseitig liebevoll herausfordern, es doch „anzugehen“ und den Sprung ins Unbekannte zu wagen. Die meisten Frauen wachsen jedoch nicht so sehr, wenn sie mit Worten auf ihre Begrenzungen aufmerksam gemacht werden. Wenn man einer Frau mitteilt, dass sie dazu neigt, sich zu verschließen, dann fühlt sie sich dadurch wahrscheinlich eher abgewertet als inspiriert. Das Weibliche wächst eher durch ein gefühlvolles Vermitteln von Liebe als durch verbale Herausforderungen.

Über das Tanzen, die Kleidung, Berührungen und Sinnesfreuden erhält das Weibliche in uns allen die gleiche Gelegenheit, sich jenseits der Angst zu öffnen, so wie es dem Männlichen durch ehrliche Kritik und Herausforderungen möglich ist. Die meisten Männer – oder jeder, der sich mit seinen maskulinen Aspekten identifiziert – gedeihen, indem sie ihre Grenzen betrachten. Sie lieben die Herausforderung. Sie brauchen oft etwas, das sie in „Ordnung bringen müssen" – sogar ihre eigenen Begrenzungen –, um das Gefühl zu haben, dass sie wissen, was zu tun ist, damit sie weiter wachsen können.

Aber die meisten Frauen – oder jeder, der sich mit seinen weiblichen Aspekten identifiziert – gedeihen durch Lob. Sie wachsen stärker über die Resonanz der Liebe als dadurch, dass sie etwas über ihre Begrenzungen hören. Für eine Frau ist es hilfreich, wenn ihr die Freundinnen durch ekstatische Tänze, Sinnesfreuden und die Fülle des Herzens das körperliche „Verlangen" vermitteln, sich in Liebe zu öffnen. Dies hilft einer Frau eher dabei, ihre charakteristische Verweigerung von Liebe zu überwinden, als dies bei einer beliebigen Anzahl von Diskussionen normalerweise der Fall ist.

Kleidung, Tanz und das „Verlangen" der körperlichen Freuden bieten dem Weiblichen den gleichen Wachstumshintergrund wie dem Männlichen, wenn es von engen Freunden zur Besonnenheit aufgefordert wird. In beiden Fällen muss darauf geachtet werden, dass die Begegnung nicht oberflächlich bleibt. Die Absicht muss darin bestehen, tiefer und über das bloße Vergnügen oder den intellektuellen Wettbewerb hinauszugehen. Das Weibliche verlangt nach Liebe. Den Künsten, die der Verkörperung der Liebe dienen, gebührt genauso viel Ehre und Fürsorge wie dem männlichen Freiheitsdrang und dessen Künsten. Heiliger Tanz und heilige Philosophie sind Offenbarungen der gleichen Offenheit des Seins. Wahre Ebenbürtigkeit beruht auf der Wertschätzung und dem Annehmen des weiblichen und des männlichen Weges.

20
Nutze Dominanz und Unterwerfung, um Lust und Polarität zu steigern

Sexuell gesehen symbolisiert das Männliche die Kraft der Richtung und das Weibliche die Kraft der Energie. Das bedeutet, dass das Männliche die Form bietet, in der das Weibliche frei fließen kann, so wie die Struktur der Uferböschung den energetischen Fluss des Wassers lenkt. Weniger offensichtlich ist die Tatsache, dass die Kraft des Flusswassers das Ufer formt, von dem es gelenkt wird.

Weder das Männliche noch das Weibliche sind über- oder unterlegen. Beide sind Teile des gleichen Prozesses, in dem Männer und Frauen lernen, ihr Einssein anzuerkennen und ihre Zweiheit zu lieben. Das Männliche und das Weibliche sind beide für die volle sexuelle Dynamik der beiden Gegensätze notwendig. Ob homosexuell, heterosexuell oder bisexuell – in jedem Augenblick muss ein Partner mehr zum Wasser und der andere Partner mehr zum Ufer werden, weil der Fluss der sexuellen Energie sonst entweder seicht wird oder völlig austrocknet.

Wenn beispielsweise keiner der Partner bereit ist, die männliche Führung zu übernehmen, um den Augenblick zu lenken, dann wird sich die immense weibliche Kraft der sexuellen Energie überallhin ausbreiten und sich nie in den tiefsten Schluchten der Liebe stabilisieren. Dieser Sex mag Spaß machen, intensiv, lustvoll und wild sein, aber er wird eher an der Oberfläche bleiben und die gleichen Lustmuster ständig wiederholen, ohne in die Tiefe zu wachsen.

Wenn hingegen beide Partner darauf bestehen, die Führung zu übernehmen, dann wird es keinen Wasserfluss geben, keine Kraft der sexuellen Energie und keine Fülle von flüssiger Ekstase, in die man eintauchen und über die man sich vereinigen kann. Die Starrheit der Kontrolle wird überhandnehmen, wenn beide Partner das Flussufer sein wollen, aber niemand dazu bereit ist, loszulassen und frei in der Liebeslust dahinzufließen.

Jeder Mann und jede Frau sollte in der Lage sein, beide Aspekte der Sexualität zu genießen: sowohl das Männliche als auch das Weibliche, den Sex vertiefen genauso wie die Energie der Ekstase verstärken, den Fluss lenken genauso wie für den Energiefluss sorgen. Auch wenn beide Aspekte der Sexualität jedem Mann und jeder Frau zugänglich sind, zieht der Einzelne je nach sexueller Essenz doch das eine oder andere vor.

Jeder Mann und jede Frau, ob heterosexuell oder homosexuell, wird seine bzw. ihre sexuelle Ergänzung in einem Partner finden, der es am meisten genießt, die entgegengesetzte sexuelle Kraft zu spielen, ob männlich oder weiblich. Daher ist es wichtig, dass jeder Mensch das Verständnis und die Bereitschaft dafür aufbringt, die Fülle der männlichen und weiblichen Kräfte zugleich anzunehmen, ohne sie herabzusetzen oder davor zurückzuscheuen.

Sexuell gesehen kann das Männliche als Kraft des zielgerichteten Eindringens und das Weibliche als Kraft des energetischen Empfangens wahrgenommen werden. Beide Partner sollten in der Lage sein, die Launen und Widerstände des anderen sensibel zu durchdringen und ihn oder sie von innen heraus in Liebe erblühen zu lassen. Und beide Partner sollten ebenso in der Lage sein, die Liebe des anderen zu empfangen, sich lustvoll zu öffnen, zu vertrauen, sich hinzugeben und damit eine größere Energie und Liebe aktiv zu erwecken. Eindringen und Empfangen sind beides aktive Rollen. Keine davon ist passiv. Und keine funktioniert ohne die andere.

Auf der körperlichen Ebene sollten Mann und Frau beide in der Lage sein, die aktive weibliche Kraft zu übernehmen, indem sie sich öffnen, um die tief gehende Liebe ihres Partners zu empfangen (oral, anal, genital, über Zunge, Finger, Penis oder Sexspielzeug). Jeder hat bei den unterschiedlichen sexuellen Spielarten seine Vorlieben, und es sollte niemandem etwas aufgezwungen werden. Aber um weiter zu wachsen, ist es wichtig, zwischen einer gesunden Vorliebe und schädlicher Angst zu unterscheiden.

Es ist natürlich in Ordnung, wenn du es einfach nicht genießen kannst, wenn ein Finger sanft und liebevoll in deinen Anus eindringt. Aber wenn du dich ganz automatisch dem liebevollen Eindringen deines Partners emotional und körperlich vollkommen verschließt, dann besteht bei dir wahrscheinlich einen Widerstand, dich auch auf andere Weise für die männliche Liebe zu öffnen und sie zu empfangen, ob nun sexuell oder spirituell. Vielleicht wurdest du als Kind von einer eindringenden männlichen Kraft emotional oder sexuell missbraucht und hast daher Widerstände entwickelt, dich den maskulinen Aspekten deines Liebhabers oder deiner Liebhaberin zu öffnen – selbst als Erwachsene. Oder es gibt möglicherweise andere Gründe, weshalb du einfach kein Vertrauen verspürst, dich zu entspannen, hinzugeben oder dein Herz und deinen Körper so uneingeschränkt zu öffnen, das du es dir selbst gestattest, dich von der männlichen spirituellen Kraft verzücken zu lassen, die in dein Wesen eindringt und deine Tiefen bis hin zum absoluten Einssein der Liebe öffnet.

Die tiefe Liebe, die deine eigene wahre Natur ist, umfängt das Männliche und das Weibliche gleichermaßen, in dir selbst sowie in jedem Mann und in jeder Frau. Daher schränkst du deine Fähigkeit ein, als die Tiefe deiner natürlichen Offenheit zu verweilen, wenn du dich sträubst, die männliche Kraft des spirituellen Eindringens anzunehmen, oder wenn du dich der weiblichen Kraft der spirituellen Hingabe widersetzt, egal ob du Mann oder Frau bist.

Ein weiterer Weg, um die sexuellen Kräfte des Geistes zu charakterisieren, besteht darin, das Männliche als die Kraft der durchdringenden Präsenz und das Weibliche als die Kraft der anziehenden Ausstrahlung zu beschreiben. Sexuell übt sich der maskuline Part darin, zuzulassen, dass er oder sie jenseits des Getrenntseins von der strahlenden Liebe und reichen Energie des femininen Parts angezogen wird. Der weibliche Part übt sich darin, jede Körperzelle von der Präsenzkraft des männlichen Parts durchdringen und öffnen zu lassen. Die kraftvolle männliche Präsenz und das kraftvolle weibliche Strahlen lassen eine sexuelle Polarität entstehen, die von Bewusstsein und Liebe erfüllt ist.

Wenn du den männlichen sexuellen Pol spielst (egal ob du Mann oder Frau bist), besteht eine deiner Gaben darin, dass du das Herz deiner oder deines Geliebten im Sturm erobern, sie verzücken und in Liebe auslöschen kannst, sodass alle Schichten des Widerstands von deiner Bewusstseinspräsenz durchdrungen und in tiefer Liebe aufgelöst werden. Beide Partner sollten die Fähigkeit besitzen, dies gelegentlich zu tun, obwohl der Part mit der stärkeren männlichen Essenz es häufiger genießen wird, seine Geliebte oder seinen Geliebten „zu nehmen" oder „mitzureißen", sodass sie oder er sich in völliger Liebe hingibt.

Wenn du den weiblichen sexuellen Pol spielst (egal ob du Mann oder Frau bist), besteht eine deiner Gaben darin, dass du so strahlend lebendig bist und so viel Lust und Liebe durch deinen offenen Körper fließen lässt, dass du unwiderstehliche Attraktivität ausstrahlst und die Aufmerksamkeit deines oder deiner Geliebten in das Reich der überwältigenden weiblichen Lust lenkst, damit sich dein Geliebter oder deine Geliebte nicht länger zurückhalten kann, sondern sich körperlich in der Einheit der Liebe ergeben muss. Beide Partner sollten dazu in der Lage sein, aber der Part mit der stärkeren weiblichen sexuellen Essenz wird häufiger seine Freude daran haben, diese Kraft der attraktiven Strahlung zu inkarnieren und seinen Partner oder seine Partnerin so „zu verzaubern" oder „zu verführen", dass er oder sie sich vollkommen in der Liebe hingibt.

Wenn du nicht die Gelegenheit hast, dieses tiefe Spiel von Lust und Verzückung zu genießen, dann wird das Bedürfnis danach in deiner Psyche untertauchen. Dann fängst du an, „verworrene" Versionen dieses gesunden maskulinen und femininen Spiels zu entwickeln. Das gesunde männliche Verlangen, den emotionalen Widerstand deiner Geliebten zu durchdringen und sie in die Liebe zu öffnen, wird zur Vergewaltigungsfantasie bzw. zu Fantasien, bei denen der sexuelle Partner kontrolliert oder dominiert wird. Das gesunde weibliche Bedürfnis, mit der Kraft der anziehenden Ekstase uneingeschränkt fließen zu können und sich als Wasser der Liebe den vertrauenswürdigen Flussufern deines Partners hinzugeben, entwickelt sich zu Fantasien, in denen du kontrolliert, vergewaltigt, gefesselt, unterdrückt und dazu gezwungen wirst, Lust zu geben und zu empfangen.

Dieses doppelte Verlangen danach, zu dominieren und dominiert zu werden, Unterwerfung zu befehlen und unterworfen zu werden, verkörpert die einfache Ausdrucksform des unbezähmbaren menschlichen Bedürfnisses, das volle Spektrum der männlichen und weiblichen sexuellen Kraft auszuagieren. Diese universellen Kräfte wohnen in jedem von uns, in Mann oder Frau, auch wenn sie am deutlichsten bei den Menschen in Erscheinung treten, die extremere männliche oder weibliche Essenzen besitzen. Es ist allerdings so, dass jeder von uns lernen kann, diese Kräfte mit unserem gewählten Intimpartner liebevoll zum Ausdruck zu bringen. Wenn wir diese natürlichen Kräfte unterdrücken, dann wird unser innerer Schaltkreis gestört. Unser Körper entwickelt Symptome der Anspannung und verschließt sich. Schließlich ertappen wir uns selbst dabei, dass wir ein Verlangen nach den extremen Versionen derselben Kräfte hegen, da sich innerhalb dieser Störungen Druck aufbaut.

Wenn es uns zu peinlich ist, unsere tatsächlichen Wünsche mit unserem oder unserer Liebsten auszuleben, dann können wir versuchen, sie aus sicherer Distanz zu erleben, ohne persönlich involviert zu sein. Vielleicht lesen wir romantische Romane oder pornografische Geschichten, in denen es um Dominanz und Unterwerfung geht. Oder wir schauen uns an, wie diese Spielarten in Film, Fernsehen oder Sexheften ausgelebt werden. Wenn wir nicht dazu bereit sind, unsere eigenen geheimen Wünsche anzunehmen und zu verarbeiten, dann wird sich unsere Faszination für erzwungenen Sex und erzwungene Lust schließlich im großen Rahmen in der Kultur manifestieren, wo sie von Menschen ausgelebt wird, die weniger unterdrückt und gestört sind als wir selbst.

Die vollständige Antwort auf die weit verbreitete Darstellung von Missbrauch, Selbstmissbrauch, Gewalt, Quälerei und Vergewaltigung in den Medien sowie die eigentliche Ausübung dieser Verhaltensweisen darf nicht nur in Betracht ziehen, ein solches Verhalten als gesetzeswidrig zu erklären. Dies ist zwar ein notwendiger erster Schritt, aber diese Wünsche und Verhaltensweisen werden sich in unserer Kultur weiter manifestieren, bis nicht nur unsere Wunden aus der Vergangenheit geheilt, sondern auch unsere tiefen spirituellen männlichen und weiblichen Sehnsüchte anerkannt und in Angriff genommen worden sind.

Letztendlich besteht ein notwendiger Teil der Lösung darin, zu lernen, unsere natürlichen Begierden gemeinsam mit einem vertrauensvollen und vertrauenswürdigen Partner in Liebe zu leben (bevor unser Verlangen krankhaft wird und sich in Form von inneren Symptomen oder äußeren Projektionen manifestiert). Dann enthüllt sich das tiefe und gesunde spirituelle Verlangen hinter dem Bedürfnis nach sexueller Dominanz und Unterwerfung: Der tiefste Wunsch des Herzens ist es, auf die Wahrheit (das Männliche) und die Hingabe in Liebe (das Weibliche) zuzusteuern, und zwar jenseits von Angst und Widerstand, hinein in das offene Vertrauen des grenzenlosen Seins.

Die folgenden Übungen können sowohl von Männern als auch von Frauen durchgeführt werden, in homosexuellen genauso wie in heterosexuellen Beziehungen. Da die meisten Leser/-innen dieses Buches heterosexuelle Männer mit einer maskulinen Essenz und heterosexuelle Frauen mit einer weiblichen Essenz sind, werde ich in den Beispielen diese geläufigere sexuelle Orientierung verwenden, um das Beschriebene zu vereinfachen. Die Übungen können jedoch von jedem wirkungsvoll praktiziert werden, egal ob Mann oder Frau, heterosexuell oder homosexuell, und zwar in Übereinstimmung mit den hier beschriebenen Prinzipien.

Wenn du ein Mann bist (oder den eher maskulinen Part übernimmst), dann versuche, mit deinem männlichen sexuellen Verlangen zu führen, zu durchdringen und deine Geliebte so tief zu verzücken, dass sie in der Liebe dahinschwindet. Falls du in deiner Fähigkeit, dies zu tun, geschwächt worden bist, ist es gut, es zu übertreiben, um mit diesem Teil von dir in Kontakt zu kommen. Übernimm für eine festgelegte Zeit die Rolle des Meisters für deine Geliebte, während sie deine Sklavin spielt. Befiehl ihr, sich auf eine Lust zuzubewegen, die größer ist als ihre und auch deine. Leite sie an, sich zu öffnen und immer mehr Liebe zu empfangen. Bestrafe sie, wenn sie nicht gehorcht. Belohne sie, wenn sie sich in deine Richtung unterwirft. Fessle sie und zwinge sie, so viel Lust zu erleben, dass ihr nur die Hingabe bleibt, da sie keine andere Wahl hat.

Natürlich ist das sowohl für sie als auch für dich eine Prüfung. Vertraut sie dir wirklich? Vertraut sie darauf, dass du sie zu größerer Lust und Liebe führst? Wenn nicht, was hat eure Beziehung dann für eine Grundlage? Bist du ihres Vertrauens würdig? Hast du auf deine eigene tiefe Wahrheit Kurs genommen, sodass du in der Lage bist, ihr Herz in seine eigene Tiefe zu führen? Achtest du auf ihre Bedürfnisse, wenn sie dir auf Gedeih und Verderb ausgeliefert ist? Kannst du ihren emotionalen und sexuellen Fluss spüren und sie daher in die tiefe Liebe und Ekstase führen? Oder bist du ein gefühlloser Trottel, ein Meister, der nicht in der Lage ist, seiner Sklavin zu dienen?

Vielleicht vertraut sie dir nicht, weil sie das nicht sollte. Vielleicht hast du in Bezug auf Liebe und Integrität noch nie die Führung übernommen und sie in eine Liebe und Offenheit gelotst, die größer ist, als sie es je erlebt hat. Jetzt ist die Zeit gekommen, um genau das zu lernen.

Wenn ihr beide dazu bereit seid, dann kehrt ihr das Spiel um, sodass die Frau die Meisterin ist und der Mann ihr Sklave. Diesmal wird dem Mann befohlen, sich auf größere Lust und Offenheit zuzubewegen. Er wird diszipliniert, bestraft und belohnt, wobei die Frau die volle Verantwortung übernimmt, damit ihr Spiel in die tiefstmögliche Ekstase und Liebe hineingelenkt wird.

Egal ob Mann oder Frau, wenn man den Sklaven spielt, bedeutet das nicht einfach, sich den Launen des Meisters zu unterwerfen. Vielmehr ist der Slave die aktive Kraft der Lust und der Verlockung. Das Stöhnen, das Sich-Winden und die verletzlichen Vertrauensbekundungen des Sklaven verleiten den Meister zu tieferer Liebe und tieferem Dienen. Der Punkt bei der Übung ist die Verstärkung und Vertiefung von Liebe, Vertrauen und Lust – wobei der verletzliche Gehorsam nur einer der Wege ist, um diese Offenheit hervorzurufen. Wenn du Sklave bist, dann erlaube deinem Körper, die Zeichen deiner Lust frei zu zeigen und dich in der ungezwungenen Ekstase zu bewegen. Lass zu, dass dein Vertrauen so vollkommen und deine Liebe so total ist, dass du im wahrsten Sinne des Wortes alles tun würdest, was deine Geliebte oder dein Geliebter will.

In vielerlei Hinsicht ist es der Sklave, der bei dieser Art von sexuellem Spiel die Souveränität innehat. Es ist die ständige Entscheidung des Sklaven, seine Kommandogewalt zu übertragen, die den Meister erst erschafft. Diese Entscheidung ist eine Entscheidung des Vertrauens und der Liebe, die im Laufe der Zeit wächst.

Wenn du als Meister oder Sklave deine Grenzen austestest, indem du dein natürliches Spiel übertreibst, dann wirst du kleine Schlupfwinkel entdecken, in denen sich dein Misstrauen und deine Unliebe verstecken. Es ist einfach, im Laufe eines normalen Tages deinen Widerstand gegen das Geben und Nehmen von Lust und Liebe zu verstecken. Aber inmitten dieses übertriebenen Spiels werden diese Begrenzungen offensichtlich. Warum vertraust du deinem Partner nicht? Welche Art von Lust fürchtest du zu erleben oder auszudrücken? Gibt es Teile deiner selbst oder deines Partners, die du nicht wirklich liebst? Vertraust du deiner eigenen Fähigkeit, deinen Partner in die äußersten Tiefen des offenen und uneingeschränkten Seins zu führen?

Wenn ihr das übt, dann könnt ihr euch durch eure Grenzen und Zweifel hindurcharbeiten. Wenn du deine Widerstände bewusst erlebst, kannst du lernen, Liebe durch sie zu atmen. Dann werden du und dein Partner in der Lage sein, Liebe, Vertrauen und Lust zum Ausdruck zu bringen – als Meister und als Sklave. Die Offenheit und der Humor eures Spiels werden nicht durch Angst behindert. Wenn der Punkt erreicht ist, an dem ihr beide frei liebt, wird die Praxis von Dominanz und Unterwerfung eurem Wachstum nicht mehr dienen. Es mag jedoch immer noch nützlich sein, gelegentlich diese Rollen einzunehmen, um der Energie eurer Partnerschaft Frische zu verleihen, wenn alte Rollen und sexuelle Spielarten zu festgelegt und mittelmäßig sind. Ein solches Spiel kann auch spontan als köstlicher Ausdruck der extremen männlichen und weiblichen Dynamik in jedem Augenblick der sexuellen Freuden entstehen.

Achte jedoch bewusst darauf, ob es zum Fetisch oder zur Besessenheit wird, egal ob du Mann oder Frau bist. Manche Männer sind beispielsweise von dem Gefühl besessen, von einer Frau sexuell dominiert zu werden. Wenn ihre Intimpartnerin für diese Art von Spiel nicht zur Verfügung steht, dann werden diese Männer sehr viel Geld dafür ausgeben, gefesselt, ausgepeitscht und gezwungen zu werden, einer sexuell dominanten Frau zu dienen. Dies ist eine übertriebene Form der gesunden Lust eine Mannes, mit seiner eigenen weiblichen Energie in Kontakt zu kommen, um zu lernen, wie man sich öffnet und der lustvollen Führung eines anderen Menschen vertraut, wie man sich frei in die Ekstase fallen lässt, ohne die Führung übernehmen zu müssen und von der Lust einer Frau gefesselt zu werden, wie man als Wasser frei innerhalb der Ufer fließt, die vom maskulinen Befehl einer dominanten Frau festgelegt wurden.

Für dieses Dominanzbedürfnis des Mannes gibt es viele Gründe: Vielleicht reagiert er auf einen spirituellen Wunsch, um einen höheren weiblichen Archetyp zu kontaktieren, dem er sich hingeben kann. Er kann die Wunden heilen, die durch kindlichem Missbrauch entstanden sind – oder aber sich darin suhlen. Er will vielleicht einfach nur seine Position verändern, weil er im Büro den ganzen Tag lang einseitig in seiner männlichen Rolle gefangen ist.

Was auch immer der Grund sein mag: Er hat ein starkes Bedürfnis entwickelt, sich auf Kommando eines anderen Menschen zu entspannen und zu öffnen. Er möchte spüren, dass er kontrolliert, beherrscht und von einer Partnerin genommen wird, der er vertrauen kann. Er möchte das Gefühl haben, dass er zur Hingabe an die Lust gezwungen wird. Er möchte es genießen, einer Liebeskraft zu gehorchen, die noch männlicher ist als er selbst. Anschließend möchte er seinen eigenen Willen entspannen, sich in Ekstase hingeben und dorthin fließen, wohin er gelenkt wird. Ist er homosexuell, dann wird er das Spiel mit einem anderen Mann spielen wollen. Wenn er heterosexuell ist, dann will er sich dem Kommando einer dominanten Frau unterwerfen.

Dieses Spiel kann natürlich und gut und gesund sein – wenn es gelegentlich stattfindet und von Humor, Vertrauen und Liebe geprägt ist. Aber wenn ein Mann (oder eine Frau) nach diesem Spiel süchtig wird, wenn er davon abhängig ist, um sexuell erregt zu werden, dann muss er seinen Spleens und absonderlichen Veranlagungen ins Auge sehen, die ihn sein übertriebenes Verlangen lebendig halten. Vielleicht besitzt er eine echte weibliche Essenz und dies ist die einzige Art und Weise, auf der er sich gestattet, sie auszudrücken. Vielleicht hat er vor seiner eigenen starken männlichen Kraft Angst und muss sie daher nach außen projizieren und sie von jemand anderem empfangen. Vielleicht ist er es leid, ständig selbst die Entscheidungen treffen zu müssen, und möchte es jetzt genießen, zur Abwechslung der Führung eines anderen Menschen zu folgen. In jedem Fall besteht ein großer Unterschied zwischen der Besessenheit, die einen süchtig macht, und einem Spiel, das eine erfrischende und verjüngende Wirkung hat.

Das Spiel von Dominanz und Unterwerfung besitzt nur dann eine wirklich erholsame und stärkende Wirkung, wenn es beide Liebende dazu bringt, ihre Liebe über ihre vorhandenen Begrenzungen hinaus auszudehnen. Mit Übung lernt der dominierende Part, die völlige Verantwortung dafür zu übernehmen, beide Teilnehmer in die andächtige Hingabe zu lenken: Erst geben sie sich einander hin und dann geben sie sich durch den anderen hindurch der offenen Liebe hin. Der dominierende Partner lernt, das sexuelle Spiel zur göttlichen Hingabe hinzulenken, und nicht einfach nur in die Richtung egoistischer Lustbefriedigung. Der Wunsch, einen Liebenden vertrauensvoll in ganzkörperlicher Ekstase zu seiner Herzenshingabe zu führen, ist das eine – aber das selbstherrliche Bedürfnis, jemanden zu kontrollieren, um sich stark zu fühlen, ist etwas ganz anderes.

So wie der dominierende Partner liebevolle oder selbstsüchtige Motive haben mag, kann es auch bei demjenigen sein, der sich unterwirft. Menschen, die sich schlichtweg selbst erniedrigen, erfüllen nicht die tiefste Verantwortung des Ergebenen. Sich in voller Liebe und Vertrauen zu ergeben, kann eine Geste des furchtlosen und ermächtigten Einvernehmens sein statt ein Ausdruck von Selbsthass oder Entsagung.

Die Kraft steckt im Fluss, selbst wenn sich dieser unterwirft und den Ufern folgt. Wenn du bewusst als Sklave agierst, verleiht deine ständige Entscheidung, deinem Partner die Befehlsgewalt zu übertragen, dem Spiel die Dynamik. Deine Bereitschaft, vollkommen ungeschützt zu sein, vertieft das Vertrauen zwischen euch. Wenn du verletzliche Lust zeigst, dann lockt das deinen Partner in eine größere Verantwortung und Sensibilität hinein. Den Sklaven auf eine gesunde und aufrichtige Weise zu spielen, bedeutet, dass man eine Dynamik tiefer Liebe entwickelt und sich dem Meister nicht unterlegen fühlt. Ja, im sexuellen Spiel gehorchst du einem Meister, dem du vertraust. Aber dies ist ein Akt der mächtigen Liebe und kein Akt der Schwäche. Die Rolle des Untergebenen einzunehmen, bedeutet, der Fluss zu sein, dessen Kraft der Offenheit und Strom der Liebe die Ufer formt, auch wenn der Fluss den Ufern folgt.

Ein schwacher Mensch hat Angst davor, Liebe zu verlieren, und wird daher einem Partner in der Hoffnung gehorchen, dass er Sicherheit in der Beziehung erlangt. Ein schwacher Mensch gehorcht in der Hoffnung, geliebt zu werden. Aber ein starker Mensch erkennt, dass die höchste Daseinsform auf Erden darin besteht, ein Diener zu sein. Wir sind hier, um einander zu dienen. Wir sind hier, um unserem oder unserer Geliebten zu dienen, was bedeutet, dass wir unseren Geliebten oder unsere Geliebte durch Lust heilen und ihn oder sie durch Liebe erleuchten. Ein solcher Diener ist ein Sklave der göttlichen Liebe, und er wird alles dafür tun, um einen Partner oder eine Partnerin in die entspannte Offenheit zu führen, in der er oder sie sich völlig in der Liebe verliert und in göttlicher Fülle kommuniziert. Das ist die wahre Unterwerfung: die Vereinigung in göttlicher Liebe und die Hingabe an die Offenheit des Seins selbst.

Das ungesunde Spiel von Meister und Sklave reduziert jeden Partner auf eine enge Rolle in der Hoffnung, das Selbstbild des Ego zu befriedigen, während man sich einen Partner sichert, der sich mit selbstsüchtigem Bedürfnis an einen bindet. Auf der anderen Seite stärkt das gesunde Spiel von Dominanz und Unterwerfung immer die gegenseitige Anerkennung der göttlichen Natur der Partner und erweitert ihre Fähigkeiten, sich auf die totale Kommunikation von Liebe, Respekt, Mitgefühl, Lust und Vertrauen einzulassen – ob nun sexuell oder in anderen Bereichen.

Dem Prozess der sexuellen Vertiefung dient alles, was das bewusste Spiel des Männlichen und Weiblichen vertieft, das Eindringen und das Empfangen, das Nehmen und das Sich-Hingeben, der Befehl zur Liebe und der Gehorsam der Liebe gegenüber. Alles, was es dir und deinem bzw. deiner Geliebten ermöglicht, euch in eine größere Seinstiefe hineinzubewegen, sich noch voller hinzugeben – vorbei an eurem gesellschaftlichen Gefühl der Selbstkontrolle und hingebungsvoll in den Wehen der rückhaltlosen Vereinigung und der liebevoller Offenheit ruhend –, alles, was eine solche Vertiefung ermöglicht, wird euch beiden dienen.

Warum dich verteidigen, wenn dein Wunsch nur darin besteht, Liebe zu geben und zu empfangen? Warum dich zurückhalten, wenn du nur die Freiheit haben möchtest, jemanden zu beglücken und in Liebe beglückt zu werden? Nutze gemeinsam mit deinem engagierten Intimpartner die Praxis der Dominanz und Unterwerfung auf humorvolle und sanfte Weise, um deine Bereiche der Angst auszuloten und in der bewussten Leidenschaft beim Rollenspiel des männlichen und weiblichen Liebeschenkens in eine noch größere Tiefe vorzudringen.

21
Nimm deine dunkelsten Sehnsüchte in Liebe an

Welche Aspekte deiner „dunklen“ Energien du auch immer in dir selbst ignorierst – du wirst sie wahrscheinlich in die Welt projizieren. Ständig wirst du mit den Energien konfrontiert sein, die du am meisten fürchtest, ob in dir selbst oder in anderen, bis du gelernt hast, inmitten von ihnen zu lieben. Lerne deshalb, dein gesamtes Spektrum der menschlichen Energie liebevoll anzunehmen, ob dunkel und hell, aggressiv und sanft. Auf diese Art und Weise wirst du dein exzessives Bedürfnis stillen, die aggressiveren und zornigeren Aspekte des menschlichen Energiespektrums erleben zu müssen – bei anderen und in den Unterhaltungsmedien –, weil du tiefe Schlucke genommen und deine eigenen dunklen Energien in Liebe verdaut hast.

Wenn du mit deinem Partner beim sexuellen Spiel pseudogewalttätiger Situationen offen in der Liebe verweilen kannst, dann wirst du die Gewalt nicht mehr so faszinierend finden, wenn du sie aus Büchern, Kinofilmen oder dem Fernsehen kennst. Indem du mit diesen Erfahrungswerten in Liebe mit deinem Partner spielst, wirst du weder die Unterhaltungsmedien noch andere Menschen – die sogenannten „Bösen“ – dazu verpflichten, die Energien aufzuweisen, die du fürchtest, in dir selbst zu verkörpern und zu besitzen.

Indem wir die bewusst zornvollen und liebevoll aggressiven Aspekte unserer selbst genießen, reduziert sich unser Verlangen, ausbeuterische Fernsehshows über unnötiges menschliches Leiden und Aggression, Serienmörder und Gewalttragödien anzuschauen, um unser Bedürfnis nach dem vollen Spektrum menschlicher Energien zu befriedigen. Dann können das Fernsehen und andere Formen der Unterhaltung unsere tiefsten Wahrheiten und unsere Kreativität frei inspirieren, anstatt ausschließlich als verleugnete Erweiterungen unseres Nervensystems zu dienen, die auf Armeslänge die „aggressiveren“ und „als Opfer gestraften“ Eigenanteile an uns zurückschicken, die wir nicht anzunehmen und in unserem eigenen bewussten Herzen umzuwandeln bereit sind.

Unsere Faszination für und der Widerstand gegen dunkle, gewalttätige Geschichten von Missbrauchsopfern und -tätern verpuffen, wenn wir liebevoll beide Rollen, die des Opfers und des Täters, mit dem Humor der Liebe spielen können. Wenn ein plötzliches Verlangen, „genommen zu werden“ oder „zu nehmen“, in uns auftaucht, dann befriedigen einige Momente spielerischer Balgerei im Bett unsere natürliche Sehnsucht, diese dunkleren, beängstigenderen und faszinierenderen Aspekte der natürlichen menschlichen Energie zu erleben.

Die Tragödien von Missbraucher und Missbrauchtem oder Täter und Opfer sind niedere Versionen unseres spirituellen Verlangens, uns in die Offenheit hineinfallen zu lassen oder uns der Liebe hinzugeben. Die tragische Form der „Unterhaltung“ ist normalerweise ein dunkles Spiel mit unserer essenziellen Sehnsucht und unserer essenziellen Angst: der Tod, der sich anfühlt wie Loslassen oder Sich-Hingeben.

Du kannst deine dunklen Sehnsüchte als gelegentliche und extreme Ausdrücke deines tiefen Wunsches nach dem Tod des Ego oder spiritueller Hingabe erkennen, die auf zwei Arten, nämlich männlich und weiblich, praktiziert werden.

Auf die männliche Art praktizierst du den Tod des Ego, indem du alles loslässt, an dem du festhältst, und einfach dein Verlangen nach Trost und Komfort weiter wahrnimmst, während du entspannst und in das Unbekannte stirbst, in den freien Fall des ungesicherten offenen Seins, von Augenblick zu Augenblick. Auf die weibliche Art praktizierst du diese freiwillige Hingabe jenseits der Angst, indem du dich als uneingeschränkte Bereitschaft entspannst, von Liebe durchdrungen, übermannt und verzückt zu werden, und zwar in Liebe und als Liebe, sodass ein jegliches Gefühl von Selbst mit Ausnahme der Liebe in der Fülle der Liebe ausgelöscht wird.

Der Tod des Ego oder die spirituelle Hingabe kann erschreckend sein. Es erfordert, dass wir uns bis in unseren tiefsten Kern bewusst werden, dass jeder Augenblick des Lebens ein vorübereilendes Trugbild der Sicherheit ist. Alles, an dem wir festhalten – von unserer wertvollen Unabhängigkeit bis hin zu unserer zauberhaften Familie –, ist dem Wandel unterworfen und wird früher oder später für immer verschwinden. Alles und jeder stirbt, auch wenn wir gegen diese Tatsache ankämpfen. Wir leben im Stress, denn auch wenn wir gegen den Tod ankämpfen, so wissen wir doch, dass er uns erwartet, in Versuchung führt und uns in jedem Augenblick bedroht. Die Auflösung ist unser offenkundiger physischer Schrecken und unsere geheime spirituelle Hoffnung.

Wenn wir wirklich feinfühlig sind, können wir tatsächlich spüren, dass sich unser Erleben in diesem Augenblick wie in einem Traum ziemlich weiträumig oder transparent anfühlt, zugleich auch echt und unlogisch, völlig unnötig, selbst wenn es weitergeht. In gewisser Weise ist es so, als wären wir schon tot. Diese totale Offenheit ohne irgendeine Sache oder irgendeinen Körper, von der oder dem man letzten Endes abhängig ist, ist genau so, wie es ist. Gleichzeitig ist es das, was wir am meisten fürchten.

Die meisten Menschen erkennen intuitiv die Vergänglichkeit des Lebens und den letztendlich vergeblichen Versuch, an etwas festzuhalten, einschließlich am Leben selbst. Vielleicht versuchen sie es zu vermeiden, darüber nachzudenken, aber tief in ihrem Inneren wissen sie, dass letztendlich nichts anderes als die Liebe zählt. Liebe ist die offene Natur genau dieses Augenblicks. Sie ist die ausgedehnte Fülle, die als das essenzielle Wesen eines jeden Menschen fortbesteht. Die meisten Menschen erkennen intuitiv ihr spirituelles Bedürfnis, alles für diese Liebe hinzugeben, zu „sterben", um als diese Bewusstseinsfülle und dieses offene Wesen „wiedergeboren" zu werden. Wenn die Menschen ihren Alltag nicht auf der Grundlage dieses Hingabebedürfnisses leben und sich nicht in ihrem spirituellen Leben unmittelbar und bewusst in diesen „Tod" entspannen, dann findet ihr natürliches Bedürfnis nach Hingabe oder „Tod" in sexuellen Fantasien ihren Ausdruck.

Eine der am meisten verbreiteten weiblichen sexuellen Fantasien besteht darin, dazu „gezwungen" zu werden, sich der Lust und Liebe hinzugeben, und das hoffentlich durch einen sensiblen und mitfühlenden Liebhaber. Eine der am meisten verbreiteten männlichen sexuellen Fantasien besteht darin, zu spüren, wie sich eine Geliebte hingibt und sich der Aufforderung hingeben will, sich in Lust und Liebe zu öffnen.

Des Weiteren ist das Männliche in uns allen vom „Tode" besessen, und zwar in Form gewalttätiger oder lebensgefährlicher Situationen, ob im Kino oder beim Sport. Es ist unser tiefstes männliches Bedürfnis, das Gefühl der Selbst-Getrenntheit in eine glückselige Offenheit und Freiheit zu entlassen. Dies ist der „Tod", nach dem sich das Männliche wahrhaft sehnt. Es will alle Begrenzungen „durchbrechen" und in die Freiheit des Grenzenlosen eingehen.

Aber da die meisten von uns die Glückseligkeit der direkten spirituellen Hingabe nicht gewöhnt sind, finden wir uns mit ersatzweisen Durchbrüchen ab. Anstatt unsere Angst zu durchbrechen und in unser natürliches stressfreies Wesen „zu sterben", finden wir es überaus spannend, wenn eine Verteidigungslinie durchbrochen und ein gegnerisches Fußballteam „gekillt" wird. Vielleicht verbringen wir Jahre damit, unser Leben auf die Freiheit nach dem Höhepunkt auszurichten, wenn wir den finanziellen „Hauptgewinn" oder den philosophischen „Durchbruch" geschafft haben. Sex ist wahrscheinlich der Bereich, in dem das Männliche am häufigsten fälschlicherweise danach strebt, Widerstände zu durchbrechen, Stress aufzulösen und in die glückselige Offenheit zu sterben.

Gewalttätige Herausforderungen und Todesgefahr üben auf das Männliche in uns häufig einen sexuellen Reiz aus, statt uns an unser unvermeidliches Bedürfnis nach spiritueller Hingabe in das offene Sein zu erinnern. Wenn das Ganze keine spirituelle Unterstützung erfährt, dann wird dieses Bedürfnis häufig im Bett ausagiert: Das Männliche in uns will entweder unsere Anspannung durchbrechen und sich dem todesähnlichen Loslassen beim Orgasmus hingeben oder die Spannung unseres Partners durchbrechen und spüren, wie sie oder er sich sexuell hingibt. Oder wenn möglich beides.

Das Weibliche in jedem von uns wünscht sich ebenfalls, dass man es in die Liebe verschwinden lässt oder „ermordet", aber dies soll über die Fülle statt über den Durchbruch und das Loslassen erfolgen. Das Weibliche in uns will sich in der Fülle der überwältigenden Liebe verlieren. Aber wenn wir uns nicht direkt hingeben und als die tiefe Fülle der Liebe öffnen wollen, die die Natur unseres ganzen Seins verkörpert, dann könnte unser weiblicher Anteil vielleicht versuchen, uns „bis zum Tod" mit „Liebe" abzufüllen, und zwar in Form von Schokolade, Shopping, Gesprächen und Kindern.

Schokolade ist lecker. Fußball ist spannend. Familie und Freunde sind etwas Wundervolles. Aber wenn wir sie als Ersatz für die Erfüllung verwenden, die nur stattfindet, wenn wir uns als die wahre Offenheit unseres ganzen Seins entspannen, dann werden wir sie nie wirklich erlangen. Es fühlt sich immer so an, als fehle etwas. Wir fühlen uns nicht von absoluter Liebe erfüllt. Wir fühlen uns nicht in die absolute Freiheit entlassen. Unerfüllt und angespannt beginnen wir, nach dunkleren, niederen Versionen von Liebe und Freiheit, von Fülle und Loslassen zu suchen.

Sex und Tod erinnern uns kraftvoll an das zentrale spirituelle Bedürfnis von Männern und Frauen, alles Festhalten loszulassen und einfach zu sein, ungebunden und ungeschützt in tiefer Liebe, frei in der natürlichen Offenheit dieses Augenblicks. Das Bedürfnis nach Liebe und Freiheit – Liebe zu sein, vollkommen frei und offen – treibt uns alle an. Das Weibliche in jedem von uns möchte bis an den Punkt der glückseligen Hingabe von Liebe erfüllt sein, und das Männliche in jedem von uns will bis an den Punkt der glückseligen Auflösung in die Freiheit entlassen werden.

Ob wir nun Schokolade oder Sport dazu nutzen, Shopping oder Glückspiel, heilige Tänze, Meditation oder Orgasmen, wir streben danach, uns hinzugeben und uns in der Freiheit der unbegrenzten Offenheit zu verlieren, völlig befreit von Stress. Über das Weibliche oder Männliche streben wir danach, die Auslöschung in der Fülle oder die Auflösung in der Leere zu erleben. Und beim Sex erlauben wir uns am häufigsten diesen lustvollen „Tod" – oder wir haben Angst, es selber zu tun, und befriedigen daher unsere Begierden, indem wir nach deren niederen und manchmal verzerrten Versionen im Fernsehen, im Kino und in Büchern verlangen.

Was kannst du tun, um zu lernen, inmitten dunkler Energie frei als Liebe zu verweilen? Wie kannst du die Tiefe sexueller Fülle oder das

Loslassen erleben, das du dir wirklich wünschst? Als Sexualpraktik kannst du mit einem vertrauenswürdigen Partner deine verschiedenen dunklen Energien ausspielen. Verwendet abscheulich schmutzige Ausdrücke. Tragt ein Lederdress und Ketten. Reißt euch gegenseitig die Kleider vom Leib. Tauscht die Rollen und tut spielerisch so, als würdet ihr euch gegenseitig erwürgen. Aber tut das alles im Fluss der Liebe.

Während du mit diesen dunklen Energien spielst, atmest du voll und tief (und lässt die Energie entlang deiner Wirbelsäule spiralförmig aufsteigen und sich auf der Vorderseite deines Körpers spiralförmig nach unten bewegen, wie in meinem Buch *The Enlightened Sex Manual* (Deutsch: *Erleuchteter Sex*, Goldmann) beschrieben), während du Liebe aus den Tiefen deines Seins gibst und empfängst. Denkt daran, achtsam zu sein. Ihr versucht nicht, einander wehzutun, sondern ihr lernt, Liebe zu geben und zu empfangen und bis auf den tiefsten Wesenskern offen zu bleiben, während ihr bewusst die dunklen, aggressiven oder tödlichen Aspekte menschlicher Energie genießt, die ihr sonst eher verleugnet.

Während du für die Bedürfnisse und gewählten Grenzen deines Partners sensibel bleibst, übe dich darin, etwas vorzutäuschen und mit deinen dunkelsten sexuellen Energien zu spielen. Tut so, als wärt ihr „Vergewaltiger" und „Vergewaltigte". Tut so, als wärt ihr „Eindringling" und „Opfer". Agiert diese dunklen Energien voller Liebe, Humor und Verspieltheit aus. Die Stimmung sollte leidenschaftlich und wild sein, aber auch außerordentlich sensibel und liebevoll.

Wenn du diese dunklen Energien zum Ausdruck bringst, denke immer daran, durch alle entstehenden Anspannungen zu atmen, ob sie emotionaler oder körperlicher Natur sind. Sorge dafür, dass dein Bauch und deine Brust weich, offen und voller Energie bleiben. Bleib emotional mit deinem Partner verbunden und übe immer, ihn aus deinem Herzen heraus zu spüren. Biete dem tiefen Wesen deines Partners aus der Tiefe deines Seins heraus deine tiefste Liebe an und empfange die Liebe deines Partners, während du auch sexuell mit diesen dunklen Energien spielst.

Im Laufe der Zeit wirst du Folgendes feststellen: Wenn du gelernt hast, offen, liebevoll und voll präsent zu bleiben, während du diese dunklen Energien beim Sex spielerisch zum Ausdruck bringst, wird sich deine Fähigkeit steigern, auf die Fülle deiner Kraft im Laufe des Tages zuzugreifen. Anstatt dich von den dunklen Energien abzuspalten, lernst du, sie anzunehmen, Kraft aus ihnen zu schöpfen und sie zum Wohle aller einzusetzen. Schließlich sind diese dunklen Energien häufig das, was wir gesellschaftlich ablehnen, aber heimlich begehren oder von dem wir fasziniert sind. Warum sollten wir also nicht lernen, sie in Liebe zu handhaben, um sie der Liebe willen zu verstärken?

Indem wir lernen, offen zu bleiben, während wir unsere innerlichen Energien zum Ausdruck bringen, lernen wir auch, offen zu bleiben, wenn die dunkleren Energien des Lebens uns von außen begegnen. Kraftvoll und humorvoll können wir direkt dem Leben entgegentreten, ohne uns vor den gewalttätigen und aggressiven Energien zu verstecken, die so zahlreiche Aspekte unserer jetzigen Welt charakterisieren. Diese dunklen Energien sind nicht wirklich von uns getrennt. Sie sind ein Teil von uns allen. Und wir müssen lernen, inmitten von ihnen Liebe zu geben und zu empfangen – sonst regiert das Dunkle ohne Liebe.

Wenn unser Herzenswunsch, unseren Partner liebevoll zu verzücken, unbewusst wird und sich von der Liebe abkoppelt, verkommt er zu einer Vergewaltigungsfantasie oder dem Bedürfnis, von der Gewalt gegen das Weibliche „unterhalten" zu werden. Wenn unser Herzenswunsch, liebevoll von unserem Partner niedergehalten und genommen zu werden, unterdrückt und von der Liebe abgekoppelt wird, wird er zur Selbstsabotage und einem oft unbewussten Verlangen, das Opfer der männlichen Kraft zu werden und dessen Verletzungen zu ertragen.

Wenn wir es uns nicht gestatten, unserem Geliebten liebevoll die Handschellen anzulegen und von ihm die Handschellen angelegt zu bekommen, wie zwei verspielte Tiger, die sich im Bett balgen, dann baut sich im Laufe der Zeit unsere Aggression auf. Wir sind nicht mehr mit unserem Herzen verbunden, unsere Aggression kann zur lieblosen Wut verkommen, als Missbrauch von anderen nach außen getragen (auf die männliche Art) oder als Selbstmissbrauch nach innen ausgedrückt werden (auf die weibliche Art).

Anstatt uns von den Aspekten unserer tiefsten Herzenswünsche abzukoppeln, ist es besser, das gesamte Spektrum der menschlichen

Energie anzunehmen und zum Ausdruck zu bringen: das Dunkle und das Licht, und zwar mit großem Respekt und unbändiger Liebe. Wir müssen lernen, kraftvoll als Liebe einzustehen und Liebe aus den Tiefen unseres Seins zu geben und zu empfangen, selbst inmitten von dunklen Energien. Dann finden Missbrauch und Selbstmissbrauch ein Ende. Entfremdete Versionen unseres wahren Verlangens entspannen sich in einem „Willkommensgruß" der Liebe: Die blinde Aggression entspannt sich als sanfte Leidenschaft, die Opferrolle entspannt sich als furchtlose Liebe und Hingabe; und der Kitzel des Todes entspannt sich als Verehrung des freien Bewusstseins.

TEIL 4

Erinnerungen

22
Ehre die weibliche Inspiration

Wenn ich sie ansehe, verfalle ich in Ehrfurcht: ihre Schönheit, ihre Üppigkeit, ihr Lächeln, ihre Augen voller Liebe. Sie macht mein Leben lebenswert.

Wenn ich sie ansehe, schrecke ich zurück: ihre Hässlichkeit, ihr Widerstand, ihre Wut, ihre Bedürftigkeit. Durch sie wird mein Leben zu einer unendlichen Bürde.

Sie macht mich verrückt. Ich würde alles für sie tun, mein Leben für sie geben. Dann wieder will ich mich von ihr fernhalten, von ihren ständigen emotionalen Schwankungen.

Insgesamt inspiriert mich nichts mehr als sie. Ihre Attraktivität zieht mein Herz, meinen Körper und meinen Geist zu ihr hin. Ich will sie nehmen, mit ihr schlafen und tief in sie eindringen, bis wir in Liebe kopfstehen.

Wenn ich eine strahlende Frau auf der Straße sehe, dann zeigt sich plötzlich das helle Licht der Welt, und meine Mühsal verwandelt sich sofort in Entzücken. Ihre Attraktivität erfüllt mich mit Leben und Energie und weckt meine Freude.

Und trotzdem ist das nicht genug. Sie ist die leckerste Frucht, Frau. Aber was soll's? Und deshalb ist es auch ihre Unzulänglichkeit, die mich durch den äußeren Schein anzieht. Ihre Lippen, ihre Beine, ihre Erscheinung sind nicht genug. Ihr Geist, ihr Lachen, ihre Umarmung sind nicht genug. Letztendlich ist ihre Liebe nicht genug. Ich bin unbefriedigt.

Zuerst von ihr in jeder Hinsicht angezogen – Sex, Gespräche, Lachen, Liebe –, finde ich mich enttäuscht in der Falle wieder. Ich möchte losziehen, eine saftigere Frucht ernten, aber ich tue es nicht. Jetzt ist sie hässlich, gefährlich und von giftigem Hass erfüllt, und ich bin ausgetrickst worden und hänge fest.

Diese Sache mit den Frauen verläuft im Nichts. Und im Spagat zwischen Verlangen und Unzufriedenheit bin ich gezwungen, meine Hoffnung direkt durch die Oberfläche dieses Augenblicks aufzugeben. Es gibt keinen Ausweg; nur das Wiedererkennen, das aus absoluter Frustration geboren wird, vor Ort, genau hier und jetzt.

Keine Bewegung bringt mich ihr wirklich näher oder entfernt mich von ihr, auch wenn ich in meiner Dummheit davon träume, den Busen ihrer Liebe zu erlangen. Aber sie knurrt selbst in meinen Alpträumen. Sie ist alles, die Welt, jede mögliche Welt, jede Belohnung und Bestrafung. Sie ist alles, was ich will, und alles, was ich vermeiden will.

Frau. Sie bewegt meinen Geist, meinen Körper und mein Herz. Sie erfüllt meine Fantasien. Sie bringt mich zum Heulen. Sie erweckt den Dichter in mir. Sie schenkt mir vollkommene Augenblicke. Grässliche Augenblicke. Und ich denke immer noch an sie.

Ich erkenne, dass ich nie so viel von ihr bekommen kann, als dass ich jemals nicht noch mehr haben wollte. Genauso wenig kann ich von ihr loskommen und mit ihr abschließen. Ich tue nichts, und keine Bewegung, die mich näher zu ihr hin- oder weiter von ihr wegbringt, verändert irgendetwas Grundlegendes. Ich kann sie nicht bekommen oder ihr entkommen, weil – so plötzlich ist es offensichtlich – ich sie bin.

Ich versuche, anders als sie zu sein, damit ich einen Grund habe, zu leben, ein kleines Vergnügen, auf das ich mich freuen kann, eine Angst, die ich besiegen muss. Aber sie hat mich in der Enge meiner eigenen Bemühungen eingekesselt. Jeder Versuch, den ich unternehme, klingt nur nach Hoffnung und nach Angst, aber ändern tut sich nichts. Sie lacht mich aus, liebt mich, hasst mich, ich bin ihr egal. Nichts bedeutet ihr etwas. Bedeutung ist das Aroma meiner eigenen Suche. Und gewöhnlich ist sie die Bedeutung.

Sie ist die Karotte, nach der ich schnappe, während ich das andere Ende des Stocks halte. Je näher ich komme, desto weiter entfernt sie sich. Wenn ich denke, ich habe sie, dann will ich mehr, ich will es anders, und wieder ist sie knapp außerhalb meiner Reichweite. Wenn ich sie nicht will, dann ist sie überall, unvermeidlich. Ich komme nicht weg. Es gibt keine Wahl. Es ist endlos. Und so verweile ich an meinem Platz und höre auf, mich nach ihr auszustrecken. Ich höre auf, hin- oder wegzurennen. Mein Spiel, das alles oder nichts bedeutet, ist vorbei.

Plötzlich verschwindet ihr Hin- und Hergezerre. Sie steht da, bewegungslos, als meine Erfahrung, jeder Stich von Furcht und Geheimnis faltenlos glättet. Ich spüre in sie hinein, und streife ihren Körper wie eine Haut über. Ihre Leere ist mein Zuhause. Ich biete mich über ihre Form an.

Das Weibliche in all seinen Formen ist die eigentliche Inspiration: Erde, Schönheit, Ozean, Musik, Licht, die Freundin deines besten Freundes. Sie ist eine Muse. Sie weckt Verlangen, Angst und Mühe. Unter sexuellen und kreativen Gesichtspunkten betrachtet ist sie die Triebkraft des Lebens. Frauen und Männer werden gleichermaßen von ihr angezogen. Gedichte werden verfasst, Kriege geführt, Monumente errichtet, Ehen begonnen und beendet – für sie. Aber irgendwie entzieht sie sich unserem Zugriff.

Die weibliche Form verkörpert unvergleichliche Schönheit für Männer und Frauen gleichermaßen. Alles aus der Natur kommt in ihrem Körper zusammen, ihre Launen, ihre Energie. Wir müssen die Weiblichkeit in ihrer vollen Pracht ehren, dunkel und hell, ohne uns in ihr zu verlieren. Sie ist ultimativ attraktiv, ganz Bewegung und Farbe.

Wir können uns vor ihr verneigen, während wir das Geheimnis kennen. Wir können sie genießen und mit ihr und durch sie hindurch Liebe machen. Ihr Lächeln kann uns weiterhin inspirieren und mit Glück erfüllen. Wenn wir aber nicht verstehen, wer sie wirklich ist, dann werden wir sie nur fürchten und begehren. Wir werden sie verletzen, verleugnen, ausbeuten, vor ihr flüchten. Alle Männer und Frauen lechzen entweder nach ihr oder wenden sich von ihr ab – in jedem Augenblick. Es sei denn, sie sind in Liebe eins mit ihr, spüren durch ihre leuchtende, prächtige, endlose und leere Form hindurch und nehmen sich als diese wahr. Und Sex ist der Inbegriff dieser Praxis.

23 Verbinde sexuelle Energie mit Bewusstsein

Als ich im Wohnzimmer stehe, springt sie auf mich auf und presst ihre Beine um meine Taille. Sie küsst mich mit feuchtem offenem Mund, ihre Zunge sucht nach meiner, während ihre Hände meinen Hintern packen und mich näher zwischen ihre Beine ziehen. Zwischen ihren Küssen grunzt sie und will mich, sie bettelt mich an mit ihrem Stöhnen und ihrem hungrigen Körper.

Einen Augenblick lang bin ich in ihrer Energie verloren. Sie ist so wunderschön, und durch ihre Lust werde ich heiß auf sie. Ihre wilde Energie bringt mich in Fahrt, und augenblicklich werde ich zu ihrem Lustgefährten, reibe mich an ihr, schiebe meine Zunge an ihren Zähnen vorbei in ihren Mund hinein und möchte noch tiefer in sie eintauchen.

Aber das ist nicht genug. Es fühlt sich leer an. Oberflächlich. Pure Lust ohne Tiefe macht zwar Spaß, ist aber letztendlich langweilig. Ich will sie, daran besteht kein Zweifel. Aber ich will sie geil und tief, und nicht nur geil. Und ich erwarte das Gleiche von mir. Also bringe ich meine Lust mit meinem Bewusstsein in Einklang.

Ich spüre durch ihre feuchten Lippen hindurch, durch meine härter werdende Erektion, ihr seidiges Stöhnen. Ich spüre durch die Hitze der Bedürftigkeit hindurch, die wilde Energie, die uns beide aneinander bewegt. Mein Atem wird tiefer. Mein Gesicht entspannt sich. Mein Bauch dehnt sich kraftvoll aus, und sie spürt es, so als ob mein Körper von

Kopf bis Fuß zu einem großen Bewusstseinsphallus geworden wäre. Sie bäumt sich weiter gegen mich auf, während ich mich mehr im offenen Gewahrsein verwurzle.

Ihre Energie beginnt, sich auf mein Bewusstsein auszurichten. Sie kann spüren, dass ich nicht in der Energie verloren bin, sondern voll, frei und in Liebe dastehe. Ich unterdrücke weder ihre noch meine Energie. Ich bin immer noch völlig lebendig. Sogar noch lebendiger als zuvor. Noch energischer in meiner sexuellen Präsenz. Aber ich wirble nicht in ihrer Ekstase. Es ist eher so, dass ihre Ekstase von meinem Bewusstsein durchdrungen wird. Sie scheint es zu lieben.

Nach einigen Minuten beginne ich, mich auf meinen Atem zu konzentrieren. Ich ziehe die Luft nach dem Einatmen auf der Körpervorderseite nach unten, fülle meinen Bauch, versenke meine Füßen im Boden und atme dann die Kraft über unsere Wirbelsäulen aus, sodass wir beide oben im Raum des ausgedehnten Lichts schweben.

Sie scheint jedoch zu spüren, dass ich zu mechanisch geworden bin. Statt in ihrer Energie habe ich mich in meiner Technik verloren. Also bewegt sie ihren Körper gegen meinen, beißt mich ins Ohr und macht die erotischsten Töne, die man sich vorstellen kann.

Ihr verstärkter Ausdruck des Entzückens erweckt mich aus meinem mechanischen Eifer. Ich erkenne, dass ich mich tatsächlich in der Begrenztheit meines Ziels versteckt habe. Ich habe meinen Körper zugunsten von Ziel und Praxis verlassen. Ich habe Lust und Liebe vergessen. Aber jetzt hat sie mich daran erinnert: Bewusstsein ohne Energie ist für sie langweilig. Trocken. Starr.

Also entspanne ich meine angestrengte Technik und bewohne jede meiner und ihrer Körperzellen. Ich spüre in sie hinein. Ich gebe mich der Offenheit ihrer Liebe hin und umarme die Energie ihrer Lust. Ich atme die Kraft des Bewusstseins in sie hinein und durch sie hindurch. Dabei wird mein Herz durch die Kraft ihrer sinnlich liebevollen Verkörperung geöffnet, und ihr Herz wird von der Invasion meines unbeugsamen Gewahrseins geöffnet.

Bewusstsein und Energie müssen immer gemeinsam lieben, oder wir verlieren uns entweder in trockener Praxis oder feuchter Ekstase. Die Grundregel lautet: Bringe Energie mit Bewusstsein in Einklang und übertrage das Bewusstsein durch die Energie.

Ohne Bewusstsein regiert eher die Energie. Sex reduziert sich auf reine Sinnlichkeit und Lust, ohne dass die selbstlose Liebe und die tiefe Wahrheit anerkannt werden. Ohne Energie wird bewusster Sex zu einer kopfgesteuerten, steifen, technischen Gewahrseinsübung, die fast klinischen Charakter besitzt. Anstatt diese typischen weiblichen und männlichen Fehler zu machen, bringe die Energie immer mit Bewusstsein in Einklang und übertrage Bewusstsein durch die Energie.

Im Allgemeinen neigt das Männliche in uns dazu, sich beim Sex in Gedanken und Fantasien zu verlieren. Das Weibliche in uns allen tendiert dazu, sich in körperlichen Empfindungen und Emotionen zu verlieren. Um als Liebende zu wachsen, solltest du üben, dein Herz weit geöffnet zu halten, im mühelosen Bewusstsein des tiefen Seins zu entspannen und der Energie zu erlauben, während der gesamten sexuellen Begegnung frei zu fließen. Wenn dein Partner oder deine Partnerin entweder aufgrund einer klinischen Technik oder einer sinnlichen Ekstase abdriftet, dann hilf ihm oder ihr, in die Fülle zurückzukommen, indem du ihm oder ihr deine tiefe Energie oder dein tiefes Bewusstsein anbietest.

Vereinige Bewusstsein mit Energie, ohne das eine oder andere zu begrenzen. Im Gegenteil, verstärke beides über alle Grenzen hinaus. So starr wie die Technik deines Partners ist, so energetisch sollte dein körperlicher Ausdruck von Ekstase sein. So wild wie die Lust deines Partners ist, so kraftvoll solltest du ihn mit gigantischem Bewusstsein durchdringen. Auf diese Weise erblühen die Früchte der Liebe voll, ohne zu einem süßen Durcheinander von sinnlichem Chaos zu verkommen oder unter der wasserlosen Sonne des distanzierten Gewahrseins zu verdorren.

24

Verdiene dir das weibliche Vertrauen

Es war morgens. Sie lag noch im Bett. Ich machte meine Übungen auf dem Boden nicht weit vom Bettende entfernt und schwitzte, konzentrierte mich und strengte mich so richtig an. Ich spürte, wie sie mich beobachtete, und sah zu ihr herüber. Während ich trainierte, starrte sie mich an, und in ihren Augen lag ein lustvolles Schmunzeln.

Ich machte mit dem Stretching weiter und durchlief meine Übungsroutine. Ich konnte spüren, wie sie in meine Richtung schaute, und als ich das nächste Mal aufsah, hatte sie sich aus den Laken herausgeschält. Ihr nackter Körper war komplett zu sehen, und sie strich mit den Händen an ihren Oberschenkeln entlang, ganz langsam, wobei sie ihr geöffnetes Becken leicht anhob.

Sie war wunderschön, sehr sexy, aber ich wollte meinen Trainingsdurchgang abschließen. Sie begann, sich selbst zu befriedigen, rief mich zu sich und ließ mich wissen, dass ich sie nehmen solle – und zwar jetzt. Ich lächelte, aber ansonsten zeigte ich keinerlei Reaktion auf ihr Betteln.

Sie stieg aus dem Bett und kam zu mir herüber. Ich saß jetzt auf dem Boden und machte eine Reihe von Atemübungen. Sie stellte sich nur wenige Zentimeter vor mein Gesicht und spreizte mit den Fingern ihren Schritt auf, zeigte mir die Säfte, die ihre Beine entlangliefen, wobei sie die glitzernde Flüssigkeit in die Haut ihrer Oberschenkel einmassierte.

Spöttisch lächelte ich sie an. Ich wusste, dass ich die Übungen abschließen wollte, darauf kam es mir an. Sie zog einen Schmollmund und ging schließlich in scherzhafter Verzweiflung weg. Nachdem sie ins Bett zurückgekehrt war, fasste sie sich weiter an, beobachtete mich und machte kleine wimmernde Laute.

Als ich mein Workout beendet hatte, kam ich zu ihr ins Bett, und wir liebten uns. Nach etwa zehn Minuten begann sie sich auf eine bestimmte Art und Weise an mir zu reiben, um mir zu signalisieren, dass sie sich meinen Orgasmus wünschte. Aber ich wollte noch nicht kommen. Als sie ihre Vagina an meinen Penis auf und ab rammte, um zu versuchen, mich mit ihren hungrigen Muskeln und ihrem Flehen zu melken, ließ ich meine innere Energie zirkulieren. Ich öffnete meine Aufmerksamkeit und spürte durch sie hindurch. Ich nahm sie so hart, wie sie genommen werden wollte, aber ich verweilte in Liebe und verlangte durch meine Berührungen, Bewegungen und meinen Blick nach ihrer Liebe. Ich wollte nicht, dass sie sich in der Lust verlor, ohne auch in Liebe präsent zu sein.

Dann verlangsamte sie plötzlich ihr Tempo, so als ob sie versuchte, mich an die übertriebene Wucht zu verlieren, die zuvor unsere sexuellen Begegnung bestimmt hatte. Ich übte, ganz präsent bei ihr zu sein, mich ihren Modulationen anzupassen, Bewegung für Bewegung, Atemzug um Atemzug. Ich drückte in ihren Körper und in ihr Herz hinein, führte sie in ein tieferes Lieben, jenseits ihrer Lust, Tricks und Spielchen. Und sie empfing mich voll und ganz, wobei sie noch mehr in den Tiefen der Liebe versank und mich mit hineinzog.

Dann drehte sie unerwartet wieder auf und testete mich erneut. Ihre teuflischen Augen verengten sich zu Schlitzen. Ihre scharfen Zähne nahmen sich meinen Hals und meine Schultern vor. Ihre Vagina verschlang mich tiefer. Unser Sex wurde immer intensiver, ihr drängender Schlund und ihr geiferndes Flehen vibrierten unkontrollierbar. Ich praktizierte, so gut ich konnte. Glücklicherweise gerieten meine Liebe und mein Gewahrsein nicht ins Wanken.

Noch hielt ich mich zurück. Ich spürte durch sie hindurch, durchdrang sie und ritt mit ihr auf den Energiewellen. Sie konnte mich nicht erschüttern, auch wenn es ihr Spaß machte, es zu probieren. Ich blieb mit ihr präsent und überzog sie mit Liebe, egal wie ekstatisch oder neckisch ihr Gerammel und Getaumel war. Als sie das spürte, ließ sie los. Wurde total wild. Ihre Augen waren nicht mehr erkennbar, sie wechselten zwischen teuflisch und sklavisch, ihre Zunge stach in die Luft, ihre Lippen saugten eine unsichtbare Bedürftigkeit ein. Ihre Wirbelsäule bog sich im Krampf und ihre Brüste vibrierten rasend schnell wie zuckende Moleküle, als sie meinen Namen schrie und kam und kam und kam.

Als sich schließlich das Ende abzeichnete, umfing sie mich mit Beinen, Armen und Tränen. Ihr Körper zitterte unter mir, als sie in einen offenen See der Liebe hineinschmolz. Auch ich löste mich in diesem See auf, unsere Herzen stets weit geöffnet, unsere Gesichter nass, jegliche Verteidigung und jegliche Vereinbarung ruhten, brachen auf und ergaben sich der Liebe.

Die Stabilität im Bewusstsein des Mannes (oder des männlichen Parts) übt einen enormen Reiz auf eine Frau (oder den weiblichen Parts) aus. Seine Fähigkeit, präsent zu bleiben und sich in Liebe zu öffnen – egal wie extrem sein körperlicher oder emotionaler Ausdruck sind –, ist ein riesiges Geschenk für sie.

Viele Männer geraten sowohl auf der einen als auch auf der anderen Seite auf Abwege: Sie bleiben starr und selbstkontrolliert, so als wären sie gefühllose, vom Zweck gesteuerte Roboter. Oder sie verlieren sich in der Energie ihrer Frau und verspritzen ihren Samen – oder verlieren einfach ihre bewusste Präsenz –, kurz nachdem sie beginnt, sexuell richtig wild zu werden. Die meisten Männer halten sich entweder zurück oder werden vom sexuellen Strudel erfasst.

Ein Mann kann lernen, voll am sexuellen Spiel teilzunehmen, ohne sich zurückzuhalten, während er obendrein zentriert bleibt, präsent und im Bewusstsein verwurzelt, anstatt sich in der Energie zu verlieren. Wenn sie diese Beständigkeit von Liebe und Gewahrsein spürt und weiß, dass er sich nicht verliert und davontragen lässt, dann kann eine Frau ihrem Mann total vertrauen und im vollen emotionalen und sexuellen Ausdruck verweilen.

Aber wenn sie spürt, dass er sich zurückhält, um die Kontrolle zu behalten, dann kann sie ihm nicht vertrauen. Wo sind seine Liebe, Spontaneität und Leidenschaft, seine Fähigkeit, ihr zu begegnen und mit ihr zu tanzen? Was eine Frau anziehend findet, ist nicht einfach das zurückgehaltene und distanzierte Bewusstsein eines Mannes. Es ist sein Bewusstsein, stark und voller Gefühl, das sie voll und ganz durchdringt, selbst wenn sich sein Körper und seine Emotionen frei mit ihren vereinen.

Sein furchtloses Lieben bringt sie in Stimmung, sein unerschütterliches Ziel, sein Humor und seine Spontaneität, seine plötzlichen Überraschungen. Es macht sie an, wenn sie ihm völlig vertrauen kann, weil er so präsent und sensibel ihr gegenüber ist, aber auch weil er vor nichts haltmacht, um sie ständig an einen neuen Ort der Liebe zu bringen.

Dann kann sie außer Rand und Band geraten. Dann kann sie sogar auf eine Art und Weise wild werden, von der sie weiß, dass diese ihn testet und seine Fähigkeit herausfordert, bewusst und liebevoll zu bleiben. So kann sie nochmals den erotischen Gefühlsmoment genießen, dass er von ihr nicht aus der Bahn geworfen werden kann, dass sie ihn nicht über den Horizont seines Bewusstseins hinaussaugen oder ihn zurückholen kann, damit er sich gegen ihre attraktive Kraft auflehnt. Sie kann ihn nicht zum ungewollten Orgasmus zwingen, sie kann sein Gewahrsein nicht davon ablenken, durch alle Erfahrungen hindurchzuspüren, und sie kann ihn nicht mit ihrer sexuellen Wildheit erschrecken. Sein Lieben setzt sich trotz alledem fort. Er bleibt präsent.

Sie kann ihm vertrauen. Sie kann in ihrem eigenen Ausdruck frei sein, ohne sich Sorgen machen zu müssen, dass sie ihren Mann verliert oder beleidigt. Sie kann die verborgensten Kammern ihres Herzens öffnen, ihn einlassen und ihren Schutzschild sinken lassen. Sie kann ihn komplett dazu einladen, sie zu nehmen.

Auf diese Weise verzückt und bis in ihre tiefsten Tiefen von diesem unveränderlichen vertrauenswürdigen Bewusstsein durchdrungen, kann sie sich vollkommen in Liebe hingeben. Wenn er ihre völlige Hingabe spürt, wird er so tief hineingesogen, dass er über seine männlichen Ängste hinausgeht. Ohne sich zurückzuhalten, gibt er sich vollkommen hin. Nun, da beide in der Liebe verschwunden und doch als Mann und Frau lebendig sind, lieben sie so, wie der Kosmos liebt: Das Eine liebt sich selbst als einen anderen, und erinnert sich dennoch daran, dass es eins ist.

25
Verehre das Göttliche über die Form deiner Partnerin

Wir versuchen, uns zu lieben, aber sie scheint nicht wirklich bei der Sache zu sein. Was hat sie für ein Problem? Warum kann sie sich nicht einfach entspannen? Ich bin frustriert. Ich sehe ihr ins Gesicht, und sie wirkt hässlicher als gewohnt. Ihre Gesichtslinien zeichnen sich deutlicher ab, ihr Atem stinkt, sie riecht streng.

Ich ekle mich. Ich ziehe mich zurück, emotional und sexuell. Mit dieser abscheulichen Frau möchte ich keinen Sex haben.

Ich kann auch spüren, wie schwach ich bin. Was fürchte ich mich zu umarmen?

Da ich mir jetzt meines Widerstands bewusst bin, übe ich mich darin, durch meinen Wunsch, mich von ihr zu distanzieren, hindurchzuspüren. Ich übe, sie zu umarmen, mich in sie zu entspannen, sie total zu spüren, ohne mich abzusetzen. Als sich mein Herz entspannt und etwas geöffnet hat, übe ich mich darin, sie als einen Aspekt des Göttlichen wahrzunehmen. Vielleicht ein hässlicher Aspekt für mich in diesem Augenblick, aber ungeachtet dessen ist er göttlicher Natur. Ich übe weiter, mich in die Liebe und als die Liebe zu entspannen, die uns beide durchdringt.

Dann stelle ich fest, dass ich mich erneut davonstehle. Und so praktiziere ich durch meinen Widerstand hindurch, gebe mehr Liebe, während ich die gleiche Liebe bewusst in ihr wahrnehme, die Liebe, die in allem wohnt. Ich atme diese Liebe durch sie hindurch, mit ihr – sehe ihr tief in die Augen und spüre ihre Offenheit, ihre bloße Natur. Ich lasse jede Pore meines Körpers sich in Liebe mit ihr öffnen, und wir vermischen uns als eins.

Ihr Gesicht verändert sich. Ihre Haut bekommt Farbe. Ihre Augen werden sanft und dunkel – dahinter liegt ihre unendliche Offenheit, nur Liebe, endlos. Ihr Mund öffnet sich leicht. Ihre Vagina scheint zum Universum zu werden, und sie empfängt mich grenzenlos. Sie ist zur göttlichen Form geworden, zu einer Göttin, der ewigen Geliebten. Sämtliche Maßstäbe sind von der Offenheit der Liebe absorbiert worden.

Übe die Verehrung und Entspannung in der Gemeinschaft mit dem Göttlichen durch die körperliche Form deiner Geliebten hindurch. Nimm ganz deutlich wahr, dass die Form deiner Geliebten die Form des Göttlichen ist. Wie würdest du mit dem heiligsten aller Wesen den Liebesakt vollziehen? Wie würdest du eine vollendete weise Frau küssen? Wie würdest du die Brüste einer wilden Frau berühren, die zum Frühstück die Sterne verspeist?

Selbst wenn deine Geliebte oder dein Geliebter alles andere als die göttliche Inkarnation ist, übe dich darin, sie oder ihn als Gott oder Göttin zu spüren. Wenn du deine Geliebte oder deinen Geliebten als verschlossene oder unglückliche Person behandelst, wird sie das auch bleiben. Aber wenn du die Form deiner oder deines Geliebten als das Göttliche behandelst, als heilige Inkarnation des unendlichen Geistes, dann wird euer Sex dazu dienen, sie oder ihn von allem zu befreien, was geringfügiger ist. Deine Geliebte bzw. dein Geliebter wird die Freiheit haben, dem Geist anzugehören, dem Geist gewidmet zu sein, so wie sie oder er ist, ohne sich in die sklavische Gussform deiner Bedürftigkeit fügen zu müssen.

26

HABE SEX, UM ANDEREN ZU DIENEN

Eigentlich habe ich nicht wirklich Lust auf Sex. Ich bin ein bisschen müde. Ich bin nicht besonders geil. Aber meine Geliebte scheint es zu brauchen. Wir brauchen es beide. Sie ist ebenfalls nicht besonders scharf. Aber ich kann ihre Bedürftigkeit spüren. Ihr Körper ist angespannt, sie ruht nicht so wirklich in ihm. Ihr Geist ist wirr. Ihre Emotionen sind aufgewühlt, unverwurzelt in jeglicher Realität. Sie hat die Verbindung zur Tiefe verloren, genau wie ich.

Die Ereignisse des Tages haben ihre Aufmerksamkeit zerstreut, und deshalb ist sie überlastet. Ich muss in sie eindringen und sie so in die Tiefe des Gefühls bewegen. Wenn ich mich als mein eigenes tiefes Wesen entspanne und liebevoll in ihr Innerstes eintrete, dann weiß ich, dass sich all unsere überflüssigen Gedanken, Energien und Emotionen in der Singularit des tiefen Herzens auflösen werden.

Also lieben wir uns. Bei diesen Gelegenheiten, in denen ich scheinbar ihr zuliebe mit ihr schlafe, ist es häufiger der Fall, dass mich eine tiefere Erkenntnis von Liebe erreicht. Wenn ich über mich selbst hinausgehe, mich voll hingebe, keinen Dank erwarte, dann ist das genau der Moment, in dem ich mich am meisten im Geben auflöse. Dieses „Auflösen-in-Aktion“ erweckt uns beide zur wahren Form unseres Liebens – der wahren Form unseres Lebens.

Du solltest Sex haben wie ein Heiliger, der anderen dient; so als ob du das Werk Gottes verrichtest. Gib dich total hin, als Dienst an deiner oder deinem Geliebten. Erlöse sie oder ihn vom Leiden. Öffne das Herz deines Geliebten noch weiter. Bringe durch deinen Sex das Göttliche in sein Leben. Habe Sex, um zu geben, anstatt zu nehmen. Auf diese Weise ist Sex viel glückseliger, als wenn du ihn in Erwartung deiner eigenen Befriedigung praktizierst. Befriedigung kommt und geht. Liebe zu geben – bis zu dem Punkt, an dem man die Existenz als Liebe wahrnimmt –, ist der Sinn deines Lebens.

27

Habe Sex, um die Welt zu erleuchten

Wenn ich sie in meinen Armen halte, ist sie die Welt. Ich spüre ihren Busen an meiner Brust und in ihm verkörpert das weiche Fleisch aller Menschen. Ihr Atem an meinem Hals ist aus der gleichen Luft, die von einem sterbenden Schweden oder einem schwimmenden Polynesier geatmet wird. Ihre Haut besteht aus Atomen, die von Käfern, Steinen oder Rosen wiederverwertet wurden. Ihre Liebe ist die gleiche, die in den Herzen der Kinder des alten Ägypten und den Großvätern des modernen Tokio wohnt. Wenn ich sie halte, dann spüre ich jedes und alle Wesen. Durch sie hindurch liebe ich die Welt.

Wenn ich in sie eindringe, betrete ich die Welt und gebe der Welt Liebe. Ihr Körper wird zu allen Körpern, sogar zur Erde selbst. Den Boden, das Wasser, Männer und Frauen, ich kann alles und alle durch sie hindurch spüren und durchdringe sie alle. Mit jedem Stoß, Kuss und Druck gebe ich alles, was ich zu geben habe, ich praktiziere die Liebe mit jedem Gramm meines Wesens, durch sie hindurch, für alle.

Wenn du spirituell wächst, dann wird Sex zum Dienst an anderen. Inmitten des Sex kannst du dich gelegentlich dazu entscheiden, jemanden zu spüren und zu visualisieren, dem du Liebe und Heilung schicken möchtest. Wenn du das praktizierst, spürst du schließlich alle Wesen durch deine Geliebte oder deinen Geliebten hindurch. Du liebst durch deinen Geliebten, der ein Tor zu allen Wesen ist. Anstatt Sex nur zu deinem eigenen Vergnügen zu haben, hast du Sex, um allen Wesen Liebe zu geben.

Wenn dein Geliebter emotional aus dem Gleichgewicht geraten ist, dann atme seine dunkle Energie in dich ein und atme ausschließlich Liebe zu ihm aus. Im Laufe der Zeit und mit ein wenig Übung spürst du, dass du den Schmerz aller Wesen einatmest und ihnen Liebe gibst. Empfange ihr Leid, ihre Angst, ihren Mangel und gib ihnen deine Liebe. Betrachte Sex als glückseliges Opferritual, bei dem sich dein Körper und Geist vollkommen dem Wohl aller Wesen hingeben, um deren Schmerz zu empfangen und ihnen Liebe zu überbringen.

Das bedeutet nicht, dass du eine Art rechtschaffener Zeremonie entstehen lassen sollst, bei der du dich als etwas Besonderes fühlst, weil du so freundlich und spirituell bist. Es ist einfach so, dass dir schließlich klar wird, dass Sex keine große Sache ist. Es ist, was es ist. Auf der persönlichen Ebene kann er sehr lustvoll sein, aber was bringt das schon? Sex wird zu einem Mittel, um allen Wesen Liebe zu schenken, und zwar durch deine Partnerin oder deinen Partner hindurch. Dieses totale Geben inmitten einer aktiven Umarmung ist die wahre Form des Lebens, genauso wie Sex. Einfach nur um deiner selbst willen zu leben, bedeutet, ständig Angst und Anspannung heraufzubeschwören.

Wenn du dein Leben in der Wahrheit des vollen Gebens lebst, dann ist das die Glückseligkeit selbst. Du löst dich ständig auf. In jedem Augenblick stirbst du im Hinblick auf alles, was gewesen ist. Wenn du bewusst und ohne Widerstände an diesem Tod teilnimmst, dann ist das Liebe. Es braucht Übung, um Liebe so vollkommen zu praktizieren, andere so vollkommen zu empfangen, so vollkommen loszulassen und dich ganz und gar hinzugeben – vor allem inmitten von Sex oder Leiden.

Egal wie intensiv sich Haut an Haut reibt – nichts kommt der Lust gleich, die mit dem tiefsten Sinn deines Lebens einhergeht – nämlich Liebe zu sein. Und kein Sex kann die Liebe selbst übertreffen, die sich als Körper ausdrückt, alle Wesen einschließt und durch die Form deiner oder deines Geliebten geschenkt wird, bis es nichts anderes mehr gibt. Nur Liebe.

28
Mache Liebe, als stünde der Tod unmittelbar bevor

Die reine Erwägung des Todes bewirkt, dass sich das Herz mit einem Schlag öffnet. Alles, was du kennst, wird bald vergehen. Alles, was du je hattest oder haben wirst, sämtliche Erfahrungen und Beziehungen, wird für immer vergangen sein. Jede Person, die du liebst, und jede Person, mit der du so heftig kämpfst, wird verschwinden und im Laufe der Zeit vergessen sein, so als ob sie nie existiert hätte.

Bei deinem Tod wirst du auch nicht in der Lage sein, deine Gedanken, deinen Körper oder dich selbst so zu erleben, wie du es gewohnt bist. Der Tod lässt sämtliche Erfahrungen des Lebens verfliegen.

Die Kontemplation über den Tod beraubt dich aller falschen Bestrebungen. Sämtliche Hoffnungen und Träume sind vorbei. Keine Kinder, keine Familie. Keine Arbeit morgen. Nichts, auf das man sich freuen kann. Keine Zukunft. In diesem Augenblick bist du nackt, nimmst voll und ganz wahr, ohne Zeitschleier, der deine Verletzlichkeit verbirgt. Bei der wahren Kontemplation über den Tod verharrt dein Herz entblößt im gegenwärtigen Moment.

Ohne Ausflüchte, aber präsent sammelt dein Herz Kraft. Da sie nicht länger in den Träumen zukünftiger Ängste oder Hoffnung zerstreut ist, wird deine Herzkraft eins und klar. Ohne die Schale des Wartens, ohne den Puffer von morgen, von Erwartung oder Angst entledigt, ohne länger darauf zu warten, dass sich die Dinge ändern, kannst du voll die Liebe sein, die du bist, und zwar genau jetzt.

Um den Sex zu vertiefen, spüre diesen Augenblick in der Unermesslichkeit dessen, was vor und nach deiner individuellen Geburt kommt, und liebe.

Während du Sex hast, spüre deine kostbare Partnerin oder deinen kostbaren Partner. Spüre deinen in der Lust erwachten Körper. Spüre die Liebe, die sich durch eure sexuelle Vereinigung verstärkt. Spüre all das, während du dich an deinen Tod erinnerst. Stell dir wirklich vor, wie dein Herz jetzt aufhört zu schlagen, mitten beim Sex. Schenke das, was dein letztes Geschenk der Liebe wäre, das Geschenk, das deinen Tod vollkommen machen würde, da es nichts mehr gibt, was hätte gegeben werden müssen.

Spüre beim Sex, dass dieser Augenblick dein letzter ist. Keine Zukunft. Welche Lust kann dich von dieser Tiefe ablenken. Spüre, wie sich das Blut in deinen Genitalien staut, und spüre den Tod. Betrachte die Schönheit deiner oder deines Geliebten und spüre den Tod. Lass zu, dass deine Körper vom Verlangen bewegt wird, und spüre den Tod. Erinnere dich ständig daran, dass dieser Augenblick dein letzter sein könnte. Vielleicht gibt es ab den nächsten fünf Minuten keinen Orgasmus mehr. Vielleicht wird das dein letzter Kuss überhaupt sein. Mache jetzt Liebe, als stünde der Tod unmittelbar bevor. Verschenke dich vollkommen in der Liebe.

Über den Autor

Der Bestsellerautor David Deida gilt als einer der provokativsten, einfühlsamsten und aufschlussreichsten Lehrer unserer Zeit, der die Art, wie Männer und Frauen spirituell und sexuell wachsen, fortwährend revolutioniert. Seine Workshops zum Thema radikal-praktische Spiritualität werden als die derzeit originellsten und authentischsten Beiträge in Sachen Selbstentwicklung bejubelt.

In seinen weltweit bekannten und einzigartigen Seminaren zum Thema Menschliche Entfaltung und Heilige Intimität arbeitet Deida mit einer Serie transformativer Übungen für das spirituelle Erwachen von Geist, Körper und Herz. Er ist Mitbegründer des Integral Institute und hat an der medizinischen Fakultät der University of California in San Diego, der University of California in Santa Cruz, der San José State University, dem Lexington Institute in Boston und der École Polytechnique in Paris unterrichtet und geforscht.

David Deida ist weltweit als Autor von Hunderten von Essays, Audiotapes, Büchern, Videos und Artikeln bekannt, die seinen integrativen spirituellen Ansatz beleuchten. Seine Bücher wurden in mehr als 25 Sprachen übersetzt und gehören zur Pflichtlektüre an Universitäten, in Kirchen, spirituellen Zentren sowie in Männer- und Frauengruppen rund um den Globus. Sie gelten als tiefste Quelle für wahre spirituelle Transformation.

Weitere Informationen zu David Deidas Seminaren und Büchern finden Sie unter:

www.deida.info
www.david-deida.de

Kommentare zum Buch

David Deidas Vision der wechselseitigen Abhängigkeit der beiden Geschlechter ist voll spirituellem Tiefgang und psychologischem Scharfsinn. Seine provokative und fesselnde Botschaft besitzt die Kraft, intime Beziehungen in ein großartiges Abenteuer zu verwandeln, eine Reise, die uns bis zu den entlegensten Randzonen der menschlichen Erfahrung führt.

Miranda Shaw, Ph.D.
Autorin von *Frauen, Tantra und Buddhismus*

David Deidas Arbeit enthüllt uns eine tiefe Liebe zum Menschsein und ein Verständnis von dessen innewohnender Spiritualität, wie ich es selten erlebt habe – und wenn überhaupt, dann nur einen Hauch davon. Es fällt mir schwer, Worte zu finden, die meine Wertschätzung und Bewunderung für diese einzigartige Gabe zum Ausdruck bringen. Die Beispiele in Sex als Gebet *sind von eindringlicher Schönheit und zeugen doch von Menschlichkeit. Sie zeigen, wie die Erleuchtung über die Leidenschaft und die Verbindung zu unserem geliebten Menschen erblühen kann.*

Jenny Wade
Autorin von *Transcendent Sex*

Sex als Gebet *ist das tiefste, lebendigste und einfühlsamste Buch, das ich je zu diesem Thema gelesen habe. Es handelt von den Wundern und Feinheiten der Sexualität als spirituellem Weg und inspiriert uns dazu, die totale Offenheit zu erkennen, die wir als Liebende und Geliebte sind ... bis wir in der Liebe verschwinden.*

Gabriel Cousens, M.D.
Autor von *Ganzheitliche Ernährung und ihre spirituelle Dimension*

David Deidas Lehren zu diesem zentralen menschlichen Thema – der Sexualität – entspringen einer Quelle, der man zutiefst vertrauen kann. Er hat seine eigene Ausbildung und Praxis durchlaufen, die sich in einer klaren, behutsamen und umfassenden Unterweisung manifestiert. Zahlreiche spirituelle Traditionen, zu denen auch das Zen gehört, haben die sexuelle Erfahrung ausgeklammert oder an den Rand gedrängt. Deidas Arbeit füllt diese Lücke und vermittelt uns eine reife Vorgehensweise, wie wir die energetische, emotionale und körperliche Erfahrung der Sexualität in unser Leben und unsere Praxis einbringen können. Und wie im Zen liegt die Verwirklichung von Deidas Arbeit in Offenheit, Mitgefühl und Liebe.

Genpo Roshi
Autor von *Big Mind – Großer Geist, großes Herz*

Sex als Gebet ist ein erleuchteter, ungehemmter Sex-Leitfaden für alle Menschen, die Geist, Körper sowie ihre intime Beziehung vervollkommnen möchten. David Deida vermittelt dem modernen Paar von heute auf praktische und fachkundige Weise das uralte Wissen, wie man Sex und Geist miteinander vereinen kann. Viel Vergnügen!

Harold Bloomfield, M.D.
Autor von *How to Survive the Loss of a Love*

Seit über zehn Jahren erforsche ich das Thema der heiligen Sexualität und ich finde David Deidas Sichtweise radikal, tiefgreifend und extrem wirkungsvoll. In Deidas Lehren wird Sex zu einem Abenteuer, bei dem man sich als Liebe in die Liebe öffnet. Seine tiefen Einsichten in Bezug auf die Unterschiede zwischen der männlichen und weiblichen Spiritualität sind meiner Erfahrung nach einzigartig und unübertroffen. Seine Weisheit hat mich zutiefst berührt und ich empfehle seine Arbeit allen, die ihre Sexualität und ihr Leben transformieren möchten.

Cynthia Connop
Produzentin und Regisseurin der Filme
Geheimnisse der Erotik – Sacred Sex und Tantrasex

Über den Verlag

Diamond Approach
Lebendige Beziehung Glücksprinzip
Spirituelle Romane Stille und Meditation Zen
Persönlichkeitsentwicklung inspire!
Integral Alter & Übergang
Kommunikation jkamphausen Einheitserfahrung
Naikan Psychologie
TM Advaita neues Denken & Handeln
Transzendenz & Bewusstsein

Mit Liebe fürs Detail und für die Umwelt

Bei der Auswahl der Inhalte, die wir präsentieren, achten wir auf Originalität, Kompetenz, Praxisrelevanz und Qualität. So können wir mit Herz und Seele hinter unseren Büchern, Hörbüchern, Filmen und den anderen Produkten stehen, die wir mit viel Liebe und Aufmerksamkeit bis ins letzte Detail fertigen.

Wir leisten einen aktiven Beitrag zum Umweltschutz und verbrauchen nur wirklich notwendige Ressourcen – so sparsam wie möglich. Wir arbeiten ausschließlich mit 100% Recyclingpapieren und setzen auf kurze Transportwege (u.a. Fertigung unserer Produkte in Deutschland).

Inspirationen, interessante und wertvolle Neuigkeiten, Wahres, Schönes & Gutes sowie wichtige Termine können Sie regelmäßig in unserem Newsletter erfahren oder hier: **www.facebook.com/weltinnenraum**

weltinnenraum.de

J.Kamphausen | Mediengruppe